퍼실리테이션 개론

Facilitation A to Z

| **오우식** 지음 |

도서출판 조명문화사
CMPress

퍼실리테이션 개론
Facilitation A to Z

오우식 지음

CMPress 도서출판 조명문화사

저자의 글

오늘을 살아가는 많은 사람들은 이 사회를 어떻게 바라볼까? 필자에게 한마디로 말해보라고 한다면 스스럼없이 혼동의 시대, 소통 부재의 시대라고 말하고 싶다. 저마다 처한 상황에 따라 다양한 표현을 구사할 것이다. 그러나 연일 쏟아지는 뉴스며 일상에서 접하는 정보들, 폭력, 시기와 질투, 범죄, 분규, 가출 등 그야말로 관계의 단절을 나타내는 것들 일색인 것을 보면 필자의 주장도 틀리지는 않은 것 같다. 작금의 이런 현상들을 사회변화의 자연스러운 모습이나 성장통 정도로 치부하면 될까? 솔직히 때로는 시간이 약이라는 낙관주의자들의 견해에 기대어 위안으로 삼고 싶을 때도 있었다. 그러나 경영컨설팅을 직업으로 하는 필자로서는 아무리 생각해도 그것이 답은 아닌 것 같았다. 딱 꼬집어 해결책을 제시할 수는 없지만 그렇다고 난공불락의 대상이라고 치부하기에는 결코 마음이 내키지 않았다. 그래서인지 보다 근본적인 해결 방법에 대해 나 자신에게 수없이 많은 질문을 던졌던 것 같다. 전문가들이 제시한 해결책도 찾아보았다. 어느 것도 쉽지는 않지만 어디엔가 해결의 실마리가 있을 듯했다. 고민의 결론부터 말하자면 많은 이슈들 안에 숨어있는 핵심의 원인은 상당 부분 잘못된 소통 문제임을 확신할 수 있었다.

이 책은 이와 같은 현실의 문제의식과 실천 가능성의 믿음으로부터 출발하고 있다. 나와 생각이나 가치관이 다르다는 이유로 상대방을 무시하고 논의를 피하며 대화 자체를 거부하는 경우들이 너무 많다. 또한, 많은 이들이 체계적인 소통수단을 활용하는 방법과 스킬에 익숙하지 못하여 문제를 해결하기보다는 오히려 더 복잡하게 만드는 사례도 적지 않다. 이 책에서는 그와 관련된 해법의 하나로 퍼실리테이션(facilitation)의 실천적 방법을 소개하고자 한다. 퍼실리테이션이 집단의 문제해결이나 변화관리를 위한 주요 방법으로 그리고 합리적인 참여기반의 의사결정 방식으로 점차 주목받으면서 그 영역을 점점 넓혀 가고 있다. 그와 같은 발전은 기존의 단편적이고 형식을 중요시한 기법 위주의 내용을 보다 현장에서 쉽게 활용할 수 있도록 도움을 줄 수 있는 지침서를 필요로 하게 되었다. 그러던 와중에 정부기관의 국민통합 관련 정책 자문을 계기로 몇 가지 새로운 고민을 다시 시작하게 되었다. 국가적인 이슈로 장기화된 다양한 갈등들, 지역사회를 분열시키는 현안들, 집단 내에서의 불협화음 등 사회 전반의 크고 작은 문제들은 왜 줄지 않는 것일까? 과연 이런 문제들은 그 원인이 무엇이며 도대체 어디에서부터 해법을 찾아야 할까? 이처럼 동시다발적으로 필자 앞에 제기된 이슈들 앞에서 할 말이 없었다. 갑자기 한대 얻어맞고 멍하게 하늘만 쳐다보았던 기억이 아직도 생생하다. 사실 그것들은 그동안 필자에게 급한 문제가 아니었고 그런 이유로 한동안 거리를 두었던 이슈들이었다. 그러나 정부의 국민통합 활동을 계기로 그 이슈들이 다시 필자의 머릿속을 복잡하게 만들었던 것 같다. 기업을 포함한 다양한 조직들의 수많은 태스크포스팀을 지도했던 일, 밤새워 토론하고 결론을 이끌어 냈던 의사결정 과정, 셀 수 없을 정도의 혁신 활동을 하면서 응용하던 문제해결 워크숍 활동, 특정주제에 대해 몇 차례의 토론을 거쳐 해결안을 도출했던 타운미팅들이 주마등처럼 머리를 스쳐갔다. 이런저런 일로 머리가 복잡하던 어느 날 불현듯 하나의 아이디어가 번뜩였다. 과거의 수많은 활동에서 활용했던 원활한 소통의 그 기술! 그것으로 합의에 의한 의사결정을 이끌어 낼 수만 있다면 앞서 언급한 당면한 많은 문제들을 해결할 수 있을 것 같았다. 우연하게도 이를 테스트할 기회가 찾아왔다. 이어지는 공공부문과 지역개발 분야에서 실제 퍼실리테이션을 시뮬레이션할 수 있는 기회를 접하면서 이를 확대하는 데 노력을 기울였다. 점차 활동반경이 넓어지고 프로그램에 대한 고도화도 진행되었다. 그와 같은 과정을 거치면서 그동안 필자가 경험한 퍼실리테이션의 다양한 핵심 스킬과 노하우가 조직의 많은 리더에게 상당한 도움이 될 수 있을 것이라는 신념으로 바뀌었다. 이런 배경 하에서 나름대로 퍼실리테이션의 전체 프로세스를 다룬 본 지침서를 출간하게 되었다.

이 책은 기존의 이론적 내용과 다양한 현장에서 축적된 체험을 바탕으로 쓰인 퍼실리테이션의 실무 안내서라 할 수 있다. 집단의 조화로운 팀워크를 창출하고 비전을 구현하고자 하는 미래형 관리자를 위한 지침서 즉, 퍼실리테이터로서 역할을 수행하고 또 수행해야 하는 리더가 꼭 알아야 할 핵심적인 사항들을 다루고 있다. 특히, 과제해결에 대한 고민을 하고 있는 많은 리더들에게 실질적인 도움이 되도록 하기 위해 현장에서 느낀 필자의 경험들을 최대한 가감 없이 소개하고자 하였다.

퍼실리테이션은 사람들의 잠재력을 믿는 긍정적인 신념을 바탕으로 하는 추상적이면서도 동시에 자신과 타인에 대한 이해가 기반이 되는 쌍방향의 소통을 필요로 한다. 따라서 그에 필요한 다양한 기술과 기법의 실질적 활용이 요구되는 분야이기도 하다. 타인의 의견에 경청하고 명확하게 요약하거나 기록하며, 적절한 질문과 관찰을 통해 논의를 발산하고 수렴해야 하는 노련한 커뮤니케이션 능력이 체화되어야 하기 때문이다. 소통을 고민하는 이 시대의 리더들이 이 책을 통해 다양한 스킬을 학습하고 이들을 활용하여 조직의 활력을 되찾는 신선한 변화를 체험할 수 있기를 기대해 본다.

2018. 12.

경영학 박사 **오 우 식**

제1장 퍼실리테이션의 이해

제2장 바람직한 퍼실리테이터와 그들이 갖춰야 할 조건

제3장 퍼실리테이션의 모형과 기본적인 스킬

제4장 퍼실리테이션 진행 단계별 핵심 스킬 : 다양한 기법의 활용

제5장 퍼실리테이션 기획과 적용

제1장
퍼실리테이션의 이해

제1절
퍼실리테이션의 탄생과 확산

1. 퍼실리테이션은 언제 시작되었는가?

퍼실리테이션의 역사를 정확하게 알 수는 없지만, 고대 그리스 로마 시대에 시민들이 참여하여 공통의 이슈를 토론하고 스스로 의사결정을 했던 사실에서 퍼실리테이션의 역사를 추측해 볼 수 있다. 인류 역사의 어느 시대를 막론하고 집단을 운영하는 데는 탁월한 리더십과 원활한 소통이 필요했을 것이다. 인간은 외부의 다양한 위협으로부터 스스로를 보호하기 위해 집단을 이루어 왔으며 집단을 운영하는 과정에서 그들 상호간 상충된 이해관계는 필연적이었다. 통제의 시대에는 지시와 복종만으로도 많은 문제해결이 가능했지만, 사회가 발전하고 민주화가 진전될수록 그 과정은 복잡해질 수밖에 없다. 그에 따라 수평적 관계의 요구도 강해지고 구성원들 간의 자유로운 의사소통의 필요성은 더욱 커졌다. 어떤 방법을 통해서든 이런 욕구가 해소되지 않으면 집단 운영의 효율성은 떨어지고 불만이 고조될 수밖에 없게 된다. 이런 상황은 구성원 간의 이해관계와 맞물리면서 갈등을 유발하게 되고, 갈등의 증폭은 내분으로 치닫게 되는 결과를 초래하므로 그에 따른 해결책이 절실해졌을 것이다. 이때 리더에게는 어떻게 하면 민주적으로 그와 같은 문제를 해결하고, 더 나아가 이를 사전에 예방할 수 있는가에 초점이 주어지게 된다. 이처럼 부정적인 상황은 아마도 누군가로 하여금 중간자적 위치에서 참여자들이 기회균등의 원칙하에 문제에 대한 체계적인 접근을 하도록 기대했을 수도 있다. 퍼실리테이션은 이와 같은 사회적, 시대적 요구에 의해 태동이 되고 점차적으로 발전되어 가면서 그 체계가 형성된 것으로 짐작해 볼 수 있다.

퍼실리테이션이라는 단어가 정식으로 사용된 것은 1960년대 미국에서 집단에 의한 학습 촉진 기법으로 개발되면서부터였다. 그러다가 기업에서 효율적인 회의 진행 및 현장 밀착형 업무 혁신의 수단으로 그리고, 조직문화를 개선하는 하나의 혁신 기법으로 활용되면서 본격화되었다. 특히, 미국 GE(General Electric)사의 워크아웃 타운미팅 프로그램이 퍼실리테이션을 활용한 업무 및 조직문화 혁신에 성공적으로 적용된 대표적 사례로 알려지면서 글로벌 기업들의 주목을 받게 되었고, 그 결과로 국내 기업들도 벤치마킹을 통해 다양한 분야에 이를 적용하면서 퍼실리테이션이라는 용어가 보편화 되어 갔다.

우리 역사에서도 유사한 사례가 없는 것은 아니다. 14세기 조선시대 세종대왕은 퍼실리테이션과 흡사한 소통방식을 실전에서 활용하여 좋은 성과를 만들어 냈던 인물로 잘 알려져 있다. 그가 왕위에 즉위하자마자신하들에게 던진 화두는 바로 "의논하자"였다. 이해관계가 복잡한 조세 제도 문제를 개선하고자 몇 년에 걸친 토론을 통해 다각적으로 문제점과 효과를 분석하고 조정하면서 국민적 합의를 이끌어 낸 것은 모범적인 사례로 평가할 만하다. 퍼실리테이션 형식을 빌린 회의를 즐겨 사용하면서 국론을 모으고 조정하며, 합의를 유도해가는 기술을 통해 빠른 시간 내에 조선은 국가 운영시스템을 정착시켜 나갔던 것이다.

2. 퍼실리테이션이 왜 확산되고 있는가?

퍼실리테이션이 여러 분야에서 왜 빠르게 확산되는 것일까? 글로벌화를 비롯한 다양한 사회 환경 변화는 산업과 비즈니스에 있어서 과거 아날로그 방식으로는 생존 자체를 불가능하게 만들었으며, 사회 전반적으로도 패러다임에 많은 변화를 필요로 하고 있다. 대부분의 경영자들은 환경 변화에 대한 개별적이고 단편적인 대응방식이 이미 한계점에 도달했음을 인식하고 있다. 드디어 통합과 연계, 그리고 유연성을 기초로 한 혁신적인 생산성 향상과 새로운 시너지를 창출할 수 있는 통섭과 융합이 매우 필요한 시대임을 깨닫기 시작했다. 구성원들 모두가 미래의 비전과 목표를 향해 상호 연결되는 통합적 역량을 발휘하는 것이 조직의 발전에 훨씬 효과적이고 생산적이기 때문이다. 인간은 원래 다양한 능력을 갖추고 있지만, 그 능력을 얼마만큼 발휘할 수 있는가는 집단에서의 상호작용을 얼마나 활발하게 효과적으로 수행하는가에 의해 결정되기도 한다. 최근 선진형 조직에서는 구성원 간 상호작용의 활성화를 통해 더 높은 성과를 창출하고 있다. 이를 위해 과거보다 통합적 관계 측면에 더 많은 관심을 보이고 있는 것이 사실이다. 다시 말하면, 과거 개인 역량을 중심으로 한 조직 운영방식에서 이제 팀으로, 그리고 조직 차원으로 연결하고 통합하는 협력 역량을 중시하는 방향으로 관리방식이 바뀌고 있다. 이와 같은 협력 역량을 향상시키고 그것을 통해 집단의 성과를 극대화 시킬 수 있는 최적의 수단이 다름 아닌 퍼실리테이션이라 할 수 있다. 사회가 발전하고 성장할수록 구성원들의 요구가 커지고 이해관계가 복잡해지는 것은 당연하다. 그럴수록 개별적인 이해관계를 보다 거시적 차원에서 한 방향으로 힘의 벡터를 집중시켜가는 퍼실리테이션을 통한 리더십 능력이야말로 급변하는 시대에 생존을 넘어 지속적 성장에 꼭 필요한 요소라 하겠다.

전략적 리더십과 퍼실리테이션

이 시대의 리더들에게 요구되는 가장 중요한 핵심 역량 중의 하나는 구성원들 간의 소통과 집단 지성에 의한 협력을 촉진하는 커뮤니케이션 능력이다. 환경이 복잡할수록 리더에게는 더 많은 역할이 요구되며, 그 역할이 증가할수록 다양한 영역에서 성장해 온 많은 사람들과 호혜적 관계를 맺어야 한다. 이때 무엇보다 중요한 것은 그들이 상호 존중되는 가운데 서로 다른 경험과 가치관에서 나오는 다양성을 수용하고, 이들을 하나로 묶어 보다 창의적이고 생산적인 시너지를 낼 수 있도록 촉진하는 역할이다. 그러나 대부분의 조직에서는 그 역할의 수행이 허황된 수식어와 슬로건에 그치고 있다. 물론, 조직을 그렇게 이끌고 가기에는 현실적인 한계도 상존하고 있는 것은 사실이다. 지금 이 순간에도 시대의 흐름을 망각하고 과거의 패러다임에 갇힌 리더가 많다. 예를 들면, 구성원들의 역량 부족 등 몇 가지 이유를 구실로 일방적인 소통과 의견 수렴만으로 의사결정을 하는 리더들도 있다. 왜 그럴까? 리더가 전통적인 성공경험이 유일한 바이블로 고착화 되어있거나 자기중심으로 세상을 보는 고정관념 등 다양한 요소에 기인 될 수 있다. 그 외에 완벽주의를 지향하는 조직문화가 한 몫을 하기도 한다. 문제는 그 사소한 리스크에 대한 걱정 때문에 구성원들의 더 큰 잠재적인 소통 욕구를 해소하지 못한다는 점이다. 이를 해결하기 위한 현실적인 대안으로 투 트랙(two-track)의 전략적 접근을 시도할 필요가 있다. 학습을 통한 준비와 동시에 실행을 통한 리스크 최소화 방안을 모색해야 한다. 참여와 소통으로 인한 혼란의 위험성을 줄이면서 구성원들이 가진 잠재력을 발현시키고 촉진시켜 줄 수 있는 새로운 방법이 필요하기 때문이다. 퍼실리테이션은 이와 같은 문제들을 해결하고, 합의에 의한 의사결정을 가능하게 만들어 주는 실천적인 지식과 스킬을 제공하고 있다. 또한, 리더가 원하는 모습 그리고 조직이 나아가야 하는 방향으로 전체가 움직여 가도록 원천적이고 합치된 원동력을 제공하는 힘이 퍼실리테이션에 있기 때문에 이는 리더십을 확보하는데 필수적 요건이라 할 수 있다.

경영 방식의 변화와 퍼실리테이션

최근 들어 부쩍 참여와 소통이라는 말이 화두가 되고 있다. 왜 그런 현상이 발생하는 것일까? 모든 구성원들이 자발적으로 참여하고 소통하는 것이 그렇게 중요할까? 그렇다고 과거에는 자발적인 소통이 중요하지 않았던 것일까? 이 문제는 환경의 변화와 사회의 발전에 따른 이해관계의 복잡성과 관련하여 쉽게 설명될 수 있다. 이해관계가 복잡해질수록 상의하달(Top-down) 방식은 조직운영에 있어서 그만큼 효과를 발휘하기가 어렵게 되고, 반대로 하의상달(Bottom-up) 방식의 필요성이 더욱 절실하게 요구된다. 그렇다고 반드시 어느 방식이 일방적으로 좋다고 말할 수는 없다. 이는 각 방식이 갖는 장단점이 존재하는가 하면 조직원들의 성숙도에 따라 그 효과가 달라질 수 있기 때문이다. 최근 선진 조직들은 오히려 환경 변화를 적극적으로 활용하는 차원에서 중간 관리자들의 역량에 대한 중요성을 강조하는 '미들업다운'(Middle-up-down) 방식을 선호하기도 한다. 이 방식은 앞서 언급한 전략적 리더십 발휘와 밀접하게 관련된다. 급변하는 환경의 변화에 대응하기 위해 중간관리자가 자기 부문의 역할을 인지한 상태에서 전개할 전략에 대해 상사와 소통하고, 그 결정사항을 부하직원들과 교류하면서 철저하게 실행에 옮기는 경영운영 방식이다. 어떤 방식이든 소통을 강조하는 것이 공통점이다. 훌륭한 의사결정을 하려면 우선 이해관계자 간에 자유롭고 활발한 의견 교환이 이루어져야 하는데, 이를 위해서는 자발적인 참여가 필수적이다.

모든 조직이 경쟁력 확보를 위해 다양한 지식과 정보로 무장한 창의적 인재를 필요로 하고 있다. 그러나 이들을 확보하는 것만큼 중요한 것이 바로 이들을 잘 활용할 수 있는 능력이다. 따라서 리더에게는 이런 창의적 인재들의 역량을 하나로 결집하고 원활한 소통을 통해 이들로부터 창조적 시너지를 이끌어 내 성과를 극대화할 수 있는 역량이 요구되고 있다. 이와 같은 고도의 역량을 발휘할 수 있도록 뒷받침하고 지원할 수 있는 수단이면서 동시에 조직 내의 소통을 촉진하는 기술과 기법으로써 퍼실리테이션은 최적의 대안이 될 수 있다.

제2절
왜 지금 퍼실리테이션인가?

1. 판에 박힌 회의 방식에 대한 반성

경영 환경의 불확실성이 가속화됨에 따라 과거에 경험하지 못한 이슈들의 발생 빈도가 점차 증가하고 있지만, 이와 같은 문제를 해결하기 위한 수단의 효율성은 그다지 개선되지 못하고 있는 것이 현실이다. 대부분의 조직에서 문제 해결을 위한 회의와 워크숍의 빈도가 높아졌음에도 불구하고, 판에 박힌 과거 패턴의 형식적인 답습은 여전하다. 그 결과로 많은 사람들이 모여 논의는 하지만 초점이 없거나 알맹이가 없는 쳇바퀴식 회의가 한두 명이 고민하여 만들어 낸 산출물보다 못한 경우까지 발생하고 있다. 회의는 대화라는 수단에 의한 협업과 소통의 장이 되어야 하지만 현실은 그렇지 못하기 때문이다. 굳이 통계를 활용하지 않더라도 평균 근무 시간 중 회의에 사용되는 시간 비율이 갈수록 증가하고 있음은 이미 알고 있는 바와 같다. 이러한 이유로 많은 회사가 회의로 인한 자원의 낭비를 막기 위해 회의 문화 개선을 외치고 있지만, 설문 조사나 포스터 부착 정도의 일회성 캠페인으로 끝나버리는 것이 대부분이다.

왜 이러한 문제가 지속적으로 발생하는 것일까? 여러 가지 이유가 있겠지만 우선 합리적인 토론 문화와 토의 진행 시스템이 구축되어 있지 않기 때문이다. 특히 회의를 기획하고 진행하며 사후 관리까지를 체계적으로 설계하는 전문가 즉, 전문 퍼실리테이터가 양성되어 있지 않고, 회의를 주관하는 사람의 퍼실리테이터로서의 촉진 역량이 부족하기 때문이다. 다시 말하면, 참여자들의 생각을 잘 이끌어 내고 의견들을 반영하면서 활발한 토론을 이끌어 갈 수 있는 사람이 많지 않다는 의미이다. 결국 회의나 토론하는 방식이 기존과 다르지 않다면 그것을 통해 나오는 결과물은 과거 수준과 같을 수밖에 없다.

2. 새로운 소통 문화 구축의 필요성 증대

일상적으로 수행되는 회의나 워크숍을 보면 준비가 미흡한 경우가 많다. 기획 단계가 거의 생략되거나 부실하다는 뜻이다. 서로 다른 생각을 지닌 참여자들이 특정 의사결정을 위한 토의를 진행하기 위해서는 주제의 적합성 검토에서부터 구성원의 적절성, 그리고 시간과 진행 절차 등 많은 고민을 토대로 한 철저한 준비가 필요하다. 또한, 회의를 진행하는 과정에서도 주제에 초점을 맞추지 못한 토론이 많고, 토론이 있다 하더라도 결론을 못 내거나 실행력이 뒷받침되지 않은 형식 위주의 회의 형태가 많다. 한편, 회의가 끝난 이후 사후관리도 충분하지 못해 결론에 대한 정보 공유가 안 되거나 실행 여부에 대한 피드백이 부족한 경우가 비일비재하다. 결국, 이와 같은 상황은 참석자로 하여금 회의에 대한 중요성을 인식하지 못하게 하거나 회의 자체에 대한 불신을 키우는 꼴이 된다. 그 결과로 "회의감(懷疑感)만 더해가는 회의(會議)"라는 웃지 못할 상황이 발생하기도 한다. 그렇다면 회의는 없어도 되는 것인가? 우리가 회의를 떠나 업무 수행을 효율적으로 할 수 있는가? 어느 누구도 "그렇다"라고 말할 수 없을 것이다. 그렇다면 어떻게 해야 하는가?

이제부터라도 기존의 회의 방식을 바꿔야 한다. 수십 년간 해오던 토론 없는 일방적인 회의, 단순한 의견 교환, 지시, 보고로 끝나는 회의로는 더 이상 생산성을 기대할 수 없다. 회의나 토론 방식의 변화가 필요한 이유가 여기에 있다. 체계적인 기획과 이에 바탕을 둔 의미 있는 토론 시스템의 정착이야말로 이 시점에서 반드시 재정립해야 할 소통 문화의 한 영역이다. 이를 위해 우리의 관행 중 활발한 소통 문화를 저해하는 몇 가지 요소들을 살펴보자.

〈표 1-1〉 활발한 토의를 가로막는 장애 요소들

① 생각의 다름과 틀림을 구별하지 못한다.

자신의 의견과 서로 다르거나 생각에 차이가 있을 때 이를 옳지 못한 것으로 간주하는 것을 말한다. 일반적으로 많은 사람들은 자신과 다른 의견에 대해 배타적 입장을 취한다. 그 때문에 자유로운 토의를 방해하거나 다양성을 가로막기도 한다. 인간은 원래 똑같지 않다. 따라서 각자의 생각과 의견이 다른 것은 너무나 자연스러운 것이다. 그래서 회의가 필요하며 이를 통해 조정과 조율 과정을 거치게 된다. 나와 다른 생각을 할 수도 있다는 개방적 사고와 포용력이 중요하다.

② 주관적인 의견과 사실(Fact)을 분별하지 않는다.
개인적인 생각에 불과한 미확인 내용이나 잘못된 정보를 실제의 사실로 간주하거나 객관적인 것으로 인식하는 경우를 말한다. 평소 일상생활은 물론 회의 과정에서도 사실이 아닌 것을 실제인 것처럼 꾸며대고 객관적인 것인 양 의견을 제시하여 결과를 왜곡하고 잘못된 결론으로 유도하는 경우를 볼 수 있다. 그럴듯한 포장에 유혹되는 경우가 그와 같은 케이스에 해당된다. 주관자는 애매모호한 사항에 대해 확인을 통해 사실에 기반한 올바른 결과를 도출하는 데 힘을 쏟아야 한다.

③ 주관자가 참석과 참여를 혼동하고 있다.
이는 회의 주관자의 착각 문제이다. 참여는 참석을 전제로 하지만 이 둘은 전혀 다르다. 참석은 동일한 공간에 있음을 말하는 것이며 참여는 거기에서 자신의 의사 표현이 있음을 뜻한다. 회의 상에서 참석자가 자신의 의사 표시를 하지 않은 채로 가만히 있는 것도 일종의 참여라고 착각하면 곤란하다. 참석한 것만으로 회의를 잘 했다고 생각하는 우를 범해서는 안 된다. 주관자는 참석자들에게 적극적인 참여를 독려하고 몰입토록 해야 집단 활동의 효과를 거둘 수 있기 때문이다.

④ 참석자가 의견 개진 없이 가만히 앉아 있는 것을 동의라고 착각한다.
아무 말도 없고 표현도 안 하면서 앉아 있는 참석자들에 대해 주관자가 자신의 의견에 동의하는 것으로 생각하는 것을 말한다. 대부분의 사람들은 마음에 들지 않더라도 큰 문제가 없다고 느끼면 가만히 있는 경우가 많다. 그러나 그들이 동의하고 있다고 생각하면 곤란하다. 실제로는 말하지 않는 그들이 회의가 끝나자마자 문밖을 나가면서 그들의 속마음을 드러내고 분파를 만드는 경우도 많다는 점에 유의할 필요가 있다.

⑤ 원래의 주제나 목적에서 벗어나도 관리를 하지 않는다.
참여자들이 얘기를 하거나 대화하는 자체를 회의로 착각하는 경우이다. 회의를 부가가치 있게 하기 위해서는 목적과 관련 없는 얘기로 시간을 낭비하거나 의미 없는 이슈를 꺼내 회의가 본질에서 벗어나는 것을 통제할 필요가 있다. 현재 논의해야 할 주제에 집중하는 것이 아니라 사족거리가 주가 되는 경우이다. 예를 들면, 참석자의 과거를 들춰냄으로써 상대방의 감정을 자극하는 경우도 이에 해당 된다. 이와 같은 상황이 계속되면 감정싸움으로 비화되거나 회의가 옆길로 빗나가 회의 자체가 혼탁해지게 된다. 항상 구성원 스스로 "왜 우리가 여기에 있는가?"라고 반문해 보도록 하는 것도 중요하다.

3. 협력의 가치에 대한 새로운 인식

대다수의 사람들은 회의에 대해 매우 회의적이며 부정적이다. 왜 그럴까? 회의가 자신에게 도움이 되지 않거나 아무런 가치를 창출하지 못한다고 생각하기 때문이다. 회의가 너무 형식적 일 수도 있고, 일방적인 보고 스타일이어서 내용의 전달에 불과할 수도 있으며, 소수의 몇 명만이 주도하는 회의에 싫증을 느끼기 때문일 수도 있다. 한마디로 자신이 지금 왜 이 자리에 있는가? 라는 근본적인 질문에 스스로 대답이 안 되기 때문이라 생각한다. 그 결과 오히려 회의가 상호 간에 의견들을 모으고 협력하는 문화를 만들어 가기보다는 불신과 갈등을 초래하는 결과를 가져오기도 한다. 거기에는 다양한 원인이 있다. 토의 참석자들의 의식 차원의 문제로부터 토의하는 방식과 스킬의 문제, 주관자의 리딩 문제 등 다양한 것들이 복합적으로 작용한다. 이들 중 몇 가지 중요한 요소들은 토론 시스템을 근본부터 흔드는 변수가 되므로 경계해야 한다. 퍼실리테이션에서는 이와 같은 문제 요소들을 사전에 제거하기 위해 기획에 해당하는 설계 부분을 강조하기도 한다. 토론의 원칙과 룰(Ground Rule)을 정하고 이를 진행 과정에서 철저하게 지키도록 하는 등 필요한 정지 작업을 시도하기도 한다. 그렇다면 지금보다 더 나은 수준으로 토론 분위기를 활성화시키고 협력에 의한 상생의 문화를 창조하기 위해 어떻게 해야 하는가? 자신부터 끊임없는 변신이 필요하다. 우선 구성원들의 생각과 의견은 얼마든지 다를 수 있다는 전제가 필요하다. 그들의 생각들을 자유롭게 말하게 하고 의견들을 들어보면서 조정과 협력을 통해 더 좋은 대안들을 만들어 가는 것, 보다 질 높은 공동의 목표를 향해 개개인들의 에너지를 모아 가는 것, 그 결과 참여자들의 의지가 하나로 결집된 성과물이 창출되었을 때 "드디어 우리가 해냈어!"라는 탄성이 절로 나오게 하는 것, 그것이 진정한 회의의 본질적인 모습일 것이다. 이처럼 많은 사람들이 퍼실리테이션에 대해 집단 구성원들이 갖는 생각의 차이들을 협력이라는 수단을 통해 기대 이상의 힘을 발휘시키는 강력한 수단으로 재인식하기 시작했다.

4. 다수결의 의사결정 방식에 대한 보완

우리는 일상생활에서 그래도 가장 민주적이라고 하는 의사결정 방식으로 다수결을 손꼽는다. 물론 다수결이 갖는 많은 장점에 대해 부인할 수 없는 것은 사실이다. 그러나 의사결정 방법이 민주적이라 해서 옳고 비민주적이기 때문에 반드시 나쁘다는 이분법식의 사고는 경계해야 할 대상이기도 하다. 우리는 간혹 민주적인 방식에 따른 결정이 오히려 불합리를 초래하고 결과도 기대수준 이하로 나타나는 경우를 어렵지 않게 목격할 수 있다. 그러나 구성원 모두가 원하는 민주적인 방식을 충분하게 활용할 수 있다면 개인별로 느끼는 불만은 물론 오류에 따른 갈등 문제도 상당히 해결할 수 있는 것 또한 사실이다.

그러나 집단 의사결정 과정에서 극소수의 차이로 다수결에 의해 승패가 갈리는 경우에는 그 자체가 갈등의 원인이 되기도 한다. 더군다나 그 결과는 일의 추진 과정에서 점차 장애 요인으로 작용할 가능성이 높다. 이런 점에서 볼 때 다수결 의사결정 방식이 많은 장점을 내포하고 있지만 합의라는 면에서 볼 때 상당한 한계점을 가지고 있다. 다시 말하면 절대 다수가 아니라 거의 대등한 수준에서 근소한 몇 표 차이로 승패가 갈

리게 되면, 결국 이는 사후에 많은 갈등의 씨앗이 될 가능성이 매우 높다. 승자의 경우 패자 쪽을 포용하지 않고 패자는 승자를 인정하지 않을 가능성이 높기 때문이다. 가장 좋은 의사결정은 이해당사자 간의 충분한 토론을 통한 만장일치에 있다. 그러나 이는 이해관계가 걸린 사안일수록 현실 상황에서는 보기 어려운 경우가 많다. 퍼실리테이션의 꽃은 합의에 의한 의사결정에 있다. 합의가 되지 않은 상태에서 성공적으로 목적을 달성하는 경우는 매우 드물다. 토론의 과정에서 상대적으로 많은 노력과 시간이 걸리더라도 활발한 소통을 통해 합의를 구했다면 이어지는 후속의 업무추진은 가속이 붙을 수 있기 때문이다. 어떤 형태가 되던 패자가 승복을 하지 않고 승자 역시 패자를 포용하지 않은 상태의 적대적 관계로 이어지는 지금의 단순 다수결의 의사결정 방식에 대해 고민이 필요한 시점이 되었다.

제3절
퍼실리테이션(Facilitation)이란?

1. 퍼실리테이션(Facilitation)의 정의

퍼실리테이션은 어떤 것을 "쉽게 하도록 도와주는", "목적 달성을 촉진시키는"이라는 뜻을 가진 라틴어 'Facile'에서 왔으며 이를 명사화하여 퍼실리테이션이라 하고, 퍼실리테이션을 성공적으로 이끌어가는 전문가를 퍼실리테이터라고 한다. 간혹 퍼실리테이션을 사람들 사이의 집단 의사소통을 돕는 단순한 지원 활동으로 해석하기도 한다. 하지만 그보다는 오히려 집단의 문제 해결이나 의사결정을 체계적으로 그리고 보다 쉽게 할 수 있도록 촉진하는 적극적인 의미로 해석하는 것이 옳다. 퍼실리테이션에 대해 적당한 한글화 필요성을 많이 요구하고 있으나 적합하게 번역할 단어가 궁색하여 국내에서는 원어를 그대로 사용하고 있는 형편이다. 퍼실리테이션이 지금보다 확산되고 많은 분야에 다양하게 활용되기 위해서는 좀 더 명확하고 구체적인 개념적 해석과 메시지 전달이 필요하다. 일반적으로 사용되는 좁은 의미로는 "회의나 워크숍을 효과적으로 진행하기 위한 제반 활동"으로 해석하고 있지만 넓은 의미로는 "집단이나 그룹에 의한 창조와 혁신, 문제 해결, 합의적 의사결정을 지원하고 촉진시키는 체계적인 활동 전체"를 일컫는다. 다시 말하면 "참여하고 있는 사람과 사람 사이의 상호작용이 활발하게 이루어지도록 하여 창조적인 성과를 이끌어 내는 종합적이고 전략적인 프로세스"라고도 말할 수 있다. 따라서 퍼실리테이션은 사회적 배경·지식·이해관계가 다른 사람들을 기반으로 집단지성을 활용하는 데 효과적이다. 회의, 포럼, 컨퍼런스, 워크숍, 세미나 등 다양한 집단회의의 성과물을 최적화 시킬 수 있도록 과정을 지원하기 때문이다.

퍼실리테이션을 연구하는 학자나 전문 연구기관들의 경우에도 보는 관점에 따라 퍼실리테이션에 대해 해석을 조금씩 달리 하고 있으나 그 본질적 의미는 같다고 보아야 한다. 그 내용들에 대해 간단하게 살펴보기로 한다.

〈표 1-2〉 퍼실리테이션에 대한 이론적 정의

- 참여자 모두가 최고의 생각을 할 수 있도록 지원하는 것으로 그들의 전면적인 참여를 독려하고 상호 이해를 촉진하며 공동의 책임감하에 그룹의 구성원들이 포괄적인 해결책을 찾아내고 지속 가능한 합의에 이를 수 있도록 하는 과정〈Sam Kaner et al〉
- 토론의 과정에서 특별한 입장을 견지하지 않은 상태에서 사람들이 공동의 목적을 이해하고 그것을 달성할 수 있는 계획을 수립할 수 있도록 돕는 행위〈Wikipedia〉

- 그룹의 효율성을 증대시키기 위해 그룹의 모든 구성원을 받아들이고 독립적인 중립을 유지하며 의사결정에 대한 권한을 배제한 채 그룹의 정체성 개선과 문제 해결, 의사결정에 도움을 주는 사람의 프로세스를 퍼실리테이션으로 정의〈Roger Schwarz〉
- 집단이 협업과 시너지를 창출하여 보다 효과적으로 일할 수 있도록 하는 과정, 이를 위하여 공정하고, 개방적이며, 참여적인 절차에 의해 집단이 일을 해낼 수 있도록 지원하되 한쪽 편에 서지 않고 중립을 지키는 활동〈Michael Doyle〉
- 집단이 효과적으로 기능하여 양질의 의사결정을 이뤄낼 수 있도록 구조와 절차를 형성하는 과정으로 다른 사람들이 최고의 성과를 만들어 내도록 지원하는 활동〈Ingrid Bens〉

이처럼 이론적인 정의에서도 보듯이 퍼실리테이션에 대해 몇 가지 핵심적인 키워드들이 공통적으로 사용됨을 알 수 있다. 예를 들면, 중립적, 집단 협업, 개방과 참여, 효과적 지원, 높은 수준의 의사결정, 최고의 성과 등이다. 그 공통의 키워드를 활용하고 상호 연계하여 퍼실리테이션을 정의해 보자.

퍼실리테이션이란 집단 회의에서 사용되는 것으로 참여를 통해 창조적으로 문제 해결이나 의사 결정이 보다 쉽게 이루어지도록 지원하는 것이다. 즉, 집단이 효과적인 커뮤니케이션과 참여, 그리고 에너지의 유지를 통하여 최상의 성과가 도출되도록 돕는 활동으로 정의할 수 있다. 한편, 실무적 차원에서는 퍼실리테이션에 대해 그룹의 협력을 이끌어 내는 다양한 종류의 워크숍과 회의에서 전체적인 프로세스 설계와 실행을 총괄하는 중립적 활동으로 정의한다. 따라서 이는 주제 및 테마 검토, 참석자 선정, 절차와 양식 정의, 시간 산정, 기법과 도구의 선정, 미팅 진행 등을 체계적이고 총괄적으로 기획하고 수행하는 촉진 활동으로 이해한다.

2. 퍼실리테이션과 유사한 개념

많은 사람들이 그룹 회의와 퍼실리테이션을 혼용해서 사용하기도 한다. 따라서 퍼실리테이션을 제대로 이해하기 위해서는 이와 유사한 개념들을 명확히 정리하고 그 차이점을 잘 알아 둘 필요가 있다.

코칭(Coaching)

어떤 특정 분야에서 개인의 잠재적인 능력을 최대한 발휘하면서 목표를 성취할 수 있도록 도와주는 일련의 체계적인 지도 과정이라 할 수 있다. 코칭은 개인적으로 설정한 목표를 효율적이고 효과적으로 달성할 수 있도록 다양한 방법으로 동기부여를 시키고, 잠재력을 최대한 발휘할 수 있도록 정신적인 측면은 물론 지식, 기술, 노하우 등 지적인 측면까지를 체계적으로 가르쳐 주고 도와주는 일을 한다. 풍부한 경험과 지식으로 지침을 제시하고 방향을 안내하는 멘토링(Mentoring), 지식을 전달해주는 티칭(Teaching), 상담과 조언을 주 역할로 하는 카운슬링(Counseling)과 달리 코칭은 상호 계약 관계로 이루어지고, 개인의 발전을 지원하는 수평적이며 협력적인 파트너십에 중점을 둔다. 목표를 달성하고자 하는 개인과 적극적으로 커뮤니케이션하고 동기부여와 자신감을 심어주며, 스스로 문제점을 해결할 수 있도록 돕는 일이라고 할 수 있다.

조정(Mediation)과 중재(Arbitration)

조정이란 제3자가 분쟁 당사자들 사이에 개입, 중개 하에 화해에 이르도록 함으로써 문제 해결을 도모하는 형태이며, 중재 역시 분쟁에 관한 판단을 법원이 아닌 제3자에게 맡겨 그 판단에 복종케 함으로써 분쟁을 해결하는 방법이다. 알선·중개·중재는 재판을 거치지 않고 상호간의 분쟁 해결을 도모하는 제도로 제3자가 개입하여 분쟁 당사자들 간의 화해를 이끌어내는 점에서 큰 차이가 없으나 법률적으로는 명확하게 구별된다. 즉, 중재의 경우에는 제3자의 판단이 법적인 구속력을 가지므로 당사자는 이에 따라야 한다. 그러나 조정의 경우는 제3자의 조정안에 대하여 당사자가 승낙할 경우에 한해 화해가 이루어지며 그 조정안은 법적인 구속력이 없어 당사자가 이를 수용하지 않을 수도 있다.

교육훈련(Education Training)

교육훈련은 구성원의 능력 개발을 위한 체계적이고 입체적인 과정으로 볼 수 있으며 단순하게 지식이나 기술만을 가르치는 것이 아니라 개개인의 자아실현을 위한 다양한 훈련까지를 포함한다. 교육훈련에 대해 학자들마다 다양한 정의를 내리고 있지만 한 가지 공통점은 인간을 대상으로 한 인간 형성의 한 과정이라는 점이다. 결국 넓게는 인간을 인간답게 만드는 일련의 과정이라 할 수 있고 좁게는 구성원이 설정한 목표를 보다 효과적이고 효율적으로 달성할 수 있도록 지원하는 과정이다. 또한, 직무 수행에 필요한 직·간접적인 지식과 기술을 제공함과 동시에 그들이 갖추어야 할 바람직한 가치관과 태도까지도 견지할 수 있도록 지원하는 입체적인 활동이라 말할 수 있다.

경영컨설팅(Management Consulting)

조직의 다양한 문제 해결이나 개선을 위해 그 대상에 대한 진단을 실시하고 최적의 해결안을 제시함으로써 조직의 성과 향상을 돕는 행위를 통칭한다. 경영 컨설팅을 활용하는 목적은 외부의 객관적인 시각에서 조언을 구하거나 컨설턴트의 전문지식을 활용하고자 하는 등 다양한 이유가 있다. 컨설턴트는 혁신과 변화 관리, 기술의 향상과 실행, 전략 개발, 업무 효율 개선, 선진형 경영 지원 등의 전문적인 서비스를 제공한다. 컨설턴트는 보통 자신이 보유한 방법론과 모형 그리고 개념적 틀을 적용하여 문제를 진단하고 조직의 경쟁력과 성과 향상을 위한 효과적이고 효율적인 방안들을 제시한다. 과학적으로 문제를 진단한 후 솔루션을 제시하는 것이 컨설팅이라면 퍼실리테이션은 구성원들이 스스로 답을 찾을 수 있게 도움을 주는 것이며 문제 해결의 주체는 구성원들이라는 점에 큰 차이가 있다.

멘토링(Mentoring)

풍부한 경험과 지혜 그리고 많은 지식을 지닌 신뢰할 수 있는 능력자가 스승으로서 역할 즉, 지도와 조언으로 그 대상자의 역량과 잠재력을 향상시키는 것을 말한다. 다시 말하면 멘토링은 스승으로서 능력을 가진 자와 조언 및 정서적 지원 등을 필요로 하는 자가 만나 서로를 지지해 주고 도와주는 과정을 뜻한다. 이때 멘토는 학습이나 기술 전수 외에도 친구로서, 지지자로서 혹은 성실한 조언자와 현명한 스승으로서의 역할을 하게 된다. 멘토링은 그리스 신화에서 유래한 말로 스승 역할을 하는 사람을 멘토(Mentor)라고 하며, 조력을 받는 사람을 멘티(Mentee)라고 한다. 일반적으로 우수한 경력과 풍부한 경험을 가진 선배가 후배나 신입 사원의 업무 능력의 향상이나 적응을 돕기 위해 활용하고 있다. 멘토와 멘티의 관계는 살아가는 과정에서 자연스럽게 형성되기도 하고 일반조직 에서 필요에 따라 인위적으로 활성화시키기도 한다.

액션러닝(Action Learning)

액션러닝이란 학습자들이 팀을 구성하여 공동의 과제를 러닝 코치(Learning Coach)와 함께 정해진 시점까지 단계적이고 체계적인 방법을 통해 과제를 해결해 나아가면서 학습하는 방법이다. 특히, 그 과정에서 문제 해결 기법, 의사소통 스킬, 프로젝트 관리, 피드백 등 다양한 스킬을 이용하여 과제에 대해 토론하고 성찰함으로써 개선 프로세스와 과제 해결 방법을 실천적으로 학습하게 된다. 액션러닝은 "실천함으로써 배운다"라는 학습 원리를 이용하여 4~6명이 한 팀이 되어 현장에서 발생하는 문제를 팀 학습을 통해 실제 적용하는 과정에서 발생하는 노하우와 학습을 강조한다. 전문가가 일방적으로 처방해 준 해결 대안보다는 외부 전문가의 도움을 받되, 문제 상황에 직면하고 있는 내부 구성원들이 공동으로 문제 해결을 위한 아이디어 구상과 실제 해결 대안의 탐색 및 적용 과정의 주체가 되어야 학습의 효과가 실천적인 성과로 연결될 수 있다는 가정을 갖고 있다. 따라서 액션러닝에서 진정한 의미의 학습이 발생하기 위해서는 학습자의 적극적인 문제의식과 자발적인 참여가 전제될 때 학습 효과가 극대화된다.

3. 일반적인 회의와 퍼실리테이션의 차이

❙ 일반적 회의와 퍼실리테이션

일반적인 회의와 퍼실리테이션 회의가 무엇이 다른가? 결론부터 말하면 우선 기획 단계에서 많은 차이가 있다. 일반적인 회의가 장소, 시간, 회의 자료 등 기본적인 준비에 치중한다면 퍼실리테이션은 통합적인 관점에서 준비가 필요하다. 퍼실리테이터는 고객이 요구하는 결과물을 주어진 여건 하에서 최적으로 창출하기 위해 그들의 니즈를 파악하고 그에 맞는 과정을 설계해야 하기 때문이다. 예를 들면, 주제에 대한 검토와 참여자 선발, 프로세스 설계와 활용기법의 선정 등 주어진 역할 수행을 위해 사전적으로 검토하고 확정해야 할 사항들이 많다. 다음으로는 진행 단계에서의 차이점을 들 수 있다. 퍼실리테이션은 일반 회의보다 참여와 몰입을 강조하고 퍼실리테이터의 중립성을 요구하며, 다수결보다는 합의에 따른 의사결정을 기초로 한다. 또한, 토의를 진행하는 데 있어 다양한 기법과 도구, 스킬들을 사용하며 설계된 어젠다를 기초로 단계별 도출 사항에 대해 동의 과정을 거치면서 진행한다. 그 외에도 일반 회의와 달리 과제 해결을 위한 아이디어 창출은 물론, 분류하고 평가하는 체계적인 프로세스를 거치는 것도 큰 차이점이라 할 수 있다. 따라서 퍼실리테이션에서는 진행상의 리스크 예방과 관리, 합의에 의한 의사결정, 퍼실리테이터의 중립성 유지 등 여러 가지 면에서 원활한 소통을 가로 막는 많은 장애 요인들을 체계적으로 극복해 나아가기 위한 지혜와 기술이 필요하다.

〈표 1-3〉 일반 회의와 퍼실리테이션의 비교

항목	일반회의	퍼실리테이션 회의
기획단계의 유무	부분적 존재	반드시 존재
진행자	회의 주관자	중립적 퍼실리테이터
단계 및 절차 설계	주관자/관련자 설계	퍼실리테이터가 직접 설계
프로세스 적용	회의 주관자 의도	설계된 프로세스 적용
기법과 도구 활용	의무사항이 아님	단계별 기법과 도구의 사전 확정
참여자	수동적, 소극적	능동적, 적극적 참여와 몰입
의사결정	일반적으로 다수결 원칙	합의(만장일치)

다양한 문제해결 방식과 퍼실리테이션

퍼실리테이션도 다양한 과제 해결을 위한 접근 방법론 중 하나에 속한다. 따라서 이것만이 만능이라고 주장하는 것은 전체를 보지 못하고 어느 일면만을 보는 것에 불과하다. 모든 과제들은 나름대로의 특성을 가지고 있어 해결을 위한 조건이 다를 수 있다. 따라서 하나의 특정한 방법만으로는 극복이 가능하지 않은 경우가 많다. 퍼실리테이션으로도 해결하기 어려운 문제는 얼마든지 존재할 수 있다. 그렇다면 퍼실리테이션은 어떤 성격의 과제나 문제 해결에 잘 어울릴까? 우선, 다양한 의견을 수렴하는 과정을 거칠수록 시너지화가 가능한 주제나 이슈 즉, 다양한 이해관계자가 서로 다른 생각들을 가지고 있어 이를 조율하고 합의가 필요할 때 유효하게 활용된다. 즉 퍼실리테이션에 대한 철학을 이해하고 수행역량을 확보한 퍼실리테이터가 적절한 스킬과 프로세스를 활용하여, 합의적 결론을 도출할 수 있는 유형의 과제에 적합한 방법이라 할 수 있다. 설령 퍼실리테이션을 통해 과제를 완벽하게 해결할 수 없다하더라도 부분적인 적용은 얼마든지 가능하다. 어떤 과제라 하더라도 해결을 위해 퍼실리테이션 관련 스킬과 도구들이 필요할 것이기 때문이다. 물론 퍼실리테이션을 할 필요가 없는 회의나 워크숍도 있는 건 사실이다. 뒤에서 언급하겠지만 단지 정보만을 공유하거나 지시나 보고를 목적으로 하는 회의나 학습을 위한 세미나 등은 기존의 방식을 활용해도 된다. 굳이 퍼실리테이션이라는 포장을 씌워야 할 이유가 없기 때문이다.

제4절
퍼실리테이션의 특징

1. 확산과 수렴의 연속

퍼실리테이션의 가장 큰 특징 중의 하나는 확산과 수렴의 연속이라는 점이다. 퍼실리테이션 과정의 전체는 물론이고 각 단계를 구분해서 보더라도 항상 확산과 수렴이라는 특징을 갖는다. 여기에서 확산은 주제와 관련하여 특별한 제약을 두지 않고 자유롭게 많은 아이디어를 구하거나 의견을 이끌어 내도록 하는 것이 목적이다. 따라서 이때 사용되는 기법들도 대체적으로 아이디어 발산을 돕는 것들이 사용된다. 이와 같은 과정을 거쳐 많이 도출된 아이디어들은 중복되기도 하고 크고 작은 것들이 혼재되어 나열되기도 하며, 서로 다른 것들이 섞여서 다소 혼란스럽기도 하다. 그러나 이는 지극히 자연스럽고 당연한 현상이므로 걱정할 필요가 없다. 다만, 이들을 유용하게 활용하기 위해서는 어떤 형태로든 정리하는 단계가 필요한데 이는 수렴이라는 과정을 거치면서 해결된다. 이 단계에서는 많은 아이디어들을 일정한 기준에 따라 그룹핑 하거나 어색한 내용들을 점차 목적에 맞도록 세련화 시키는 것 까지를 포함한다. 다시 말하면 전체적으로 확장되고 넓혀진 사고를 단계적으로 좁혀가면서 수렴해가는 과정으로 인식하면 된다. 이 패턴은 전체 프로세스는 물론 세분화된 각 단계와 절차에서도 동일하게 적용된다.

[그림 1-1] **확산과 수렴의 이미지**

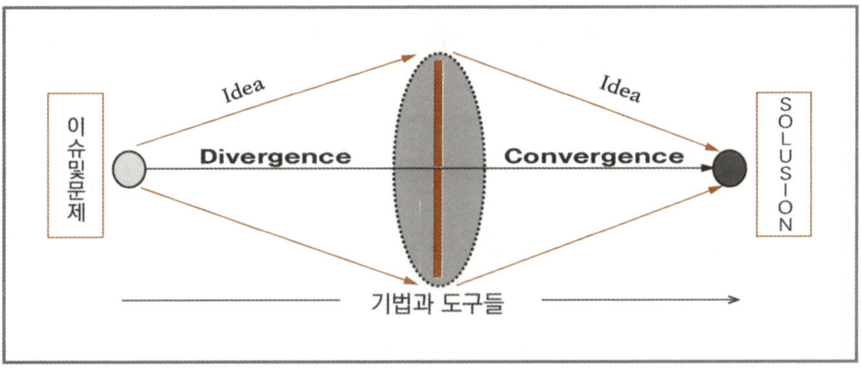

2. 다양한 기법과 도구의 활용

퍼실리테이션의 특성 중 하나가 다른 어떤 기법보다 다양한 도구와 실용적인 기법을 활용한다는 데 있다. 그렇다면 왜 다양한 기법과 도구들을 사용하는가? 이는 다분히 의사결정을 하는 방식의 차이에서 비롯되었다고 볼 수 있다. 지금까지의 회의 방식이나 워크숍 형태도 다양한 의견이나 아이디어를 많이 내도록 독려는 하지만 충분한 토론이나 합의보다는 최적의 안을 도출하는 데 초점을 맞춰왔다. 그러나 퍼실리테이션은 제반 여건에 맞게 기획된 프로세스에 따라 충분한 소통과 토론을 촉진하고 결정에 대해서는 만장일치나 합의에 의한 결론을 이끌어 내도록 하는 것을 원칙으로 한다. 이때 참여자들의 마음속에 있는 의견이나 아이디어를 체계적으로 이끌어 내고 충분한 소통이 이루어지도록 하기 위해서는 많은 경험과 스킬 외에도 다양한 도구와 기법들이 필요하다. 따라서 퍼실리테이터는 진행 과정의 각 단계별로 최적의 성과를 도출하기 위해 그에 적합한 기법들을 선정하고 확인해야 하며 그때마다 필요한 도구들을 사전에 준비하여 진행에 차질이 없도록 해야 한다. 각각의 기법과 도구는 그 나름대로의 목적과 기능, 그리고 역할이 있으므로 이를 적합하게 사용하는 것은 퍼실리테이터의 기본적인 역량과도 직결된다.

3. 체계적 절차에 의한 쌍방향 커뮤니케이션

퍼실리테이션은 이론적 지식을 가지고 책상에 앉아서 고민 하거나 문서에 기초한 설계안을 통해 과제 해결을 하는 방식이 아니라 기본적으로 대화를 통해서 문제에 접근하는 방식이다. 따라서 무엇보다도 대화와 소통의 스킬이 중요하다. 또한, 이 스킬은 구성원들의 참여를 통한 몰입을 유도하는데 많은 영향을 미치므로 퍼실리테이터들에게 많은 노력을 요하는 분야이기도 하다. 그렇다고 해서 아무렇게나 하는 일방적인 얘기가 아니며 더욱 형식만을 중요시 하는 그와 같은 소통은 더더욱 아니다. 효율적이고 효과적인 과제 해결에 적합한 단계와 절차에 입각하여 쌍방 간에 진실한 소통을 말한다. 과학적이고 체계적인 절차와 방법에 따라 퍼실리테이터와 참여자간에 이루어지는 진정한 소통은 최적의 결과물을 얻기 위한 가장 중요한 핵심 요소가 된다. 따라서 쌍방향 소통에 필수적인 질문과 경청 기술은 퍼실리테이션 전 과정에서 가장 많이 활용되므로 퍼실리테이터는 집단 내에서 소통이 아주 자연스럽게 잘 이루어 질 수 있도록 제반 여건 조성에 최선을 다 해야 한다. 격의 없는 소통과 대화는 아무리 강조해도 지나침이 없다. 그러나 그 중요성에 비추어 이를 지키기 위한 노력이 일상적 회의에서는 상대적으로 소홀하다고 볼 수 있다. 특히, 퍼실리테이션에서는 논의를 주도하는 자의 일방적인 의도대로 결정이 이뤄지거나 의사소통이 왜곡되는 것을 막기 위해 다양한 방법을 사용한다.

4. 토론에 의한 합의의 도출

퍼실리테이션에서 빼어 놓을 수 없는 가장 큰 특징 중의 하나는 합의에 의한 의사결정이나 결론의 도출이라 할 수 있다. 대부분의 일반적인 회의나 워크숍의 결과가 실행으로 연결되지 못하고 대안 도출이나 계획 수립으로 끝나는 것에 대해 한 번쯤은 의문을 제기한 경험이 있을 것이다. 그 원인은 무엇인가 생각해보자. 결론적으로 말하면 어정쩡한 결론 도출이 그 원인인 경우가 많다. 아직 많은 퍼실리테이터들 역시 합의에 의한 의사결정과 결론 도출의 위력을 잘 모르고 있는 듯하다. 이는 대부분 민주적 회의라는 포장 아래 그리고 다수결이라는 틀 안에 갇혀 의사결정을 하는데 너무나 익숙해져 있기 때문이라고 할 수 있다. 그렇다고 다수결은 결함이 많고 합의는 완전한 것인가? 그렇지는 않다. 어느 방법이든 장단점이 있게 마련이다. 그러나 이해관계가 복잡하고 서로 얽혀있는 고리를 풀지 않고는 실행을 담보할 수 없는 사안이라면 당연히 합의가 전제되어야 한다. 그렇게 하지 않고는 반대하는 집단의 저항이 있을 수밖에 없기 때문이다.

문제는 이렇게 중요한 합의가 말처럼 쉽지 않다는 데 있다. 이는 상당히 많은 시간과 노력을 들여 소통을 하고 긍정적인 마음으로 공감대가 형성되어야 합의가 가능하기 때문이다. 여기에서 합의라 함은 적어도 이해관계자 혹은 참여자의 80% 이상이 찬성을 하고 나머지 20% 미만도 반대를 하지 않은 수준을 의미한다. 체계적인 프로세스의 결과로 합의가 이루어지면 실행에는 속도가 붙을 수 있다. 전체적으로 보면 합의 이전까지의 전반부의 완성도가 높을수록 후반부의 실행이 쉬워지고 그 반대의 경우가 되면 후반의 실행이 힘들 수밖에 없다. 적어도 우리가 겪고 있는 많은 갈등은 결정 사항에 대한 합의의 부족에 원인이 있으며, 그 근저에는 소통의 부족이 자리 잡고 있다. 훌륭한 퍼실리테이터는 그 진행 과정의 매끄러움도 중요하지만 합의에 의한 의사결정을 어느 정도 잘 이끌어 내는 가로 평가받는 이유가 여기에 있다. 그러므로 토론에 의한 합의 도출은 퍼실리테이션의 특징을 가장 잘 나타내는 중요한 핵심가치라 해도 과언이 아니다.

제5절
퍼실리테이션의 구조와 구성 영역

1. 퍼실리테이션의 구조

퍼실리테이션을 성공적으로 진행하기 위해서는 그 개념을 명확하게 이해하고 통합적 관점에서 전체 구조를 바라볼 필요가 있다. 다시 말하면 퍼실리테이션의 목적, 참여자, 진행 프로세스, 활용 기법과 도구, 기본적인 기술 등 다각적인 측면을 하나의 통합된 모형으로 이해하고자 하는 관점이다. 특히, 여기에서는 퍼실리테이션 프로세스를 몇 가지 차원으로 기술하였다. 먼저 퍼실리테이션의 사전 준비 단계에서 필요한 사항들을 정의하고 프로세스를 설계하며 실행 과정에서 요구되는 퍼실리테이션의 기본적인 스킬과 각 단계별로 활용되는 기법들을 구분하여 그 관계를 명확하게 하려고 노력하였다. 다음으로 퍼실리테이터가 지녀야 할 철학과 기본적인 태도에 대해 기술함으로써 퍼실리테이션 전체 이미지와 상호 관련성 차원에서 이해를 돕고자 했다. 통합적 관점에서 퍼실리테이션은 토의의 목적 달성에 필요한 조건이 형성되고 참여자들이 선정되면 그에 맞는 프로세스와 퍼실리테이션 기술을 통해 최상의 결과물을 만들어 내는 것으로 이해한다. 관련된 세부 내용들은 다른 장에서 상세하게 설명하고자 한다.

[그림 1-2] 퍼실리테이션의 통합적 구조

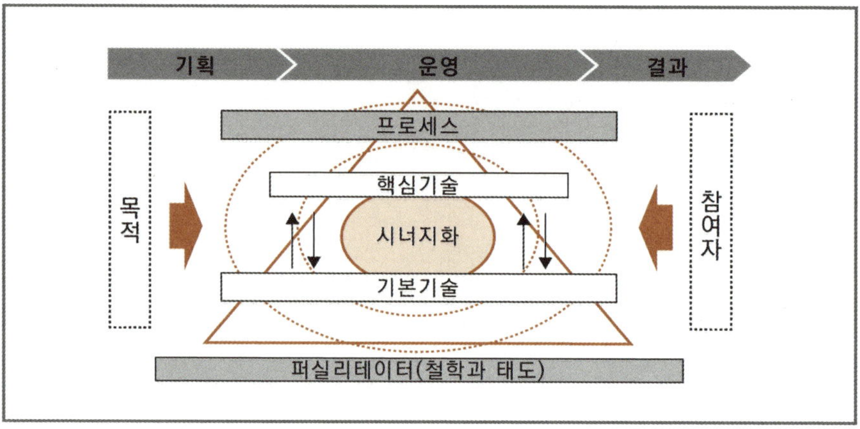

2. 퍼실리테이션의 구성 영역

퍼실리테이션을 성공적으로 수행하기 위해 필요한 요소들은 전문가마다 보는 시각에 따라 약간의 차이가 있다. 그러나 공통적으로 주장하는 요소들을 추출하여 이를 영역별로 다시 그룹핑 해보면 아래의 4가지로 구성되어 있음을 파악할 수 있다. 퍼실리테이션을 위한 사전 준비와 추진 프로세스 그리고 원만한 퍼실리테이션 진행과 이를 위해 필요한 이론과 기술이 곧 그것이다. 이들 중 어느 한 요소라도 소홀히 해서는 성공적인 퍼실리테이션을 담보할 수 없다. 따라서 퍼실리테이터는 각 영역에서 수행되어야 할 역할과 내용들을 명확하게 이해하고 영역 간의 연계와 균형을 맞추려고 노력해야 한다.

〈표 1-4〉 **퍼실리테이션 구성 영역**

준비영역 25%	프로세스 영역 25%
• 미팅의 사전계획 • 미팅을 위한 환경 이해 • Issue 명확화 • 기본 프레임 준비 • Road Map 준비	• Process의 이해 • 진행단계 명확화 • 중요 시기의 인식 • 주요 활동과 위치 파악
이론과 기술 영역 20%	**Facilitating 영역 30%**
• 퍼실리테이션의 개념 이해 • 워크숍의 기획방법 이해 • 과제해결 방법론 숙지 • Process 제안 및 Tool과 기법 보유 • 철학, 역할, 태도, 이론, 행동 이해	• Process 관찰과 시간관리 • Tool과 기법의 적용 • 동의(합의) 획득 • 말과 행동에 의한 촉진 • 개입의 실행, 역할 준수

여기에서 준비 영역은 퍼실리테이션을 설계하기 위한 사전단계에 해당되며 프로세스와 이론적 기술 영역은 퍼실리테이션을 전개하는 과정에서 필요한 콘텐츠라 할 수 있다. 결국 나머지 영역이 실제 퍼실리테이션을 위한 실질적이며 세부적인 활동 부분이다.

제6절
퍼실리테이션 활용과 적용 범위

1. 퍼실리테이션의 활용 범위

퍼실리테이션을 적용하고 활용할 수 있는 분야는 생각보다 매우 다양하고 그 폭이 넓다. 특히, 지속적인 경쟁 우위를 확보하고 성장을 해야 하는 조직일수록 퍼실리테이션의 활용성이 높다고 할 수 있다. 기업의 경우 문제 해결을 위한 태스크포스팀 회의나 워크숍의 진행은 대부분 적용하는 절차나 방식이 상황에 따라 다르고 응용 수준에 차이가 있지만, 그 역시 퍼실리테이션의 활용 범주에 속한다. 그렇다면 어느 곳에서 퍼실리테이션이 활용될 수 있을까? 우선, 일반 기업, 공공 기관, 사회단체, 특수 목적의 집단, 학교, 가정 등 소통이 필요한 곳은 모두가 해당된다. 이들의 경우, 정도의 차이는 있을지라도 어떤 형태로든 조직의 목적과 목표 달성을 위해 원활한 소통을 필요로 하기 때문이다. 퍼실리테이션의 내용 측면에서 보면 비전과 전략 수립, 혁신과 변화관리, 핵심가치 발굴 및 실행, 업무 효율화와 생산성 향상, 프로젝트 관리, 과제 발굴 및 문제 해결, 고객 서비스 향상, 갈등 해결 등 여러 분야에 걸쳐 활용할 수 있고 또 적용되고 있다. 그러나 퍼실리테이션이 만능의 해결 도구라는 인식은 경계해야 한다. 왜냐하면, 퍼실리테이션 역시 강점과 한계를 모두 가지고 있기 때문이다.

2. 퍼실리테이션 제대로 활용하기

그렇다면 그처럼 활용성이 높은 퍼실리테이션을 보다 유효적절한 도구로 활용 하려면 어떻게 해야 할까? 퍼실리테이션이 많은 과제를 해결함에 있어 최고의 방법이라 하더라도 그것이 모든 상황에 최적일 수는 없다. 세계 최고의 도구를 가지고 있는 훌륭한 목수라 할지라도 모든 물건을 걸작으로 만들 수는 없듯이 말이다. 그 연장을 잘 사용할 수 있는 여건은 정해져 있기 때문이다. 퍼실리테이션도 도구나 수단이라는 측면에서는 마찬가지라 할 수 있다. 도구를 잘 활용할 수 있는 개인적인 역량과 그것을 사용해야 할 조건에 대한 탐구가 필요하다는 점이다. 며칠에 걸쳐 이론을 배우고 몇 번의 실제 경험만으로 퍼실리테이션을 모두 마스터했다고 자만을 하거나, 유사한 워크숍 경험이 많고 기법을 많이 알고 있다는 이유로 계획의 철저함과 치밀함을 게을리 하면 그 대가는 반드시 돌아온다는 것을 명심할 필요가 있다. 적용 범위가 넓어질수록 다양한 주제와 상황의 연출, 돌발 상황의 발생, 복잡한 프로세스 설계가 뒤따른

다. 즉, 주체를 포함한 다양한 여건과 상황 변화에 따라 그때마다 퍼실리테이션 운영 방식의 변화가 필요하기 때문이다. 따라서 다양한 실전 경험과 반복학습을 통해 자신만의 노하우를 쌓아가야 한다. 각각의 상황에 맞게 얼마나 퍼실리테이션을 잘 응용할 수 있고 유연성을 발휘할 수 있는가가 훌륭한 퍼실리테이터를 평가하는 중요한 척도가 되는 이유이다. 특히, 실전에서는 헤아릴 수 없을 만큼 매우 다양한 상황이 복합적으로 전개될 수 있다. 여기에서는 일반적으로 발생하는 몇 가지 예시들을 통해 퍼실리테이션의 적용 가능성을 판단해보자.

3. 퍼실리테이션의 적용에 대한 판단

▎퍼실리테이션을 적용하면 좋은 경우

① 토론의 결과가 조직의 발전에 의미가 있으며 주제에 대한 다양한 의견과 관점들이 존재하고 있을 때
② 존재하고 있는 다양한 의견들을 적절한 방법으로 이끌어 내고 단계적인 토론 과정을 거쳐 도출된 결정에 대한 합의가 필요할 때
③ 자유로운 분위기 속에서 다른 대안을 찾고 싶지만 참신하고 좋은 아이디어가 나오지 않아 창의적인 해법을 찾고자 할 때
④ 팀 전체가 적극적인 참여를 통해 토론을 하고 토론의 결과에 대하여 동일한 책임감을 가져야 할 때
⑤ 중립적인 위치에서 체계적이고 전문적인 토론 과정을 거쳐 결과물에 대한 구성원의 신뢰와 참여를 이끌어 내고자 할 때
⑥ 중요한 이슈에 대한 목적, 절차, 방법 그리고 산출물이 불명확하여 이를 명확하게 설계할 필요가 있을 때

퍼실리테이션 적용이 의미가 없는 경우

① 회의의 결과로 도출해야 하는 결과나 산출물이 불명확할 때
② 토의 주제와 관련된 상황 혹은 관련 정보가 너무 복잡하거나 기밀 사항이 많아 이해와 접근이 어려울 때
③ 회의 구성원 및 참여자들 스스로 토의 결과로 도출된 해결 방안을 수용 할 수 없거나 수용할 의사가 전혀 없을 때
④ 퍼실리테이션 기법을 활용할 시간이 충분하지 않거나 적용할 상황이 아니라고 판단될 때 (이미 의사결정이 이루어진 경우 등)
⑤ 의사결정자들이 다른 대안을 찾으려는 의지가 없거나 혹은 이미 예견된 결과에 대해 일치된 의견을 가지고 있을 때
⑥ 구성원의 토의와 참여를 필요로 하지 않은 지시·보고 사항이거나 혹은 정보 공유만을 필요로 하고 있을 때
⑦ 그룹의 규모나 크기가 아주 작거나 구성원이 소수일 때(일반적인 경우 5인 미만)
⑧ 주제와 관련된 이해관계자 중 일부만이 토의에 참석하여 그 대표성이 없을 때

제7절
퍼실리테이션의 효과

기업을 포함하여 공공부문은 물론 특정 목적의 조직에서도 퍼실리테이션을 도입하는 경우가 점차 증대되고 있다. 이는 퍼실리테이션이 가져다주는 그 자체의 효과도 있지만 기존의 다른 소통방법에서 나타나고 있는 문제점이나 한계를 상당부분 해결해 주는 매력이 있기 때문이기도 하다. 그렇다면 구체적으로 퍼실리테이션을 통해 어떤 효과들을 기대할 수 있을까?

1. 구성원 주도의 결정을 통한 강한 실행력 확보

많은 조직의 책임자들은 어떻게 하면 구성원들이 스스로 자신들의 역할을 인지하여 일을 주도적으로 할 수 있을지를 고민하고 있다. 그러나 뾰족한 대안이 없는 것도 사실이다. 그렇다고 구성원들의 잠재력을 이끌어 내기 위해 기존의 동기부여 수단을 무한정 늘리는 것도 한계가 있음을 인정한다. 그래서 이제 그들은 내적인 동기 유발을 그 수단으로 활용하기 시작한 것 같다. 그 방법이 다름 아닌 과업의 기획 초기 단계부터 관련자들의 생각과 의견을 반영하는 구성원 주도의 참여적 소통 방식이다.

구성원들의 자발적인 주인 의식과 의지를 통한 자아 발전 욕구를 자극하고자 함이다. 그 모습은 구성원들이 자발적으로 아이디어를 내고 숙성시키며 스스로의 결정을 통해 역할을 정립하는 등 체계적인 프로세스를 전개해 나아가도록 한다. 예를 들면, 부서간의 이해관계가 얽혀 있거나 갈등이 예상되는 경우를 상상해보자. 관련 당사자가 참여하여 토론을 통해 서로의 상황과 입장을 이해하고, 모두가 공감할 수 있는 최선의 합의를 이끌어 낸다면 어떤 효과가 있을까? 그들 스스로 참여를 통한 결정사항에 대해 주인의식이 함양되고 동기부여가 될 것이다. 그 결과 실천 과정에서는 불협화음이 최소화되고 진행 속도가 빨라져 합의에 이르기까지 소요된 시간과 비용을 상쇄하고도 충분한 남음이 있게 된다. 결론적으로 업무 추진에 있어 강력한 실행 동력이 확보되고 이를 통한 시간 단축은 물론 질적인 면에서도 보다 훌륭한 성과를 만들어 낼 수 있을 것이다.

2. 다수 구성원들의 진정한 참여와 몰입 유도

가끔은 그룹 회의에 대해 회의적인 반응을 보이는 사람들도 있다. 다수가 모이면 오히려 시간만 낭비한다고 생각하는 사람들이다. 이는 혼자 기획하고 실행을 해도 아무런 리스크가 없는 일의 경우에 타당한 말이다. 그러나 현실을 보면 조직에서 그와 같은 일이 과연 얼마나 있을까? 대부분은 결정된 사안에 대해 이해관계자가 있기 마련이고 그것으로 인해 장·단기적으로 이익을 보는 집단과 손해를 보는 집단은 존재할 수밖에 없기 때문이다. 보다 현명한 의사결정을 위해서는 또 다른 편에 서있는 집단의 도움을 받거나 관련 분야의 전문 지식을 활용할 필요도 있다. 이해관계자가 함께 모여 힘을 합칠 수만 있다면 얼마든지 시너지 효과를 얻을 수 있기 때문이다. 특히, 의견이 서로 다른 주제이거나 혼자의 힘으로 해결하기 어려운 문제는 퍼실리테이션 방법을 통해 보다 나은 해결안을 창출해 낼 수 있다. 퍼실리테이션은 구성원들의 참여를 전제로 그들의 몰입을 이끌어내는데 탁월한 방법이기 때문이다. 목적이 분명하고 공동의 목표 달성으로 전체적인 수혜의 파이가 커진다면, 그리고 그들에게 적절한 명분과 도구 그리고 프로세스가 주어진다면 퍼실리테이션으로 구성원들의 참여를 이끌어 내는 것은 그리 어렵지 않다. 참여자들은 그 결과가 기대하는 것 이상의 시너지를 만들 수 있음을 알기 때문이다.

3. 다양한 체험과 학습을 통한 자기 변화와 발전

퍼실리테이션은 구성원들로 하여금 끊임없이 변화하고 발전할 수 있도록 자극한다. 다시 말하면 자발적인 참여를 향상시키는 방법은 무엇이며 어떻게 구성원들의 합의를 이끌어 낼 것인가? 최적의 결과물을 생산하기 위해 어떻게 하면 상호소통을 잘하게 할 것인가? 합의에 의한 의사결정을 통해 어떤 것들이 개선될 수 있는가? 이처럼 퍼실리테이터는 활동과정에서 다각적인 질문과 답변을 통해 스스로 변화를 체험하고 학습해 나아간다. 또한, 다양한 사람들의 마음을 움직이게 하고 지혜를 모아 시너지를 이끌어 내는 기술을 배우게 된다. 이와 같은 과정 속에서 나타난 아쉬움과 반성, 나름대로 터득한 자신감의 확보 등 무수한 성찰을 반복하면서 스스로의 역량 향상을 위한 다짐과 약속을 하기도 한다. 퍼실리테이션 범위가 확대되고 활용수준이 높아질수록 자신들을 독려하고 연마하는 기회는 훨씬 많아진다. 이때 발생하는 열정의 에너지가 타인에게 확산되어 선순환 고리가 형성되는 경험도 하게 된다. 결론적으로 개개인들은 퍼실리테이션의 전체 프로세스 상에서 수많은 시행착오를 다양한 방법으로 극복하면서 미 개척분야에 대한 상호 학습과 이를 통한 도전적인 자극을 주고받게 된다.

4. 조직과 집단의 새로운 문화 창출

구성원들의 자율성과 주체적인 참여 활동이 강화된다면 조직의 문화를 더 적극적이고 혁신적으로 변화시킬 수 있다. 특히, 자유로운 토론과 의견제시를 마음껏 할 수 있는 분위기가 조성된 것만으로도 조직 내 의사소통은 이전보다 훨씬 좋아진다. 원활한 의사소통은 조직의 내부적인 결속력을 강화할 뿐만 아니라 미래의 방향과 목표에 대한 구성원들 간의 공감대 형성 수준을 높여 집단에 대한 밀착도를 증가시킨다. 이런 측면에서 퍼실리테이션은 다른 어떤 기법이나 도구보다도 효과적인 수단이라 할 수 있다. 퍼실리테이션은 구성원들로 하여금 하나의 거대한 조직체 속의 단순한 부속품이 아닌, 개개인들이 살아 움직이는 유기체로서 생명력을 갖는 동력을 확보할 수 있게 만들기 때문이다. 그 결과 구성원들은 목적을 향한 적합한 수단을 찾고 그 과정을 즐기듯이 필요한 지혜를 모아간다. 더더욱 그와 같은 체감적 상승 무드는 서로에게 긍정적 에너지를 주고 용기와 자신감을 북돋아 주는 역할을 하기도 한다. 결국 많은 참여자들은 필요한 일을 스스로 찾아 문제를 해결하고 창의적이고 보다 가치 지향적인 일을 추구하는 방향으로 나아가려고 노력하게 된다. 이처럼 구성원 전체가 공유된 가치관을 가지고 한 방향으로 나아갈 때 조직의 바람직한 문화는 생각하는 것 이상으로 빠르게 형성될 수 있다.

제2장
바람직한 퍼실리테이터와 그들이 갖춰야 할 조건

제1절
퍼실리테이터의 개념

퍼실리테이터(Facilitator)는 한마디로 퍼실리테이션 토의나 워크숍을 성공적으로 이끌 수 있는 전문가라고 말할 수 있다. 퍼실리테이터는 주제의 적절성 검토는 물론 이에 적합한 참여자의 선발 등 과제 해결을 위한 전반적인 기획에서부터 대안의 발굴 및 실행에 이르기까지 전체적인 프로세스를 총괄하며 중립적인 위치에서 촉진하는 사람이다. 퍼실리테이터는 토론회에서 흔히 볼 수 있는 사회자 혹은 진행자와는 조금 다르게 인식할 필요가 있다. 그는 참여자들이 자유롭게 다양한 생각과 사고를 이끌어 낼 수 있도록 안전한 환경을 조성하고, 더 나아가 참여자들이 스스로 과제를 해결하고 실행력을 강화할 수 있도록 지원하는 역할을 수행한다. 즉, 부가가치 있는 토의를 위해 프로세스를 기획하고 해결을 위한 지혜를 모아 가치를 창조하며, 실행을 통해 그 목적을 달성해 가는 데 도움을 주는 것이라 할 수 있다. 이를 위해 퍼실리테이터는 자유로운 분위기 속에서 모두가 의견을 내도록 유도하고 새로운 관점에서 문제를 바라 볼 수 있도록 하는 것이 매우 중요하다. 그럼에도 아직까지 우리나라에서는 퍼실리테이터를 단순한 회의 진행자로 오해하기도 한다. 대부분의 선진국에서는 퍼실리테이션을 이미 중요한 비즈니스 스킬로 인식하고 있을 뿐만 아니라 퍼실리테이터를 과제 해결의 마술사로 부르기도 한다. 그만큼 과제해결에 필요한 다양한 노하우와 경험, 체계적인 방법과 절차, 그리고 도구들을 섭렵한 프로페셔널한 전문가로 인식하고 있다는 의미이다. 따라서 퍼실리테이터를 단순한 회의 진행자라고 해석한 것은 본질적인 역할을 완전히 이해하지 못하고 그 전문성의 극히 일부분만을 바라보는 편견 때문이라고 할 수 있다. 이와 같은 의미에서 퍼실리테이터란 과제 해결을 위한 커뮤니케이션 프로세스를 매니지먼트 하는 전문가라고 부르기도 한다.

제2절

퍼실리테이터의 위상과 역할

농경사회에서 산업화 사회 그리고 지식 정보화 사회로 진전은 사회 환경 측면에서도 엄청난 변화를 가져 왔으며 그 속도는 가히 수준을 예측하기 어려울 정도라 할 수 있다. 이와 같은 상황에서는 과거와 현재에 유효한 관리 방법들이 무용지물이 되는 것도 시간문제라는 생각이 든다. 그렇다면 전통적인 관리의 한계를 극복하고 조직과 팀에 새로운 활력과 에너지를 불어 넣어 줄 수 있는 미래형 리더는 어떤 모습이어야 하는가? 아마도 퍼실리테이터(Facilitator)의 역량을 발휘하는 리더가 그 대안이 될 수 있다고 본다. 퍼실리테이터형의 리더는 팀 스스로가 문제를 해결하도록 지원하고 촉진하는 역할을 누구보다도 체계적으로 수행할 수 있기 때문이다. 다시 말하면 미래형의 리더는 팀원들이 보유하고 있는 무한한 잠재력을 핵심 경쟁력으로 삼고, 팀 내부의 통합적 시너지를 활용하여 성과를 향상시키는 적극적인 퍼실리테이터 역할이 수반되어야 하기 때문이다.

퍼실리테이터형의 리더는 경직되고 침체된 조직에 에너지를 불어 넣어 자극과 함께 격려를 해 주기도 하고 성장하는 조직을 더 활력 있게 동기부여해 주는 마술사 역할을 수행하는 사람이다. 이와 같은 역할을 잘하기 위해 그는 상시 모니터링을 통해 팀의 분위기를 빠르게 감지하고 상황을 파악하여 적절하게 대처할 수 있어야 한다.

지금까지 훌륭한 리더들이 어떻게 성과를 만들어 내는가를 잘 살펴보라. 보통의 일반인과 뭔가 다른 면이 발견될 것이다. 그들은 대부분 구성원들 간의 더 확대되고 개방된 소통의 기회를 통해 공감대를 형성하고 집단의 힘을 합목적적으로 이끌어 내기 위해 엄청난 노력을 하고 있다. 앞으로 변화하는 환경은 조직이나 개인에게 더욱 복잡한 상황들을 연출할 것이다. 이와 같은 상황 속에서 수많은 어려움을 극복하고 팀워크를 발휘하여 얼마나 스마트하게 일을 처리할 수 있는가 하는 것도 퍼실리테이터형의 리더를 판단하는 하나의 척도라 할 수 있다.

1. 수평적 관계를 중시하는 조력자

퍼실리테이터는 집단 토론이나 회의에서 의사결정을 할 수 있는 위치에 있지 않으며 결코 그에 관한 권한도 갖고 있지 않다. 이는 참여자들에게 지시를 하거나 그들 위에서 군림하기까지 하는 일반적인 리더와는 다르다는 것을 의미한다. 만약 그와 같은 전제가 되지 않는다면 일반적인 조직의 최고 경영자와 다를 바가 없으며 주로 지시와 보고에 의해 움직이는 경영체와 구별되지도 않는다. 그렇기 때문에 퍼실리테이터는 참여자들과 수직적 관계가 아니라 수평적 관계에서 지원하는 조력자라는 표현이 적절하다고 할 수 있다. 퍼실리테이터는 참여하는 구성원들과 대등한 관계 속에서 주어진 목적 달성을 위해 함께 노력하지만 조력자라는 의미에서 그 역할이 다름을 인식해야 한다.

2. 합의를 기반으로 문제를 해결하는 마술사

다양한 참여자들로 하여금 격의 없는 논의를 통해 문제를 보다 쉽게 해결할 수 있도록 촉진하는 전문가를 퍼실리테이터라고 했다. 그와 같은 차원에서 퍼실리테이터를 문제 해결의 마술사로 부르기도 하지만 이는 단어가 주는 단순한 뜻 그 이상의 의미를 내포하고 있다. 다른 유사한 역할을 수행하는 전문가와는 분명하게 차별화된 방법과 스킬로 문제에 접근함을 뜻한다. 구체적인 내용에 대해서는 차근차근 다루기로 한다. 여기에서 중요한 것은 퍼실리테이터를 문제 해결의 주체로 인식하는 잘못을 범하지 않아야한다. 주체는 어디까지나 참여자들이며, 퍼실리테이터는 엄격하게 말해 그들이 합의하에 좋은 결론에 이르도록 길을 안내하는 안내자의 역할을 수행하기 때문이다. 또한, 그 과정에서 장애가 발생했을 때 합리적인 방법으로 이를 극복할 수 있도록 지원함으로써 참여자 스스로 문제 해결을 도모하고 그들의 역량을 향상시키는 데 노력을 집중한다.

3. 쌍방향 소통을 지원하는 촉진자

퍼실리테이션도 크게 보면 하나의 소통에 관한 기술이라고 할 수 있다. 이는 대화와 커뮤니케이션을 통해 문제나 과제를 해결하고 의사결정을 하기 때문이다. 따라서 퍼실리테이터는 주어진 상황 하에서 최적의 산출물을 만들기 위해 어떻게 해야 하고 어떤 프로세스를 밟아야 하는지 많은 고민이 필요하다. 왜냐하면 부여된 상황이 항상 같을 수 없고 설령 같게 보이더라도 내용이나 성격 면에서 많은 차이가 있을 수밖에 없기 때문이다. 그러므로 훌륭한 퍼실리테이터는 그 상황에서 참여자들의 소통을 극대화할 수 있는 방법과 절차 그리고 필요한 도구들을 기획하고 설계하는 전문가가 되어야 한다. 특히, 참여자들은 물론 참여자와 퍼실리테이터 간의 완전한 그리고 쌍방향의 소통을 활발하게 할 수 있도록 지원을 아끼지 말아야 한다.

4. 중립성과 균형성을 추구하는 조율가

자주 받는 질문 중의 하나가 중립성에 대한 것이다. 이는 중립이란 단어가 해석하기에 따라 애매모호한 경우가 많고 토의과정에서도 퍼실리테이터의 중립성 문제로 크고 작은 갈등을 많이 겪기 때문이기도 하다. 퍼실리테이터의 중립이란 결론적으로 형식이나 절차에서의 중립을 의미하지는 않는다는 점이다. 그 의미는 진행 과정에서의 개입은 가능할 뿐만 아니라 목적 달성을 위해 적극적인 리딩도 필요하다는 포괄적인 의미로 해석하는 편이 맞다. 다만 주의해야 할 점은 의사결정에 영향을 미칠 수 있는 개입 즉, 내용에서의 개입은 금지된 것으로 이해해야 한다. 이것을 지키지 못할 경우 신뢰가 무너져 더 이상 퍼실리테이터의 역할을 수행할 수 없는 상황에 직면할 수 있기 때문이다. 중립과 개입은 단어적으로 보면 상반된 개념으로 인식되지만 퍼실리테이션에서는 보다 구체적인 상황에 대해 그 차이를 엄격하게 정하고 있는 편이므로 그 한계를 명확히 하는 것이 필요하다. 또한 보다 매끄러운 진행을 위해 토의 내용과 절차 그리고 시간 배분과 속도 등 다양한 측면에서 균형을 이뤄가는 지혜도 중요하다.

5. 권한과 책임 한계가 분명한 전문가

과연 퍼실리테이터의 권한과 책임의 범위는 어디까지일까? 퍼실리테이터는 어디까지나 퍼실리테이션 기술을 활용하여 고객의 가치 향상을 돕는 일을 하는 전문가라 할 수 있다. 명문화된 것은 없지만 지금까지의 경험에 비추어 볼 때 퍼실리테이션 프로세스 진행상의 권한과 책임은 전적으로 퍼실리테이터에게 있다. 그러나 내용의 결과물에 대한 권한과 책임은 일정 부분 참여자들에게 있다고 본다. 그렇다면 퍼실리테이터는 내용의 질적인 부분은 무시하고 프로세스만 관리하면 되는가? 그렇지는 않다. 그렇게 될 경우 그것은 퍼실리테이터로서의 윤리 의식에 위배가 된다. 다시 말하면 그와 같은 태도와 자세는 고객의 가치 향상을 돕는 일에 배치되기 때문이다. 고객의 가치 향상은 참여자들의 활발한 토의를 통한 질 좋은 합의적 결과물과 관련된다. 따라서 퍼실리테이터는 토의 과정에서 다양하고 높은 수준의 아이디어가 도출되고 그들이 상호 결합을 통해 훌륭한 성과를 만들어 내도록 도와주는 전문가로서 역할을 충실히 수행해야 한다. 그와 같은 이유로 퍼실리테이터는 내용적인 결과물의 질적인 부분에 대해 어느 정도 책임 의식을 느낄 수밖에 없다.

제3절
퍼실리테이션과 퍼실리테이터의 관계

퍼실리테이터는 효과적인 기법과 절차에 따라 활동에 참여한 사람들이 과정에 적극적으로 참여하고, 상호작용을 원활하게 하도록 촉진하여 목적 달성을 돕는 자를 말한다. 그렇다면 이와 같은 목적 달성을 위해 퍼실리테이터는 어떤 방식으로 역할을 수행해야 하는지 알아보자.

조직과 사회가 발전하고 구성원들의 의식이 성숙해감에 따라 사람들의 참여 욕구는 자연스럽게 증대될 수밖에 없다. 그런데 그와 같은 욕구들은 그들의 다양한 의견들을 전제로 하고 있기 때문에 조직은 이를 하나의 공유된 가치나 컨셉으로 묶어 낼 필요성이 커진다. 그렇게 하는 것이 조직 내부에 산재한 많은 문제를 의외로 쉽게 해결할 수 있기 때문이다. 그렇다면 조직 차원에서 이를 효과적으로 이끌어내기 위한 방법은 무엇일까? 어떤 형태가 되든 하나의 일치된 의사결정이 필요하며, 이는 곧 토의를 통한 결론의 합의라는 과정을 요구하게 될 것이다. 이와 같은 관점에서 보면 퍼실리테이터는 토의 목적달성을 위해 참여한 다양한 사람들의 의견을 모아 합의를 형성해 가는 데 있어 체계적으로 도움을 주는 조력자이며, 그가 수행하는 전체 과정을 퍼실리테이션이라고 할 수 있다.

[그림 2-1] 퍼실리테이션과 퍼실리테이터의 관계

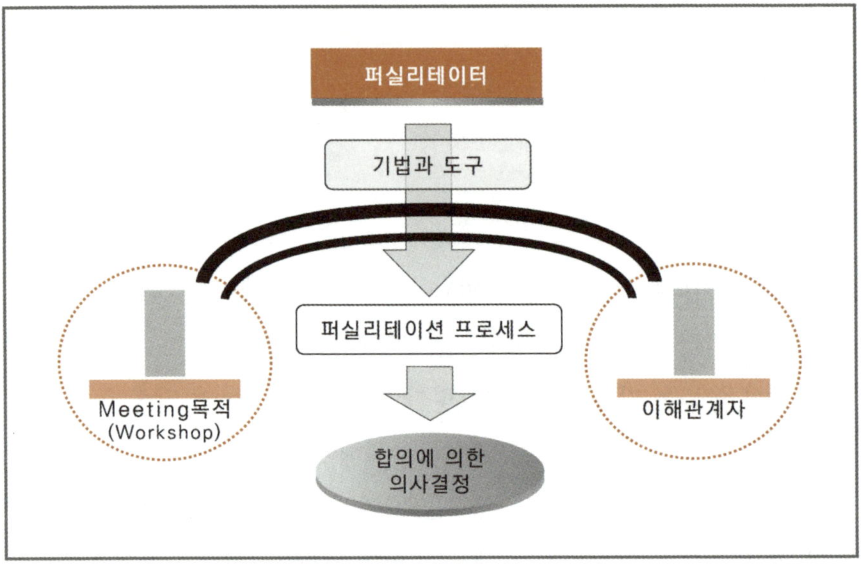

위의 그림을 통해 퍼실리테이션과 퍼실리테이터의 관계를 좀 더 명확하게 해보자. 토의나 워크숍이 필요하다는 것은 무엇을 의미하는가? 뭔가 해결을 필요로 한다는 뜻이며 이는 곧 해결 과제에 대해 다른 생각을 달리 가지고 있는 사람들이 있음을 전제로 하고 있다. 이들의 다양한 생각들을 하나의 힘의 벡터가 작용할 수 있도록 만들어야 시너지를 낼 수

있음은 너무 당연하다. 일정한 프로세스를 통해 이와 같은 시너지를 잘 창출해 가는 과정 그것이 곧 퍼실리테이션의 핵심이라고 볼 수 있다. 이해관계자인 집단 구성원들의 서로 다른 생각들을 하나의 통일된 의사결정으로 만들어내지 못하면 해결의 추진 과정은 난항을 겪을 수밖에 없다. 반대자들이 그 과정에서 서로 다른 의견을 주장하고 심지어는 물리력을 동원하여 저지할지도 모르기 때문이다. 이때 많은 사람들이 가지고 있는 그 여러 가지의 생각들을 잘 이끌어내고 이를 하나로 묶어서 합의를 만들어 가는데 도움을 주는 역할을 하는 사람이 바로 퍼실리테이터이다. 따라서 퍼실리테이터는 이러한 역할을 충실히 해 나가기 위해 이에 적합한 프로세스와 필요한 기법 그리고 스킬을 갖추어야 함은 당연하다.

제4절 성공적인 퍼실리테이터가 되기 위한 조건

1. 명확한 비전을 설정하고 자기관리를 철저히 하라

어느 분야를 막론하고 전문가가 되는 것은 쉽지 않다. 전문가로서의 퍼실리테이터의 길을 가는 것 역시 누구나 쉽게 걸을 수 있는 이미 닦아진 탄탄대로가 아니다. 퍼실리테이션을 할 때마다 새로운 설계를 해야 하고 고민을 해야 하는 것은 그만큼 전문가로서의 길이 쉽지 않음을 말해 주는 것이기도 하다. 그렇다면 전문가로서의 퍼실리테이터가 되기 위해서는 어떻게 해야 하는가? 장기적인 비전을 명확하게 설정하고, 이를 달성하기 위한 단계적인 전략을 구체화하여 실행해 나아가는 것이 가장 효과적이라고 생각한다. 실행 과정에서는 엄격한 피드백과 성찰을 통한 교정의 반복이 수반되어야 한다. 퍼실리테이션 할 때마다 주제가 다르고 참여자는 물론 진행하는 방법에 차이가 있을 수밖에 없어 서로 다른 피드백 사항들이 발생하기 때문이다. 그와 같은 엄격한 자기 통제 속에서 자신의 변화 되어 가는 모습을 스스로 느끼고 학습하는 긴 시간이 필요하다. 퍼실리테이터는 자신의 생활 속에서 그리고 체화된 내면에서부터 변화가 시작되어야 한다. 그와 같은 숙성 과정 속에서 자신의 강점을 살리되, 약점을 체계적으로 보완해가는 자세가 요구된다. 그래서 많은 내공이 요구되는 분야라고들 말하는 이유가 여기에 있다. 특히, 지속적인 자기반성과 성찰을 통해 자신을 업그레이드해 나아가는 생활 습관 속에서 스스로를 변화시키고 완성시켜 나아가야 한다. 철저한 자기 관리는 전문 퍼실리테이터로서 거듭나는 데 필요한 기초 사항이 아니라 기본이 되어야 함은 두말할 필요가 없다.

2. 기본에 충실하고 사소한 것들도 중요하게 다뤄라

퍼실리테이션 기법이 여러 가지 면에서 우수하고 뛰어나더라도 그 성과는 이를 활용하는 퍼실리테이터와 참여자들의 역량에 따라 달라진다. 아무리 훌륭한 특정의 문제해결 기법이라 하더라도 나름의 장단점이 있을 수밖에 없지만 이를 잘 알고 적절하게 활용하면 기대 이상의 효과를 거둘 수 있게 마련이다. 그와 같은 면에서 보면 퍼실리테이션도 다른 기법과 크게 다르지 않다. 그런데 가끔 퍼실리테이션을 너무 쉽게 생각한 나머지 관련 기법에만 의존하여 퍼실리테이션을 수행하는 경우를 종종 목격하곤 한다. 겉으로 드러나지 않은 다양한 스킬, 갖춰야 할 철학과 태도, 그리고 본질적인 요소들을 망각한 채 기존의 회의나 워크숍 방식으로 일관하면서 형식만을 빌려 쓰는 경우도 많다. 저조한 참여와 부족한 몰입, 활발하지 못한 소통은 물론 동의와 합의 과정이 없는 의사결정 등 너무나 형식에 치우친 회의를 퍼실리테이션이라는 이름으로 포장하는 경우들이 의외로 많다는 사실이다. 퍼실리테이션은 참여자들에 대한 신뢰를 바탕으로 그들에 대한 세심한 배려와 존중감이 기반이 되어야 한다. 예를 들면 소외되어 있는 구성원에 대한 배려, 사소한 아이디어 처리 방법, 토론 과정에서 받을 수 있는 마음의 상처를 치유하는 일 등 다양한 것들이 전체의 성과에 영향을 미치기 때문이다. 집단사고(Group Thinking)가 작동되어 소수 의견이 우수함에도 탈락하는 사례, 소수를 완전히 배제하여 그들을 적으로 만들어 버리는 사례, 화합하고 소통하자고 시도했던 회의가 오히려 분열과 갈등을 초래한 사례들이 자주 목격되는 것은 집단의 건전성이 훼손되고 병들어 가는 징후라고 볼 수 있다. 개인 차원에서 보면 굳이 퍼실리테이션이 아니더라도 구성원을 한 인간으로서 존중해주는 태도가 민주 사회의 기본이다. 세심한 행동의 배려와 기본에 충실함만이 성공적인 퍼실리테이션을 담보할 수 있다.

3. 퍼실리테이터로서의 확실한 능력을 키워라

퍼실리테이션에서 가장 강력하고 효과적인 성공 요소는 바로 퍼실리테이터 자신의 경험과 지식이라고 할 수 있다. 퍼실리테이터는 주어진 상황을 정확하게 인식하고 자신의 노하우를 최대한 활용하여 최상의 결과물을 만들 수 있어야 한다.

그렇다고 해서 참여자들이 보유하고 있는 다양성과 풍부한 역량을 무시해도 된다는 의미는 전혀 아니다. 현장에서 학습을 통해 경험과 지식을 확보한 참여자들의 역량을 충분히 활용해야 하기 때문이다. 이와 같은 참여자들의 다양성을 효과적으로 활용하는 것도 결국 퍼실리테이터 자신의 역량과 직결된다. 그렇다면 퍼실리테이터의 역량은 무엇인가? 자세한 것은 별도의 장에서 논하겠지만, 고객과의 커뮤니케이션 역량을 비롯하여 토의나 워크숍의 기획 능력, 기법이나 도구의 활용 능력, 진행 과정에서의 스킬 적용 능력, 참여자들의 몰입 유도 및 적절한 개입의 판단 능력, 관련 분야의 지식과 경험 그리고 퍼실리테이터에게 요구되는 자세와 태도를 총칭하여 일컫는 말이라 할 수 있다. 따라서 퍼실리테이터는 그동안 다양한 워크숍을 통해 쌓아온 자신의 경험이나 지식, 느낌 등을 워크숍에 참가한 구성원들과 공유하고 그들의 사고를 확대하면서 참여 의욕을 고취시켜야 한다. 또한, 집단으로 하여금 당초 설계된 목적을 향해 원하는 방향으로 나아갈 수 있도록 그리고 과제의 해답을 찾아갈 수 있도록 도와주는 가이드 역할을 수행해야 한다. 결국, 이와 같은 역할을 충실하게 하려면 자신의 능력을 입체적으로 키우는 것만이 최선의 지름길이다.

4. 다양한 분야에서 많은 경험을 축적하라

어느 분야나 마찬가지이지만 전문가의 길은 외롭고 고독할 수밖에 없다. 퍼실리테이터로서 전문가의 길을 걷고자 한다면 다양한 퍼실리테이션 수행 경험이 필수적이다. 그렇다고 모든 분야를 직접 경험하고 관련된 지식을 확보하기란 쉽지가 않은 것이 현실이다. 그렇다면 어떻게 해야 하는 것일까? 우선 어느 특정분야를 불문하고 많이 보고 느끼고 체험해 보는 것이 중요하다. 대체적으로는 경험의 횟수가 일정 수준에 이르면 그 속에서도 공통점을 발견하게 될 것이다. 많은 양적 경험을 축적하면서 나름대로의 성찰을 반복하는 가운데에서 새로운 방법을 터득하게 되고, 그것들이 자기만의 색깔로 만들어 지면서 전문성을 발휘할 수 있게 된다. 여기에서 한 가지 주의할 것은 다양한 분야를 대충 대충해서 양적인 경험만을 쌓으라는 얘기는 결코 아니다. 그렇게 해서는 진정한 전문가가 될 수 없으므로 항상 최선을 다하는 자세는 기본이 되어야 한다. 즉, 최소한의 질적인 수준이 확보된 상태에서 양적 경험을 전제로 한다는 뜻이다. 그렇게 하면서 각 분야가 요구하는 특징과 핵심 성공 요소를 학습하고 노하우를 터득하는 일에 노력을 경주해야 한다.

5. 고객 입장에서 목적과 의도를 명확히 파악하라

퍼실리테이터는 제안을 요청 받는 단계에서 의뢰자의 정확한 의도가 무엇인지, 그리고 자신이 수행해야 할 과제의 내용이 무엇인지를 정확하게 파악하는 것이 중요하다. 퍼실리테이션의 성공 여부에 대한 평가는 의뢰자가 기대했던 바를 어느 정도 충족시켰느냐에 달려있다 해도 과언이 아니기 때문이다. 따라서 퍼실리테이터는 빠른 시간 내에 고객의 요청에 대한 배경과 목적, 그리고 명확한 의도 파악에 집중해야 한다. 이때 퍼실리테이터의 중요한 역할 중 하나는 고객으로 하여금 워크숍을 하고자 하는 목적과 해결하고자 하는 과제를 분명히 정의할 수 있도록 도와주는 것이다. 이 과정은 주로 사전 미팅의 형태로 진행되는데 이 단계가 워크숍의 기획 초기 단계에 속한다고 볼 수 있다. 사전 미팅을 할 수 없는 경우는 이 메일이나 전화 등의 통신 수단을 사용할 수 있으나 협의 상대가 워크숍의 목적을 명확하게 제시하지 않거나 퍼실리테이션에 대해 잘 알고 있지 못한 경우, 워크숍과 관련하여 횡설수설하거나 자주 말을 바꾸는 경우 등에 대해서는 여건이 허락하는 한 직접 방문을 해서 관련 사항들을 명확하게 해야 한다.

퍼실리테이터가 수행해야 할 워크숍의 목적과 과제가 명확해 지면, 의뢰인과 퍼실리테이터는 서로에게 기대하는 사항에 대한 이해도가 높아지고 어떤 산출물들을 어떤 형태로 도출할 것인가에 대해 보다 쉽게 합의를 이룰 수 있다. 합의된 사항들은 가능하면 문서화하여 커뮤니케이션하는 것이 좋다. 말로 하는 경우 애매모호한 상황이 정리되지 않아 이후에 갈등으로 상호 곤란에 처한 사례가 종종 발생하기 때문이다.

6. 체계적이고 치밀하게 기획하라

토의나 워크숍은 참여자나 구성원들의 다양한 의견들을 하나로 묶어내기 위한 효율적이고 효과적인 방법이다. 그러나 이를 통한 당초의 목적을 달성하기 위해서는 지금까지 관례적으로 해오던 방법과는 여러 가지 면에서 다른 접근 방법이 요구된다. 의뢰자인 고객의 니즈를 바탕으로 과제의 범위, 상호 역할과 산출물, 그리고 준비물 등 세부적인 사항들에 대해 충분하게 논의를 해 나아가는 것이 좋다. 워크숍의 목적에 부합하는 최적의 결과물을 도출하기 위해 고객과 상호 주어진 역할과 책임 범위를 명확하게 규정하고 합의하지 않으면 시간이 지날수록 기대치의 차이로 인해 갈등이 증폭될 수도 있다. 이와 같은 제반 사항들이 어느 정도 합의되면 이를 성공적으로 수행하기 위한 세부적인 프로세스를 설계해야 한다. 워크숍 수행을 위한 참여자 검토, 추진 단계 및 절차, 장소 선정 및 시간 배분, 기법과 사용 도구, 양식, 준비물 등을 진행단계에 적합하도록 설계해야 한다. 특히, 퍼실리테이션의 기획과 설계에 있어서는 토의 주제, 참여자의 규모와 수준, 토의 프로세스 등 제반 사항을 의뢰측의 여건과 제약 조건에 따라 빈틈없이 설계하는 것이 중요하다. 이는 참여자들의 의욕을 자극하고 자율적인 참여를 유도 하면서 고객이 원하는 성과를 달성할 수 있도록 도와줘야 하기 때문이다.

7. 개인들의 상호작용을 통한 시너지를 극대화하라

모든 사람은 자기만의 방식으로 타인을 인식하고 이해하며 세상을 경험한다. 그렇기 때문에 사람들 마다 생각이 다르고 사고방식과 의견에 차이가 생길 수밖에 없다. 한 조직을 이루는 구성원들조차도 관심사는 물론 선호 정도나 성격도 다르기 때문에 하나의 통일된 의견을 만들어 내기란 쉽지 않다. 그러나 그들이 가지고 있는 서로 다른 장점들을 잘 결합할 수 있다면 기대한 것 이상의 큰 시너지 효과를 만들어 낼 수도 있다. 조직이 최대의 성과를 창출하기 위해서는 구성원들이 가지고 있는 다양한 특성과 강·약점들이 상호작용할 수 있도록 만드는 일이 첫 번째이다. 이를 위해서는 그들이 보유하고 있는 역량을 충분하게 발휘할 수 있도록 여건을 조성하고 상호 간에 발전적인 균형을 이루어 내도록 촉진하는 것이 필요하다. 그런 면에서 볼 때 퍼실리테이터는 워크숍 참여자들의 개인적 특성을 인정하고 서로 다른 의견과 사고방식을 독려하면서 이들의 강점을 긍정적인 방향으로 극대화 시킬 수 있는 역량을 강화하는 데 심혈을 기울여야 한다.

8. 적극적인 경청과 질문으로 소통하라

경청은 가장 중요한 퍼실리테이터의 기본 기술 중 하나이며, 다른 사람을 이해하기 위해 의식적으로 노력해야 할 덕목이다. 타인의 말에 진정으로 귀를 기울일지 모르는 사람은 퍼실리테이터라고 할 수 없다. 유능한 퍼실리테이터는 적극적인 경청자이며, 상대방의 이야기를 더욱 효과적으로 듣기 위해 항상 노력하는 것을 쉽게 볼 수 있다. 퍼실리테이터는 모든 감각을 동원해서 상대방으로부터 많은 정보를 획득해야 하는데 이를 위해서는 상대방의 기분이나 감정까지도 세밀하게 살피고 그들이 전달하려는 메시지를 정확히 파악하기 위하여 다양한 신호에 집중해야 한다. 흔히 경청을 방해하는 가장 큰 장애 요소는 상대방에 대해 가지고 있는 선입관이나 강한 자기 자만인 경우가 많다. 또한, 우리가 일상적으로 행하는 부정적이며 자극적인 용어도 크게 한몫을 하고 있다. 인간은 부정적이고 자극적 단어에 대해 이미 정해진 자기만의 방식대로 해석하고 반응하게 되는 경향이 많아 경청이 어려워지기도 한다. 따라서 퍼실리테이터는 상대방에게 심리적으로 영향을 줄 수 있는 요소들이 무엇인가를 미리 파악하고 의식적으로 이를 통제함으로써 경청에 더욱 집중하려는 노력을 해야 한다. 퍼실리테이터가 어려워하는 상황 중 하나는 구성원들이 참여에 너무 소극적일 때이다. 이와 같은 상황이 연출되면 다양한 방법으로 이를 잘 극복해 나갈 수 있어야 한다. 이를 극복하는 가장 효과적인 방법의 하나는 질문을 잘하는 것이다. 발생하는 상황에 맞는 최적의 질문을 하는 것은 유능한 퍼실리테이터가 되는 가장 중요한 핵심 요소 중 하나라고 할 수 있다.

9. 도구와 기법을 적절하게 활용하라

퍼실리테이션에서 도구와 기법은 목수의 망치와 같으며, 연주자의 악기와도 같다. 그러나 도구와 기법은 각각 나름대로 특징과 장단점을 가지고 있으므로 이들에 대해 잘 이해하는 것이 중요하다. 특히, 제대로 된 활용 방법을 숙지하는 것은 이들을 사용해야 할 상황과 시기를 파악하는 데 있어 필수적이다. 기법의 사용 시기가 적절하지 못하거나 잘못 사용될 경우 참여자들의 에너지를 저하시킬 뿐 아니라 퍼실리테이터에 대한 신뢰에도 영향을 미친다. 또한, 기법 간 앞뒤의 논리적 연결에 결함을 야기하거나 심지어는 기법의 함정에서 스스로 헤어나지 못하는 경우도 있다. 따라서 이들의 사용에 따른 효과를 극대화하기 위해서는 이들이 갖는 특성의 이해는 물론 활용상의 필요한 시점이나 참여자들의 수준 등 필수적인 몇 가지의 사항들을 고려해야 한다. 기법이나 도구를 많이 알고 있는 것은 퍼실리테이터의 역량에 필요한 일이기는 하나 이들의 활용 능력이 더 중요할 수 있다. 특히, 초보자일수록 기법에 얽매이는 경향을 목격할 수 있다. 그러나 기법은 어디까지나 필요한 퍼실리테이션 기술과 균형을 이룰 때 빛나는 수단임을 잊어서는 안 된다.

10. 갈등을 긍정적인 상황으로 바꿔라

모든 조직은 항상 크고 작은 갈등을 경험한다. 따라서 조직에서의 중요한 이슈는 어떻게 하면 갈등을 사전에 예방하며 갈등이 발생할 경우 이를 효과적으로 대처할 수 있는 방법이 무엇인가에 초점이 맞춰져 있다. 갈등을 무조건 피하거나 임시방편으로 해결하려고 한다면 결과적으로 집단에 더 나쁜 영향을 미칠 수 있어 주의가 요구된다. 퍼실리테이터는 집단 내의 갈등이 승패를 가르는 경쟁 관계가 되도록 방치해서는 안된다. 그 상황에서 적절한 방법을 활용하여 갈등이 관리될 수 있도록 조치를 취해야 한다. 우선, 갈등이란 개인 간의 입장이나 생각의 차이에서 비롯되는 것임을 알려 줄 필요가 있다. 더 나아가 이것들이 궁극적으로는 집단의 발전을 위한 열정과 긍정의 에너지 때문에 유발되는 것으로 인식되도록 함으로써 갈등에 대해 좋은 면을 볼 수 있도록 유도해야 한다. 갈등은 구성원들이 뭔가 보다 바람직한 문제 해결을 바라거나 더 강한 합의적 결정이 필요할 때 발생할 수 있는 건강한 신호라 할 수 있다. 대부분의 경우 갈등은 효과적으로 다루기가 쉽지 않고 해결 과정에서 상호 많은 스트레스를 받기 때문에 부정적인 이미지로 인지되거나 심각하게 여겨지는 경우가 많다. 그런 만큼 특정한 갈등 상황에서 적절하게 대응할 수 있는 역량과 유연성을 갖는 것 또한 퍼실리테이터가 집단과 효과적인 상호작용을 할 수 있는 강력한 기술이 된다. 훌륭한 퍼실리테이터는 집단 내에서 다양하게 나타나는 갈등을 긍정의 시너지로 유도할 수 있는 역량을 보유하고 있다. 대부분의 사람들은 흔히 의견에 차이가 발생하면 서로가 잘 맞지 않는다고 판단하여 성급한 결론을 내려 버리곤 한다. 그러나 실제 상황을 체계적으로 분석해 보면 대개의 경우 생각보다 많은 부분에서 의견이 일치함을 발견할 수 있다. 따라서 차이점 분석을 통해 구체적으로 어떤 부분에서 차이와 다름이 발생하는지를 파악해 볼 필요가 있다. 여기에서 중요한 점은 각자 자신의 관점이 중요한 만큼 상대방의 입장도 존중해 주도록 하는 것이다.

서로 다름과 차이를 인정하고 구체적인 차이점에 대해 인식하면서 공통점을 찾아가는 과정에서 놀랍게도 해결책을 찾는 경우도 많다. 갈등은 서로가 가지고 있는 공통점에 대한 합의를 기초로 서로의 차이를 이용해 풍부한 대안을 모색함으로써 현명하게 해결할 수 있으며 바로 여기에서 시너지 효과가 창출된다. 퍼실리테이터는 갈등을 효과적으로 관리할 수만 있다면 이는 훨씬 생산적이 될 수 있다는 믿음을 바탕으로 참여자들의 다양한 의견에 귀 기울임으로써 집단의 갈등을 성공적으로 관리하는데 도움을 줄 수 있어야 한다.

제5절
퍼실리테이터가 갖춰야 할 역량

1. 퍼실리테이터에게 필요한 4가지 차원의 역량

실제 현장에서 퍼실리테이터로서 역할을 수행하고 있는 전문가들도 그들에게 필요한 역량의 요소들에 대해 명쾌한 답을 주지 못하고 있는 경우가 많다. 훌륭한 퍼실리테이터로 성장하기 위해서는 퍼실리테이션에서 요구되는 역량을 명확하게 인식하고 각각의 역량들을 확보하는 데 힘을 쏟아야 한다. 또한, 보다 거시적으로 보고 수준 높은 퍼실리테이터 육성을 위한 체계적인 교육프로그램의 설계도 필요하다. 토마스는 퍼실리테이터 교육을 위해 필요한 4가지 차원을 주장하고 있는데 이는 퍼실리테이션의 수행에 필요한 개인 차원의 고유 역량 요소들이라 할 수 있다. 그에 의하면 퍼실리테이션은 결국 과제 해결을 위해 활용한 사용 도구와 기법, 퍼실리테이션의 다양한 이론, 퍼실리테이터의 자세와 태도 그리고 의사결정의 과정과 방법에 관한 요소들로 구성되어 있다고 보는 것이 분명하다.

[그림 2-2] 퍼실리테이터 역량의 4가지 차원

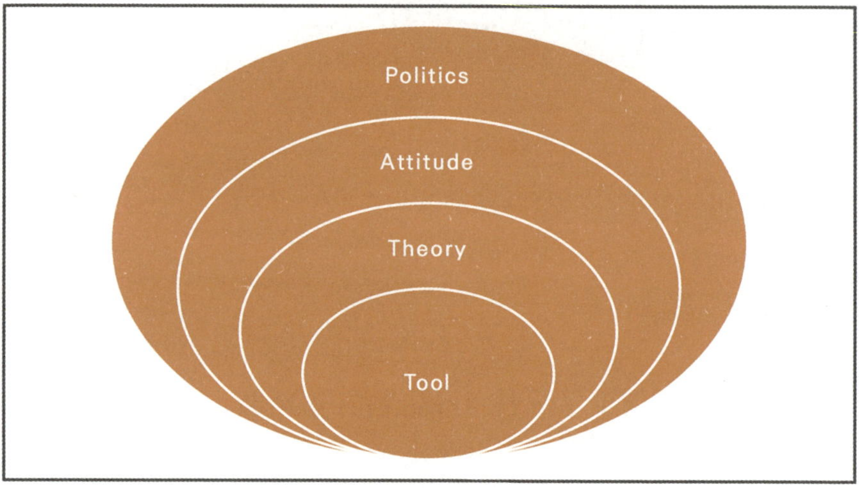

The Dimensions of Facilitator Education(Thomas, 2005)

2. 퍼실리테이터에게 요구되는 실무 차원의 역량 요소들

퍼실리테이션의 성공적인 진행과 결과의 품질수준은 여러 가지 변수에 의해 영향을 받는다. 그러나 무엇보다도 퍼실리테이터의 영향이 절대적이라고 말할 수 있다. 이는 유능한 퍼실리테이터라면 이미 많은 상황들을 고려하여 전체 프로세스를 설계했을 것이고 사전에 예상되는 이슈나 돌발 상황에 대해 나름대로 대처 능력이 충분할 것이기 때문이다. 그렇다면 퍼실리테이터는 과연 어떤 역량들을 확보하고 있어야 하는가?

고객을 이해하고 협력 관계를 형성하는 것에서부터 전문가로서의 능력과 태도에 이르기까지 퍼실리테이터에게 요구되는 역량의 폭은 비교적 넓다. 여기에서는 퍼실리테이터로서 요구되는 일반화된 역량을 체크할 수 있는 5개 분야와 세부 항목들에 대해 알아본다.

고객의 이해와 협력 관계 형성

① 고객의 접점을 확인하고 파트너십을 형성한다.

- 고객과 퍼실리테이터의 상호 의지에 대한 확인
- 워크숍의 내용, 결과물, 역할, 책임에 대한 합의

② 고객의 환경과 요구를 정확하게 이해한다.

- 고객의 환경에 대한 분석 및 요구의 정확한 진단
- 고객의 문화, 규범 등 전반적인 특성의 이해

적절한 진행 방법의 설계

① 고객에 맞는 방법과 진행 절차를 설계한다.

- 고객의 특별한 요구에 적합한 방법의 탐색 및 검토
- 주제 해결에 적합한 이해관계자들의 구성 및 참여 촉진

② 진행에 필요한 적절한 시간과 공간을 확보한다.

- 효과적인 시간 활용 계획 수립
- 회의의 목적에 맞는 물리적 공간 확보

참여 환경의 조성과 유지

① 효과적으로 참여할 수 있도록 적절한 의사소통 방법을 적용한다.

- 적극적인 경청 및 참여자와의 신뢰 형성
- 초점을 모으는 질문과 집단의 효과적 참여를 지원

② 다양성의 존중과 개방적 환경의 조성으로 참여를 지원한다.

- 그룹의 다양성 제고와 참여자 간 열린 분위기 조성
- 불이익에 대한 우려 없는 안전한 발언 환경의 조성

③ 그룹 내 갈등을 관리하여 합의에 이르게 한다.

- 집단의 갈등을 합의로 이르게 하는 효과적인 기술 보유
- 개인의 잠재된 의도와 가정을 상호 인식할 수 있도록 유도

④ 그룹의 에너지를 돋우고 창의적 사고를 장려한다.

- 집단 에너지를 만드는 다양한 기법과 도구의 이해 및 적용
- 다양한 아이디어의 발산과 창의적인 사고의 장려

적절하고 유용한 결과 도출

① 적절한 방법으로 단계별 산출물을 정확하게 도출한다.

- 경청, 질문, 요약을 통한 이해 증진과 공감대 형성
- 상황에 맞는 유연한 기법의 적용과 산출물 품질 관리

② 그룹이 목적을 항상 인식하도록 지원한다.

- 그룹이 목적에 맞는 정보를 스스로 찾아내도록 유도

• 활동 속도의 조절 및 참여자들의 과정에 동참유도

③ 그룹이 합의를 이루고 기대한 결과를 달성하도록 지원한다.

• 전체 합의에 도달하게 하는 다양한 접근 방법 사용
• 당초 기대 목적과 목표치에 대한 적절한 동기부여

전문가로서의 능력과 태도

① 경영, 조직 개발, 집단 심리, 학습 이론 등 기반 지식을 갖춘다.

• 경영 관리, 집단 관리, 학습과 사고, 갈등 해결에 관한 지식 보유
• 변화의 원리와 그룹의 역동성에 대한 이해

② 다양한 퍼실리테이션 방법에 대해 숙지한다.

• 다양한 기법과 의사결정 모델에 대한 이해와 적용
• 적극적인 경험과 학습한 지식을 새로운 상황에 적용

③ 전문가로서 지속적으로 자기계발을 한다.

• 연구와 학습에 지속적인 관심과 참여
• 새로운 기법 연구, 지식의 적용과 자기 성찰

④ 신뢰받는 전문가로서의 자세와 품위를 유지한다.

• 집단에 대한 신뢰와 그 가능성에 대한 인정
• 객관적, 비방어적, 비판단적, 중립적 태도 견지

3. 퍼실리테이터 역량 수준의 진단

퍼실리테이터가 되기 위해서는 자신의 역량 수준을 체크하고 부족한 부분을 보완하기 위해 지속적인 노력을 해야 한다. 특히, 전문 기관이나 전문가로부터 자신의 역량 수준에 대한 피드백을 받을 수 있는 기회를 얻지 못할 경우 자가진단을 통한 체계적인 분석과 그에 따른 자기계발 노력으로 역량 향상을 기대할 수 있다.

〈표 2-1〉 퍼실리테이터의 역량수준 자가 진단표

번호	역량 항목	점수 (1~5)
1	주제 해결을 위한 집단 활동과 연관되는 이해 관계자를 잘 파악할 수 있다	
2	토의가 잘 이루어질 수 있는 환경과 분위기를 잘 알고 있으며 그에 맞게 조치를 취한다	
3	퍼실리테이션과 관련된 기본적인 용어를 이해·숙지하고 있다	
4	다른 전문영역과 퍼실리테이션과의 차이를 명확하게 이해하고 있다	
5	고객이 요구하는 것을 명확하게 인식하고 확인하는 방법을 알고 있다	
6	고객이 미처 알아채지 못한 이슈를 도출하고 이에 대해 협의하는 데 익숙하다	
7	고객과 우호적 협력 관계를 형성하면서 기대하는 바를 달성해가는 방법을 터득하고 있다	
8	집단 활동의 목적과 결과물에 대해 이해관계자들과 명확히 합의한다	
9	회의나 워크숍 과정에서 안전한 발언 환경을 잘 조성한다	
10	그룹 활동에서 다양성을 환영하고 다름의 가치를 항상 존중한다	
11	그룹의 문화적 특성을 이해하고 도출된 이슈들을 워크숍 기획 시 잘 반영한다.	

번호	역량 항목	점수 (1~5)
12	그룹의 활기찬 에너지를 북돋우고 창의적 사고를 장려한다	
13	그룹 활동에서 숨겨진 이슈와 사고를 기술적으로 밖으로 드러내고 표면화 시킨다	
14	표출된 사안들을 목적에 맞게 활용하도록 안내하고 지원한다	
15	개인의 잠재된 의도와 가정을 다른 사람들이 인식할 수 있도록 돕는다	
16	다양한 아이디어나 의견들의 합리적인 평가를 위한 기법이나 도구를 지원한다	
17	여건과 상황에 맞는 방법을 제시하여 존재하는 갈등을 효율적으로 해결한다	
18	다양한 의사결정 모델을 이해하고 필요에 따라 이들을 상황에 맞게 적용한다	
19	회의나 워크숍 진행 중에 그룹이 집단 사고로 흐르는 경향을 감지하고 이를 방지한다	
20	그룹 전체가 합의에 도달하는 다양한 접근 방법이나 기술을 사용한다	
21	결정 사항에 대하여 모든 참여자가 주인의식을 갖도록 다양한 방법으로 지원한다	
22	그룹이 주어진 목적을 효과적으로 달성하도록 워크숍 계획 및 진행 과정을 잘 설계한다	
23	회의나 워크숍의 진행 상태를 잘 모니터링하고 분석하며 시간관리를 잘한다	
24	그룹으로서 집단의 여건이나 문화적 특성을 잘 이해하고 이를 설계에 잘 반영한다	
25	목적에서 빗나가는 집단의 경향을 감지하고 적절한 조치를 취한다	
26	경영, 조직 개발, 집단 심리, 학습 이론 등 기반 지식을 갖춘다	
27	전문가로서 지속적으로 역량을 향상시키기 위한 자기개발을 한다	
28	그룹의 구성원들을 신뢰하고 그들의 다양한 가능성을 인정한다	
29	객관적, 비방어적, 비판단적, 중립적 태도를 잘 견지한다	
30	퍼실리테이터로서의 윤리와 철학을 알고 이를 잘 지킨다	

퍼실리테이터는 위의 역량 수준 자가 진단표에 의한 점수화를 통해 스스로의 역량을 평가할 수 있다. 다만 유의해야 할 점은 자신에게 너무 관대하거나 보수적으로 평가하지 말아야 한다. 보다 객관성을 유지할 필요가 있을 경우에는 동료들로부터 평가를 피드백 받아 보는 것도 좋은 방법이다. 진단표에 의한 평가점수 결과 85점 이상이면 퍼실리테이터로서 상당한 역량을 가지고 있다고 볼 수 있으며 60점 이하의 경우는 퍼실리테이터로서 많은 노력이 요구된다고 할 수 있다.

제6절
퍼실리테이터 윤리와 태도, 철학

1. 퍼실리테이터에게 윤리의식이 필요한 이유

퍼실리테이터는 고객으로부터 제안된 특정 주제의 해결이나 요구 사항의 해결을 돕는데 있어 기본적으로 갖추어야 할 개인적인 가치나 신념이 있기 마련이다. 고객을 위한 윤리적 측면은 다른 경영 컨설팅 서비스나 솔루션 분야에서도 당연히 강조하고 있다. 다만, 퍼실리테이션 자체가 참여자 중심의 합의적 의사결정을 기본 전제로 하고 있기 때문에 신뢰와 중립성 같은 윤리적 가치를 보다 더 중요하게 다루고 있다고 볼 수 있다. 퍼실리테이터는 항상 다음과 같은 질문에 대해 스스로 대답 하면서 끊임없는 성찰과 반성을 통해 자기 발전을 도모해 가는 습관이 필요하다.

- 고객의 가치 증진과 기대하는 목적 달성을 위해 스스로 최선의 노력을 하고 있는가?
- 고객의 기대에 부응하는 산출물을 도출하기 위해 최선을 다하고 있는가?
- 최상의 결과 도출을 위해 맞춤형의 프로세스를 설계하고 있는가?
- 참여자 개개인들의 생각과 의견을 진정으로 존중하고 있는가?
- 참여자들의 수준에 맞는 최적의 방법과 도구를 사용하고 있는가?
- 퍼실리테이션 전 과정에서 선입견이나 주관적인 판단을 개입시키지는 않는가?

국제퍼실리테이터협회(IAF)가 정하고 있는 퍼실리테이터의 윤리 강령도 그와 같은 관점과 맥락을 동일하게 유지하고 있다. 초보자들도 금방 이해할 수 있는 평범한 사항들이지만 각 항목들이 활동과정에서 자연스럽게 행동으로 전환되려면 머리가 아닌 가슴으로 체화하는 것이 중요하다. 이 중 일부 내용을 예로 들어 윤리 강령이 의미하는 진정한 뜻을 음미해보자.

〈표 2-2〉 IAF 퍼실리테이터 윤리 강령

- 우리는 퍼실리테이션의 역량을 활용하여 고객이 가치를 더해가는 일을 돕는다.
- 우리는 언제나 특정한 집단의 문화, 권리, 자율을 존중한다.
- 우리는 절차, 도구, 기법 등을 퍼실리테이션 과정에서 책임감 있게 사용한다.
- 우리는 참여자 개인의 영역이 존중되고, 참여자들이 자유롭게 이야기 할 수 있다는 믿음을 갖도록 안전하고 존중받는 환경을 조성한다.
- 우리는 퍼실리테이션 절차를 충실하게 이행하고 내용상의 중립을 지킨다.
- 우리는 고객으로부터 획득한 정보에 대한 비밀을 지킨다.
- 우리는 퍼실리테이션 스킬과 지식의 꾸준한 향상을 위해 책임을 다한다.

참여자들이 자유롭게 이야기 할 수 있다는 믿음을 갖도록 안전하고 존중받는 환경을 조성한다

퍼실리테이션에서 꽃이라 할 수 있는 합의를 통한 의사결정을 위해 참여적 토론과 의견 개진이 필수적인 사항임은 앞에서 언급한 바 있다. 그러나 이를 위해서는 참여자들의 자유로운 발언이 전제되지 않고 이에 대한 믿음이 없다면 이는 한낱 알맹이 없는 허울에 지나지 않을 것이다. 퍼실리테이터로서 참여자들이 그들의 의견 제시에 자유롭다는 믿음을 가질 수 있는 환경을 조성하는 것이 얼마나 어려운가에 대해 경험한 적이 있는가? 겉으로는 얼마든지 "그렇다."라고 답할 수 있다. 그러나 현실은 그렇게 간단하지 않다. 그것도 교육이나 연습이 아니고 실제 개인 간에 이해관계가 있는 문제를 해결하거나 의사결정을 해 나아가는 과정에서 참여자 자신들이 겪는 발언에 대한 머뭇거림과 고민은 매우 많다고 보아야 한다. 특히, 그와 같은 믿음에 대한 안전성은 발언에 대한 자유로움을 강조하고 있어 "하고 싶은 이야기를 다 한다는 의미"일 수도 있다. 하지만 동시에 그것에 대해 참여자들로부터 존중 받을 수 있어야 하므로 "비판이나 조롱거리가 되지 않도록 한다는 의미"도 동시에 포함하고 있다. 이와 같은 환경 조성이 현실에서 과연 얼마나 가능할까? 절대 쉽지는 않으나 퍼실리테이터는 최소한 이와 같은 내용상의 균형적인 감각을 갖기 위해 항상 고민하고 노력해야 한다. 아마도 퍼실리테이터로서 연륜과 경력이 많아질수록 그들의 입에서 "진정한 퍼실리테이션이 쉽지 않아."라고 내뱉는 한마디의 말은 그들의 진지하고 끊임없는 자기 성찰로부터 배어 나온 "노력의 흔적"이라 할 수 있을 것이다. 한눈에 봐도 얼마든지 알 수 있는 각각의 항목들이 일상생활 속에 녹아들어 가고 스스로의 몸속에

체화되어 다시 피어날 때 진정한 퍼실리테이터가 탄생하는 것이 아닐까 생각한다.

퍼실리테이션의 절차를 충실하게 이행하고 내용상의 중립을 지킨다

퍼실리테이션은 결과 못지않게 과정도 중요시한다. 어떻게 보면 잘 짜여진 체계적인 구조 안에서 충실한 운영만이 좋은 결과를 담보할 수 있다는 전제를 내포하고 있다고 보아야 할 것이다. 따라서 퍼실리테이터로 하여금 고객의 니즈 분석으로부터 설계된 어젠다에 따라 프로세스를 충분하게 그리고 절차상의 결함이 없도록 활용할 것을 요구한다. 당연히 진행 과정에서 퍼실리테이터는 중립적이어야 한다. 여기에서 주의할 것은 형식이 아니라 내용이라는 점이다. 좀 더 쉽게 표현하자면 형식이나 절차상의 개입은 퍼실리테이터의 판단에 따라 자유로울 수 있지만 내용 측면 개입은 상당한 제한이 있음을 명문화 하고 있다. 그것을 쉽게 해석하자면 퍼실리테이터는 토의 관련된 이슈의 의사결정이나 과제해결에 영향을 미칠 수 있는 어떤 행위나 의견제시를 해서는 안 된다는 메시지를 담고 있다. 그렇지만 현실 상황에서는 중립성을 유지하는 것이 너무 힘들다고 말한다. 이는 우리의 뿌리 깊은 문화와도 깊은 관련성이 있다. 빨리빨리 문화의 참고 기다려주는데 익숙하지 못한 조급함이 그대로 드러나는 셈이다. 참여자들이 한 번에 답을 찾지 못하고 주변에서 맴돌고 있는 것에 대한 답답함, 토론하는 스킬의 어색함, 생각을 표현하고 그 내용들을 정리하는 수준들의 차이 등 마음에 들지 않는 부분이 매우 많을 것이다. 그러나 그것은 어디까지나 전문화된 퍼실리테이터의 눈으로 그들을 바라보기 때문이다. 그래서 개입하고 싶고 답을 알려주고 싶은 욕구가 치솟는 것이다. 참여자들은 그들의 수준에서 최선을 향한 시행착오를 거쳐 가면서 성숙해 나아간다. 퍼실리테이터는 그것을 관리하면서 중립성을 유지하는 일이 중요하다. 중립성에 대한 문제는 뒤에서 다시 더욱 상세하게 언급하기로 한다.

2. 퍼실리테이터의 태도가 중요한 이유

퍼실리테이터의 전문성은 그들이 보유하고 있는 종합적인 역량의 크기로 결정된다. 역량이란 지식과 스킬 그리고 태도로 구성되어 있으며 이들이 결합하여 표출된 종합체라 할 수 있다. 따라서 표면적으로 나타나는 지식과 스킬은 역량 측면에서 보면 빙산의 일각에 불과하다. 퍼실리테이션을 통한 훌륭한 성과를 창출하기 위해서는 이와 관련된 지식과 경험을 광범위하게 축적하고 그 스킬과 기법들을 능숙하게 활용할 수 있도록 꾸준히 연구하고 노력해야 한다. 그러나 그것만으로는 충분하다고 할 수 없다. 이 모든 것들의 저변에는 성과에 지대한 영향을 미칠 수 있는 퍼실리테이터로서 가져야 할 태도와 기본적인 자세가 매우 중요한 역할을 하기 때문이다. 왜 퍼실리테이션에서 이를 강조하는가? 구성원들의 참여와 몰입 그리고 합의에 따른 의사결정은 퍼실리테이션 전개과정의 논리성과 합리성 외에 상당 부분은 감성적인 면까지도 포함하고 있어 이를 중요하게 다루지 않으면 소기의 목적 달성이 어렵게 되는 데 있다. 결론적으로 퍼실리테이터의 바람직한 태도와 자세는 윤리 의식과 철학이 확고한 상태에서 경험과 지식이 융합될 때 더 큰 시너지 효과를 만들어 낼 수 있다.

[그림 2-3] 퍼실리테이터의 역량과 태도의 관계

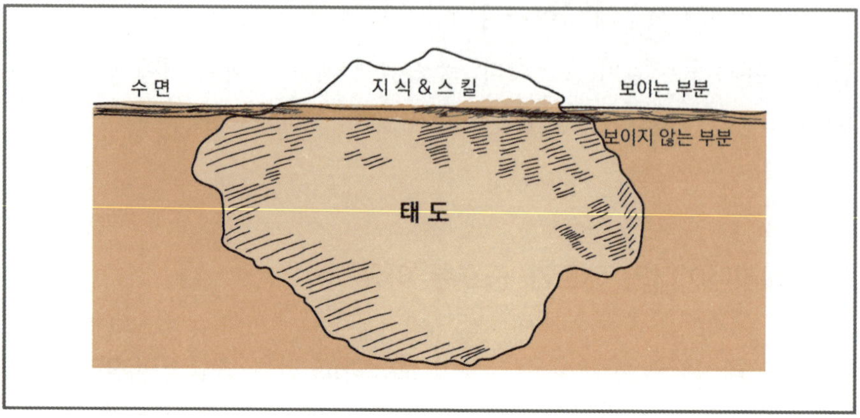

3. 퍼실리테이터의 바람직한 태도(신뢰성과 중립성)

그렇다면 퍼실리테이터의 바람직한 태도는 어떤 것인가?

여기에서는 퍼실리테이터가 가져야 하는 두 가지 중요한 태도에 대해 설명한다.

퍼실리테이터의 신뢰성

믿음이 없는 세상을 생각해본 적이 있는가? 불신이 불신을 낳고 그 불신의 가속은 순식간에 모든 것을 파국으로 몰아갈 것이다. 퍼실리테이션에서도 같은 논리가 성립된다. 퍼실리테이터나 참여자는 서로 역할이 다를 뿐 결국 특정의 목적 달성을 위한 공동의 목표를 가지고 있다. 어느 한쪽이라도 신뢰에 금이 간다면 소기의 목적 달성은 기대 이상으로 어려워질 가능성이 높다. 따라서 퍼실리테이터가 참여자의 합리적 의사결정과 현명한 의견 개진에 대한 믿음을 주는 것은 대단히 중요하다.

① 참여자에 대한 신뢰가 우선

신뢰가 중요한 이유에 대해 결론부터 얘기하자면 참여자를 믿지 않고는 퍼실리테이션을 진행할 수 없기 때문이다. 참여자들이 스스로 토론을 통해 목적을 달성할 수 있을 것이라는 믿음이 없는 상태에서 퍼실리테이터의 지원이 그들에게 도움이 될리가 없다. 가끔 이 부분에 대해 의문을 갖는 사람들도 있다. 참여자가 합리적 의사 결정을 할 정도의 능력이 없기에 토론을 해도 무의미 하다는 것이 그 이유다. 이 말은 과연 맞는 걸까? 일견 맞는 말처럼 보일지 모르나 사실 이는 질문자 스스로가 퍼실리테이션에 대한 전단계의 결함을 인정하는 셈이 된다. 왜냐하면, 워크숍 기획 단계에서 체크했어야 할 주제와 참여자 간의 부적합 등 준비가 소홀했음을 말해 주기 때문이다. 다뤄야 할 주제가 크다면 더욱 많거나 더 다양한 이해관계자를 참여시켜야 하며 그것이 아니라면 주제를 현재의 참여자 수준에 맞게 보완했어야 옳다. 신뢰 문제에 있어서는 또한 참여자의 퍼실리테이터에 대한 신뢰도 중요한데 이 부분에 대한 신뢰가 깨진다면 원만한 토론과 바라는 결과는 도출되지 않을 수도 있기 때문이다. 그렇다면 이처럼 중요한 상호 신뢰가 어려운 이유는 무엇일까? 어떻게 하면 신뢰를 증진시킬 수 있을까? 과연 퍼실리테이션의 방법론과 기법만으로 참여자들의 신뢰를 증진시킬 수 있을까? 진정한 퍼실리테이터라면 이와 같은 이슈들에 대해 끊임없이 고민해야 한다. 왜냐하면, 신뢰감은 어느 하나 혹은 한순간의 노력만으로 쌓이는 것이 아니며 종합적인 노력의 산물이라 할 수 있기 때문이다.

② 참여자에 대한 신뢰가 어려운 이유는?

현실 상황에서 보면 참여자를 신뢰하기 어려운 경우가 종종 발생하곤 한다. 어떤 구성원은 왜 그가 집단 활동에 참여하고 있는지 의문이 가기도 하고 어떤 이는 활동에 도움이 되기는커녕 오히려 방해만 되는 경우도 있다. 무엇이 그들을 그렇게 행동하도록 하는 것인가? 거기에는 분명 또 다른 원인이 있다. 과거의 회의나 워크숍에 대해 좋지 못한 기억과 경험, 의도대로 잘되지 않은데 대한 불만 등 다양한 원인이 있을 수 있다. 퍼실리테이터는 이와 같은 현상에 대해 슬기롭게 대처하는 요령을 터득하는 것도 중요한 역량 중의 하나이다. 결론적으로 참여자들의 신뢰 문제는 진행 과정에서 그들의 비협조적인 행동 때문에 발생하는 것이 대부분이다. 이를 구체적으로 보면

- 참여자들의 역량 수준이 기대 이하로 현저하게 낮은 경우
- 참여자가 단계별 활동을 제대로 따라오지 못하는 경우
- 참여자들의 해결에 대한 의지와 열정이 너무 부족한 경우
- 참여자들 간에 보이지 않는 또 다른 갈등과 알력이 내재되어 있는 경우
- 참여자들이 스스로 결정이나 해결의 권한이 없다고 생각한 경우
- 퍼실리테이터가 그룹에 대해 좋지 않은 선입관을 가진 경우
- 퍼실리테이터가 전문가로서 참여자들을 얕보는 경우

등의 다양한 형태가 있다.

③ 참여자에 대한 신뢰를 어떻게 확보하는가?

참여자들에 대한 신뢰는 성공적인 퍼실리테이션을 진행하는데 있어 중요함을 설명했다. 이는 신뢰 문제가 선행적으로 해결되지 않고는 매끄

러운 퍼실리테이션이 어렵기 때문이다.

이를 위해서 퍼실리테이터는 우선 사전 기획 단계에서 참여자들에 대한 정보를 충분하게 확보하여 이와 같은 돌발 상황에 유연하게 대처할 수 있어야 한다. 예를 들면 참여자들의 역량 부족이나 이해가 부족한 경우에는 사전에 퍼실리테이션의 배경과 목적 그리고 기본적인 내용에 대해 학습시키는 과정을 설계할 필요가 있다. 또한, 사전 기획 단계가 충분했다 하더라도 추진 단계에서 참여자들의 의지와 열정이 매우 부족할 수도 있다. 그 과정에서는 발생한 원인을 파악하여 동기부여를 시킬 수 있는 방안을 모색하거나 에너지를 끌어 올릴 수 있는 방법들을 활용하는 지혜가 필요하다. 이와 같은 대처 능력은 단시간 내에 이루어지는 것이 아니므로 많은 노력과 더불어 다양한 경험이 필요하다.

퍼실리테이터로서 중립성

초보자일수록 퍼실리테이션에서 중립성 문제가 가장 어렵다고 한다. 그렇다고 경험이 많은 전문가는 중립성을 잘 발휘하는가? 그 역시 보장할 수 없다. 중립성은 많은 인내심을 요구한다. 대체적으로 지식과 경험 그리고 권한이 많은 전문가일수록 중립성을 지키지 못한 경우가 비일비재하다. 또한 현실적으로도 퍼실리테이션 과정에서 완벽한 중립성을 지키기 어려운 경우가 많은 것이 사실이다. 그렇다고 해서 퍼실리테이션의 핵심적인 가치 중 하나인 중립성을 훼손할 수는 없다. 퍼실리테이터는 중립성 문제를 객관성, 공정성 그리고 기회의 균등 등 다른 부분들과 동시에 고려를 하면서 그 가치가 프로세스에 녹아들어가도록 해야 한다.

① 퍼실리테이터의 중립성은 생명과도 같다

사전적으로 해석하면 중립성이란 어느 쪽에도 치우치지 않은 공정한 처신의 상태라고 말할 수 있다. 퍼실리테이션에서는 이를 어떻게 해석하는 것이 좋은가? 의사결정이나 문제를 해결하는 과정에서 이에 영향을 미치는 어떤 행위나 의견 제시를 하지 않은 것으로 이해하는 편이 옳다. 그렇다면 중립성이 중요한 이유는 무엇일까? 퍼실리테이션 자체가 참여자 스스로 합의를 통해 의사결정을 하는 수준 높은 토론 방식을 택하고 있다. 따라서 퍼실리테이터를 포함한 어떤 외부의 힘에 의해 영향을 받는다면 이는 더 이상 퍼실리테이션이라고 말하기 어렵기 때문이다. 중립성을 엄격하게 단어적으로만 해석하여 형식적인 면까지 그 의미를 적용하는 것은 경계해야 한다. 이는 일부 참여자 간에 갈등이 생겨 논쟁을 벌이고 있을 때 퍼실리테이터로서 어떻게 할 것인가를 생각하면 쉽게 이해할 수 있을 것이다. 혼란스러운 것은 단지 중립이라는 단어 때문에 그 과정에 개입을 못하고 이를 지켜보고만 있을 것인가 하는 점이다. 당연히 개입을 통해 일단 논쟁을 중지시키고 참여자들의 의견을 물어 적절한 조치를 취해야 할 것이다. 이는 퍼실리테이션이 형식적인 면에서 보다는 내용적인 면에서 중립을 훨씬 더 강조한다는 의미가 된다. 퍼실리테이터의 전문성 수준에 대한 판단은 퍼실리테이션의 과정에서 내용상의 중립을 지키면서 토론을 활성화시킬 수 있는가와 비례한다고 볼 수도 있다.

② 퍼실리테이터가 중립성을 지키기 어려운 이유는?

그렇다면 퍼실리테이터가 중립성을 지키는 것은 왜 어려울까? 일반적으로는 구성원이 토의를 하는 과정에서 자신의 의견을 내는 것이 자연스럽기도 하지만 또 다른 면에서는 그 집단에서 자신의 존재감을 알리는 신호가 되기도 한다. 또한 의견제시가 구성원으로서의 역할을 수행하는 것으로 인정받는 행위가 되기도 하므로 침묵을 지키는 것이 오히려 불편할 수도 있다. 그러나 퍼실리테이터는 팀의 활기찬 분위기를 만들고 그들이 자유롭게 토의하는 것을 돕는 일이기 때문에 순간적으로 이 역할을 망각해서는 안 된다. 보다 적극적으로 퍼실리테이터 역할을 수행한 나머지 중립성이 훼손되는 경우도 의외로 많다. 참여자들의 토론 수준이 낮을수록 혹은 자신이 그들보다 지식이나 경험이 많을수록 중립에 대한 인내를 하는 것이 어렵다는 점에 유의해야 한다. 어떤 경우들이 퍼실리테이터의 중립성을 방해하는지 예를 들어보자.

- 참여자들의 토론 수준이 너무 낮다고 판단될 때
- 토의와 결정의 방향이 퍼실리테이터 생각과 다르다고 판단될 때
- 퍼실리테이터가 참여 집단보다 전문성이 높다고 생각할 때
- 퍼실리테이터가 주제에 대한 솔루션을 갖고 있다고 판단할 때
- 퍼실리테이터가 자신의 역할을 망각할 때
- 시간 관리의 문제로 주어진 시간 내에 마무리가 어려울 때

이외에도 다양한 원인이 있을 수 있다. 실제 상황에서는 퍼실리테이터의 개입을 유혹하는 요소들이 매우 많음을 항상 명심해야 한다.

③ 퍼실리테이터의 중립성을 어떻게 확보하는가?

중립성의 중요함에 대해서는 앞에서 언급한 대로이다. 그럼에도 불구하고 실제 상황에서는 이를 잘 지키는 것이 생각만큼 쉽지 않으므로 그 방안에 대해서는 고민이 필요하다. 중립성을 훼손할 수 있는 상황은 매

우 다양하게 전개되는 것이 일반적이므로 대응 방안을 일일이 열거할 수는 없으나 앞에서 언급한 예시를 참고하여 이를 예방하기 위한 부단한 노력이 필요한 것만은 틀림없다. 중립성 문제는 역시 토의나 워크숍을 설계하는 것과 관련성이 높다. 진행 프로세스를 설계하는 단계에서 참여자들의 수준에 맞게 내용과 방법, 양식들을 디자인하여 이해도를 높이는 것도 퍼실리테이터의 내용적 개입을 감소시키는 중요한 요소가 된다. 한편, 퍼실리테이터 입장에서는 스스로 개입을 예방하기 위한 여러 가지 상황에 대응할 수 있는 질문을 준비 하는 것도 좋은 방법 중 하나이다.

중립성의 문제는 상당 부분 퍼실리테이터가 토론하고 있는 과정에서 답답함을 못 참고 직접 답을 주려고하기 때문에 발생되는 경우가 많다. 그 보다는 답을 찾을 수 있는 입체적인 질문을 통해 그들로 하여금 생각하는 관점을 폭넓게 유도하는 것이 효과적이다. 또한 개입이 필요한 경우를 잘 포착하는 것도 중요하다. 참여자들이 토론하는 내용들을 주의 깊게 경청하고 관찰함으로써 개입의 시기와 방법 그리고 내용에 관한 판단을 정확하게 하도록 노력해야 한다. 중립성에 대한 현명한 대처도 결국 퍼실리테이터로서 얼마나 많은 경험의 축적과 노력에 의한 내공을 쌓고 있는가에 따라 달라짐은 틀림없는 사실이다.

4. 퍼실리테이터가 갖춰야 할 철학

퍼실리테이터는 집단 구성원들이 상호작용하는 모습을 관찰하고 그들의 대화를 경청하며, 집단 구성원들이 서로 협력하고 능동적으로 최상의 해결책을 찾을 수 있도록 격려하고 돕는 사람이다. 퍼실리테이터가 이러한 활동을 효과적으로 하기 위해서는 적어도 다음과 같은 철학이 정립되고 기본적인 마인드로 인식되어야 한다.

- 인간은 기본적으로 현명하고 올바른 일을 할 수 있으며, 그렇게 하고자 하는 욕구를 가지고 있다.
- 인간은 자신이 직접 제시한 아이디어나 스스로 참여한 계획에 대해서는 보다 헌신적으로 임한다.
- 인간은 자신의 결정 사항에 대해 책임이 부여되면 진정으로 책임감 있게 행동하려고 노력한다.
- 모두의 의견은 신분, 지위, 계급 여하를 막론하고 동등하게 중요하다.
- 상황에 맞는 적합한 도구와 훈련이 주어진다면 집단은 갈등을 스스로 해결하려고 노력하고, 성숙한 행동을 할 뿐만 아니라 좋은 관계를 유지해 나갈 수 있다.
- 퍼실리테이션의 프로세스가 잘 설계되고, 계획된 대로 적용된다면 바라는 결과를 얻을 수 있다.
- 특정 문제를 독자적으로 해결하기 보다는 집단 활동을 통해 체계적으로 풀어가는 것이 보다 더 나은 결론을 도출할 수 있다.

퍼실리테이터가 주어진 임무를 충실히 수행하기 위해 가져야 할 철학적 기반이 약하다면 어떻게 될까? 아마 제대로 된 퍼실리테이션을 수행하기 어려울 뿐만 아니라 단순하게 회의를 진행하는 주관자와 다를 바가 없다. 퍼실리테이터로서의 확고한 철학과 훌륭한 성과도출에 대한 믿음이 구성원들로부터 잉태될 때 퍼실리테이터의 진가가 발휘될 수 있다.

제7절
퍼실리테이터가 겪는 한계와 문제점들

모든 퍼실리테이터는 항상 주제와 관련하여 완벽한 진행과 고객이 기대하는 수준 이상의 우수한 성과 도출을 원할 것이다. 그러나 매번 느끼는 것이지만 퍼실리테이션은 할 때 마다 주제와 대상 그리고 여건이 다르기 때문에 모두가 만족할 만한 수준에 도달하기란 여간 쉽지가 않다. 더군다나 퍼실리테이터는 토론의 과정에서 자신의 의견을 개진하는데 한계가 있기 때문에 본인의 의도대로 분위기를 끌고 가는 것은 더더욱 어렵다. 또한, 진행 과정에서도 구성원들의 예상치 못한 행동으로 토의가 원하지 않은 방향으로 나아 갈 수도 있고, 빅 마우스(큰소리치는 사람이란 뜻으로, 토의를 지나치게 주도하는 자)의 영향으로 다른 참여자들의 의견 개진이 쉽지 않은 상황이 연출될 수도 있다. 그러나 이와 같은 다양한 문제점들이 존재하는 상황에서도 퍼실리테이터의 도움으로 참여자들이 스스로 원하는 결과를 만들어 갈 수 있다는 사실과 믿음 자체가 퍼실리테이션의 장점이자 매력이라 할 수 있다. 그렇다면 실제 퍼실리테이션의 과정에서 자주 부딪히며 해결해야 할 문제점들을 살펴보고 이에 대한 대안을 모색해보는 것도 의미가 있을 것이다. 퍼실리테이션 과정에서 나타나고 있는 문제점들을 보면, 하나는 퍼실리테이터 개인적인 역량과 관련된 것이고, 다른 하나는 구조적인 것에 해당한다. 퍼실리테이터 개인적인 능력의 한계는 스스로의 노력으로 점차 이를 극복해 나아가는 것이 가능하지만, 제도나 시스템적인 한계는 허용된 범위 내에서 효율적으로 퍼실리테이션을 추진해 갈 수밖에 없다. 아무리 뛰어난 퍼실리테이터라 할지라도 자신이 통제할 수 있는 능력의 한계를 벗어나는 일에 대해서는 사전에 이를 잘 파악하고 적절히 대처할 수 있는 방안을 준비하는 것이 최선이다. 그것만이 퍼실리테이션의 실제 현장에서 스스로 당황하지 않고 슬기롭게 전체 과정을 소화 해 낼 수 있는 해법이기 때문이다.

1. 퍼실리테이터가 느끼는 애로와 문제점

퍼실리테이터로서 역할을 잘 수행하기 위해서는 수많은 경험과 그에 따른 노하우가 중요함은 여러 번 강조해도 지나침이 없다. 퍼실리테이터가 현장에서 발생하는 문제들에 대해 다양한 대처 방법을 숙지하고 있는 경우에 보다 매끄러운 과정의 운영이 가능하기 때문이다. 퍼실리테이션과 관련하여 발생하는 많은 문제점들을 일일이 나열할 수는 없다. 그러나 전체 과정을 기준으로 구분해 보면 준비의 미흡에서 발생하는 문제, 진행 미숙이나 돌발 상황으로 발생하는 문제, 그리고 사후관리 문제 등으로 나누어 볼 수 있다. 왜 그와 같은 문제점들이 발생하는지 구체적인 사례들을 살펴보도록 하자.

▌퍼실리테이션의 기획을 충분하게 하지 못한 경우

퍼실리테이터들이 초기에 많이 저지르는 실수 중 하나가 토의에 대한 기획을 너무 대충대충 하는 경우이다. 이는 퍼실리테이션을 프로세스나 기법에 의존하여 진행하면 된다고 생각하는 경향 때문에 발생한 것이라 볼 수 있다. 자신이 그동안 알고 있는 방식대로 퍼실리테이션을 진행하면 기대한 수준의 결과가 도출될 것이라고 과신하는 경우이다. 다른 장에서 자세하게 언급하겠지만 기획 부분이 불충분하면 여러 가지 문제가 발생하게 되고 심한 경우에는 진행 자체가 불가능해질 수도 있다. 주제의 특성, 고객의 니즈 파악, 고객의 수준과 이슈의 사전 검토, 토의 절차 계획, 시간의 안배, 토의 방법과 활용 도구 등 크고 작은 사항들에 대한 점검과 준비의 소홀함은 처음부터 문제 발생의 씨앗을 안고 가는 것이나 다를 바가 없다. 퍼실리테이션은 오케스트라와 같은 종합예술적인 특성을 가지고 있다. 하나의 통합된 하모니가 만들어지기 위해 각각의 요소들이 시스템적으로 움직이듯이 퍼실리테이션을 진행하기 위해서는 무엇보다 통합적인 시너지가 창출될 수 있도록 완벽한 기획과 사전 준비에 많은 노력을 경주해야 한다.

▌주제에 대한 입체적인 검토가 부족한 경우

다루는 주제와 연계하여 퍼실리테이터가 관련된 지식이나 정보가 절대적으로 부족하면 진행 과정에서 참여자들로부터 신뢰 확보가 어려워진다. 대부분의 퍼실리테이션이 콘텐츠형보다는 프로세스형에 기반을 둔 경우가 많기 때문에 주제와 관련된 내용을 전문적으로 습득할 필요까지는 없다고 할 수 있다. 그러나 토의 진행자가 주제와 관련된 지식이나 정보가 너무 빈약하면 진행과정에서 발생된 의사소통의 문제를 포함하여 산출물의 수준이나 품질에 대해 모니터링하고 체크할 수 있는 안목을 가질 수 없다. 이는 결과적으로 퍼실리테이터의 역량을 기초로 참여자들로부터 이끌어 내야 할 훌륭한 성과물을 기대할 수 없게 만든다.

또한 다루어야 할 주제가 너무 크고 범위가 넓어 해결하는 데 애로를 겪는 경우도 있다. 주제가 클수록 해결하는 데 시간적인 소요나 노력이 많이 투입될 가능성이 높다. 문제가 크면 잘 인식되고 쉽게 볼 수 있기 때문에 이에 비례하여 큼직큼직한 아이디어가 나올 수는 있지만 그만큼 해결은 어려워지는 게 보통이다. 따라서 퍼실리테이터는 토의에 적합한 크기로 주제를 세분화시키고 특성을 잘 파악하는 것이 중요하다. 결국 퍼실리테이터는 주어진 환경과 여건 하에서 최적의 결과물을 도출할 수 있어야 하므로 주제의 크기나 범위도 세심하게 검토하고 분석해야 하는 중요한 이유가 된다.

토의 진행 중 개입 시기와 방법을 잘 모르는 경우

퍼실리테이터가 토의 진행 과정의 어느 시점에서 어떤 방법으로 어느 정도 개입을 해야 하는가? 이 문제가 어떻게 보면 퍼실리테이터에게 가장 어려운 부분일 수도 있다. 왜냐하면 일반적인 경우에는 큰 문제가 없지만 돌발 상황이 발생하면 그 중요성은 생각보다 복잡하고 심각해질 수 있다. 예를 들면, 토의에 따른 결과물의 품질 압박이나 진행 시간의 제약, 진행 과정의 답답함이나 초조함, 구성원 간의 갈등발생에 따른 조정의 필요성 등 많은 요소들이 퍼실리테이터의 개입과 간섭을 유혹한다. 이와 같은 상황에서 퍼실리테이터가 어떤 역할을 어떻게 수행하는가에 따라 이어지는 과정의 성과는 상당한 차이를 나타낼 수 있다. 다시 말하면, 개입 문제는 퍼실리테이션 전체의 흐름과 분위기에 지대한 영향을 미치기도 하지만 퍼실리테이터의 중립성과 직결되는 문제가 되기도 한다.

참여자들에게 의사결정 권한 혹은 여건이 제한된 경우

이 부분은 퍼실리테이션의 결과물로써 토의된 내용의 해결이나 승인에 관한 참여자들의 의사결정 자체가 어려운 경우를 말한다. 이는 주제의 크기와 관련될 수도 있고 의사결정을 위한 권한 위임의 제약에 관련된 문제 혹은 참여자 구성상의 결함으로 인한 문제일 수도 있다. 또한 훌륭한 의사결정이 되었다 하더라도 실행을 위한 여건상의 이유로(예, 자원 투입이 불가능할 경우 등) 퍼실리테이션 진행 자체가 한계에 부딪힐 수도 있다. 퍼실리테이터 입장에서는 이와 같은 사례가 발생하면 매우 난감한 처지에 놓일 수밖에 없으므로 사전에 이를 예방하기 위한 노력을 게을리 해서는 안 된다. 사전 진단이나 검토단계에서 이와 같은 상황이 예측된다면 어떤 방법으로든 이를 극복할 수 있는 방안을 마련해야 한다. 이는 어디까지나 퍼실리테이터의 몫이기 때문이다. 만약, 사전파악이 안 된 상태에서 토의가 진행되었다면 어떻게 해야 할까? 예를 들어, 너무 큰 주제를 다루었다면 보다 작은 주제로 분해하여 의사결정을 시도할 수도 있고, 실행의 어려움이 제약조건이라면 그 중에서 실행가능한 부분만을 발췌하여 선택적으로 결정할 수도 있을 것이다.

참여자들 간에 관습 차이 등의 이유로 깊은 갈등이 존재하는 경우

그룹 구성원들이 공유하고 있는 가치관이나 관습의 차이로 인한 뿌리 깊은 갈등이 존재하는 상황에서 퍼실리테이션을 진행하는 경우 퍼실리테이터가 많은 애로를 느낄 수 있다. 물론 이는 구성원들 간의 좋지 않은 감정의 문제가 어느 정도 심각하게 저변에 깔려 있는지, 해결하고자 하는 주제와 그들 간의 이해관계가 얼마나 민감한지, 그럼에도 불구하고 공동으로 문제를 풀어 가려고 하는 의지가 얼마나 강한지에 따라 어려움의 정도가 달라진다. 어떤 형태가 되던 구성원 간 갈등의 골이 깊은 상태라면 사전적으로 취해야 할 여러 가지 조건이 필요하다고 할 수 있다. 이와 같은 상황에서 퍼실리테이션은 다른 어떤 경우보다도 기획 단계가 중요하다. 사전에 구성원의 역량 수준은 물론 집단의 특성이 파악되어야 하고 그것을 바탕으로 관련 프로세스나 진행 방법이 설계되어야 하기 때문이다.

비정상적으로 토의가 진행되는 경우

그 외에도 현장에서 흔히 발생하는 문제로 소수가 회의를 주도하거나 강한 의견을 내는 사람 때문에 회의의 분위기가 냉소적이거나 집단적 사고(Group Thinking)로 흐르는 경우를 들 수 있다. 이때는 참여자들이 돌아가며 의견을 발표할 수 있도록 하거나 개인의 의견 제시 시간을 제한하는 등 그라운드 룰(Ground Rule)을 통해 어느 정도 해결이 가능하다. 또한 기법에 있어서도 의견을 제시하되 말을 하지 않는 브레인라이팅(Brain Writing), 질문에 답변만 할 수 있는 명목집단법(Nominal Group Technique) 등의 기법을 적용할 수도 있다. 그 외에도 소수의 구성원들만이 토의에 참여하고 있어 이를 계속 진행해야 하는지 확신이 없는 경우, 여러 가지 진행상의 문제로 회의 시간이 절대적으로 부족한 경우, 구성원들이 회의에 늦거나 참여도가 매우 낮은 경우, 일부 참여자가 토의 도중에 퇴장하는 경우, 참여자 중 일부가 룰을 어기고 영향력을 행사하려고 시도하는 경우 등 현장에서는 다양한 비정상적인 형태들이 발생 될 수 있다. 따라서 퍼실리테이터는 위와 같이 예상되는 문제에 대해 사전 준비를 철저하게 해야 하며, 진행 도중에도 상황변화의 관찰을 게을리 해서는 안 된다. 이와 같은 악조건에서 얼마나 슬기롭게 퍼실리테이션을 진행해 나아갈 수 있는 가는 개인적인 역량에 달려있기 때문이다.

2. 왜 이렇게 다양한 문제들에 노출되는가?

퍼실리테이터가 전문성을 발휘하는 데는 자신의 역량이 무엇보다 중요하지만 실제 상황에서 이것만으로는 한계에 부딪치는 경우가 많다. 그렇다면 퍼실리테이터로서 최고의 역량을 발휘하기 위해서라도 그와 같은 한계와 문제가 왜 발생하는가에 대해 알아보는 것은 큰 의미가 있다. 더 나아가 다양한 문제를 발생시키는 원인들을 살펴보고 나름대로 대안을 설계할 수 있는 혜안을 가질 수 있다면 더욱 금상첨화 격이라 할 수 있다. 그런데 발생하고 있는 많은 원인들이 퍼실리테이터 자신의 과실과 자만에서 나온다는 사실을 잘 알지 못하고 있는 것 같다. 일반적으로 퍼실리테이터로서 초보자들보다는 3~4년 정도 경험을 가지고 있는 소위 전문가 그룹에 진입하기에는 아직 더 많은 노력이 필요한 사람들에게서 많이 발견된다. 대체적으로 이들은 나름대로 퍼실리테이션 프로세스와 기법을 상당 부분 알고 있고 활용 능력과 응용력을 어느 정도 확보하고 있는 준전문가 수준의 그룹이라고 판단된다. 그럼에도 불구하고 그들이 미세한 부분에서 세련미가 부족하고 변화된 상황에서 완벽한 유종의 미를 거두지 못한 것은 대부분 자신감을 넘어선 자만으로부터 발생한다.

나는 주제와 현장에 대해 누구보다도 잘 알고 있다?

퍼실리테이터가 토론해야 할 주제에 대해 많은 지식과 경험을 가지고 있으면 당연히 더 훌륭한 퍼실리테이션을 할 수 있는 유리한 여건을 확보하고 있는 것은 맞다. 그러나 그것이 성공적인 퍼실리테이션에 있어 필요충분조건은 아니라는 점이다. 어떤 경우에는 현장을 잘 알고 있다는 그것이 오히려 참여자들의 자유로운 발상을 저해하기도 하고, 본인 스스로의 고정관념에 사로잡혀 앞으로 나아가는데 방해가 되는 경우도 있음을 유의할 필요가 있다. 현장에 대한 많은 지식과 경험이 퍼실리테이션에서 긍정적인 효과로 이어지려면 과연 어떻게 해야 할지 상당한 고민이 있어야 이와 같은 잘못을 범하지 않을 수 있다.

나는 퍼실리테이션 기법을 많이 알고 있다?

누구나 퍼실리테이터라면 과제 해결을 위한 기법이나 방법, 그리고 활용 도구에 관심이 많다. 그러나 많이 알고 있는 것과 응용력이 뛰어난 것과는 전혀 별개의 사안이다. 기법에 대한 많은 지식은 그만큼 과제 해결에 있어 유리하기도 하지만 상황 대처에 있어서도 유연성을 높이는 데 도움이 된다. 그러나 때로는 많은 기법의 사용 때문에 부작용이 나타나기도 한다. 따라서 양적으로 많은 기법을 알고 있는 것도 중요하지만 기법 간의 장단점과 특성을 감안하여 어떤 상황과 어느 시점에서 어떤 기법을 활용할 때 효과적인지를 파악하는 것이 더 중요할 수도 있다. 이는 주제의 해결과 각 단계별 최적의 산출물을 창출해 내는데 있어서 적합한 기법의 사용 여부도 그 품질에 영향을 미치기 때문이다. 훌륭한 퍼실리테이터라면 부여된 목적을 잘 달성하기 위해 적합한 연장과 도구를 최적으로 선택하고 효율적이고도 효과적으로 사용하는 안목이 있어야 한다. 그럼에도 불구하고 기법을 많이 알고 있다는 이유로 집단의 특성을 고려하지 않거나 주제의 성격과 여건을 무시한 채 퍼실리테이션을 실행하는 과정에서 많은 문제들이 발생하고 있지는 않은지 돌아 볼 필요가 있다.

나는 누구보다도 경험이 많다?

퍼실리테이션에서 경험은 성공적인 퍼실리테이터가 되는데 있어 매우 중요한 요소임에는 틀림이 없다. 그렇다고 해서 동일한 주제와 방법의 단순 반복을 전제로 하는 경험 즉, 콘텐츠의 다양성과 프로세스의 동적 변화를 내포하지 않은 경험은 별로 의미가 없다. 의미 있는 경험이란 다양한 상황의 연출과 폭넓은 콘텐츠를 다룸으로써 그에 따라 다양한 기법의 적용과 응용이 수반되는 그리고 그 유연성이 강화될 수 있는 경험을 말하는 것이다. 경험의 다양성이 위력을 발휘하는 경우란 어떤 상황인가? 퍼실리테이션의 진행 과정에서 어떤 돌발 상황이 연출되더라도 다양한 경험에서 학습된 노하우와 체화된 암묵지를 통해 무리 없이 그 상황을 슬기롭게 헤쳐 나아갈 때를 일컫는 말이다. 그러나 퍼실리테이터 중에는 많은 경험으로 인해 오히려 선입관을 가지고 퍼실리테이션에 임

하는 경우도 있고 과거의 성공이나 실패의 경험으로 인해 미리 결과를 예단하거나 보다 나은 방안의 모색을 꺼려하는 경우를 종종 목격할 수 있다. 이는 퍼실리테이터 자신의 품격과 역량 향상을 위해서도 반드시 경계해야 할 항목이다.

3. 퍼실리테이터가 체크해야 할 사항들

퍼실리테이터는 퍼실리테이션 도입 이전의 계획 단계에서 부터 중간의 진행 단계 그리고 사후관리에 이르기까지 전 과정을 관리해야 한다. 이는 퍼실리테이션이라는 연속된 프로세스 속에서 지속적인 관찰과 모니터링을 통해 다음에 이어지는 활동들을 확인하고 필요시에 적절하게 대응하는 작업이 반드시 필요하기 때문이다. 퍼실리테이션의 진행을 통해 훌륭한 성과를 얻기 위해서는 단계별로 퍼실리테이터가 체크하고 확인해야 하는 여러 가지 요소들이 있다.

▎계획수립 단계에서

① 주제와 관련하여

- 주제가 명확하고 해결할만한 가치가 있는가?
- 주제의 배경, 목적과 목표는 분명한가?
- 주제와 관련된 내용과 특성을 잘 파악하고 있는가?
- 주제와 관련하여 다루어야 할 내용상의 범위는 적정한가?

② 참여자와 관련하여

- 주제와 관련된 이해관계자를 잘 파악하고 있는가?
- 참여자들의 규모 및 구성 멤버는 적정한가?
- 참여자들의 수준 및 특성을 점검하고 있는가?
- 참여자관련 예상 이슈와 쟁점들을 분석하고 있는가?
- 누가 무엇을 책임지고 그 역할들을 수행 할 것인가?

③ 진행 계획과 관련하여

- 어떤 단계와 절차 그리고 방법으로 이끌어 갈 것인가?
- 단계 및 절차별로 배분된 시간은 적절한가?
- 토의과정에서 활용 가능한 자원과 제약 요소는 무엇인가?
- 퍼실리테이션에 필요한 준비물을 확보하고 있는가?
- 단계별로 어떤 기법과 도구들을 활용할 것인가?

④ 상황 및 여건과 관련하여

- 토의의 여건에 맞는 장소 선정과 자리 배치는 적절한가?
- 예상되는 돌발 사항을 체크하고 준비를 했는가?
- 토의 전반의 필요 사항을 점검하고 시뮬레이션을 하고 있는가?

▌토의진행 단계에서

① 분위기 조성과 관련하여

- 도입 단계에서 필요한 사항들이 순서에 맞게 준비되어 있는가? (환영 인사, 안내 및 공지 사항, 강의, 책자 및 자료, 활용 도구, 사무용 문구, 기타 사항)
- 워크숍과 관련한 비전 제시로 참여자들의 의욕을 증진시키고 있는가?
- 여건과 참여자 수준에 맞는 적절한 방법으로 토론 분위기를 조성하고 있는가?
- 참여자들이 오픈 마인드로 토의할 준비가 되어 있는가?

② 참여 및 토의 진행과 관련하여

- 참여자들이 의견을 제시하는 데 있어 안전하다는 믿음을 갖게 하고 있는가?
- 참여자들이 사소한 의견과 아이디어에 대해서도 거리낌 없이 말하고 있는가?
- 참여자들이 적극적으로 토의나 워크숍에 참여하고 몰입할 수 있도록 동기부여를 하고 있는가?
- 참여자들의 몰입 상태를 지속적으로 점검하여 적절하게 대응하는가?
- 퍼실리테이션의 목적 달성을 위해 적합한 도구와 기법들을 잘 활용하고 있는가?
- 단계별로 퍼실리테이션에 필요한 기술들을 적절하게 잘 적용하고 있는가?
- 전체의 워크숍 프로세스가 시간에 맞춰 체계적으로 잘 진행되는가?

- 토의 과정에서 나타나는 다양한 갈등들을 잘 해결하고 있는가?
- 예상하지 못한 돌발 상황에 대해 유연하고 슬기롭게 잘 대처하고 있는가?
- 진행 과정에서 퍼실리테이터의 중립성이 잘 확보되고 있는가?
- 퍼실리테이터로서 철학, 태도와 자세를 잘 견지하면서 품격을 유지하고 있는가?
- 설계된 단계와 절차에 따라 다양한 아이디어들의 확산과 수렴 과정을 계속하고 있는가?

③ 산출물과 관련하여

- 참여자들에게 목적 지향을 위해 지금 무엇이 필요한지를 반복하여 강조하는가?
- 각 단계별로 창출된 산출물들이 의미 있게 상호 연계되고 있는가?
- 참여자들이 도출 가능한 결과물에 대한 기대를 하고 있는가?
- 진행 단계별 토의 방법과 내용 그리고 산출물들에 대해 적절하게 동의를 구하는가?
- 참여자 전원이 결과물들에 대해 충분히 공감하고 있는가?

마무리 단계에서

- 전체적인 진행 과정에서 부족함이나 매끄럽지 못한 부분이 남아 있는가?
- 보다 나은 결과물 도출을 위해 좀 더 토의를 통해 보충해야 할 부분이 있는가?

- 단계별로 동의를 얻은 사항들이 전체적으로 결론을 도출하는데 체계적으로 연결되는가?
- 결정 단계에 이르기까지 나타난 장애요인들을 잘 처리하고 있는가?
- 만약 예상되는 장애물이 있다면 그에 대한 해결책은 마련되었는가?
- 결정을 위한 평가 시 필요한 기준과 방법은 모두가 동의하고 있는가?
- 결론이나 결정 사항을 실행으로 옮기는데 있어서 사전에 검토해야 할 사항은 없는가?
- 참여자가 전체적으로 느끼고 있는 분위기나 수용 상태는 만족할 만한가?

반성·성찰의 단계에서

- 성공적인 활동에 대해 칭찬하거나 아쉬운 부분에 서로 위로와 격려의 마음을 표시하는가?
- 전체적인 과정의 성찰을 통해 스스로 개선해야 할 점과 학습해야 할 점들에 대해 공감하고 있는가?
- 참여자들이 퍼실리테이션을 통해 더욱 동기부여 되고 자신감과 함께 새로운 의욕을 찾고 있는가?
- 참여자들이 퍼실리테이션 과정을 거치면서 평소 가졌던 의문점들을 해소하고 이해의 폭이 넓어지고 있는가?

제3장
퍼실리테이션의 모형과 기본적인 스킬

제1절
퍼실리테이션의 접근 방법

퍼실리테이션도 보는 관점에 따라 폭넓게 해석되듯이 적용하는 상황에 따라 다양하게 전개되고 있는 것이 사실이다. 본서에서는 일반적이고 보편적인 상황에서 집단의 문제를 해결하거나 의사결정을 함에 있어 그 역할을 다하기 위한 퍼실리테이션 접근 방법을 소개하고자 한다. 이를 위해 퍼실리테이션 모형에 대해 알아보고 그와 관련된 기본적인 스킬을 분석한 후에 성공적인 퍼실리테이션 설계를 위한 고려 요소들을 살펴본다.

1. 프로세스형 접근과 콘텐츠형 접근

퍼실리테이션의 접근은 프로세스 중심이냐 혹은 콘텐츠 중심이냐에 따라 크게 두 가지로 분류할 수 있다. 여기에서 말하는 프로세스형 혹은 콘텐츠형은 퍼실리테이션을 거시적으로 보고 분류하는 개념에 해당된다. 전자는 과정 지향적인 반면 후자는 내용 지향적이다. 일반적으로 퍼실리테이션이라 하면 전자를 일컫는데 이는 퍼실리테이터가 진행 단계별 프로세스 관리를 통해 최종의 결과물을 이끌어 내는데 초점을 맞추기 때문이다. 후자는 어디까지나 솔루션을 제공하는 측면이 강하여 컨설팅 영역까지도 포함하는 경우라 할 수 있다.

〈표 3-1〉 프로세스형과 콘텐츠형의 구분

Process Facilitation	Content Facilitation
• 상호작용에 초점	• 주제에 초점
• 지원/틀/방법 제공	• 방향/솔루션 제시
• 질문, 경청을 포함한 합의, 중립성	• 말하기, 이해와 설득시키기
• 전문 퍼실리테이터	• 분야별 콘텐츠 전문가
• 과정중심의 영향력 활용 - 합의 도출 촉진 - 피드백 제공 - 효과적인 의사결정 촉진 - 책임감 공유	• 지식, 전문성 활용 - 조언, 정답 제시 - 결과 평가 - 의견 조정 - 접근 방식 결정

주변에서 퍼실리테이션을 진행한다고 하면 대부분 프로세스형을 두고 하는 말이다. 이때 퍼실리테이터는 주제와 관련된 내용에 대한 답을 제시하기 보다는 참여자 스스로 답을 찾아가거나 결론을 이끌어 내도록 도와주는 조력자라는 측면이 강하다. 그는 단순한 진행 차원을 넘어 다양한 도구와 기법을 활용하여 참여자들의 잠재 능력을 이끌어 낸다. 이를 위해 시간 관리를 비롯하여, 코칭, 발표, 내용 설명, 요약 정리, 갈등

조정, 진행의 리딩 등 다양하고 적극적인 역할을 수행한다. 이와 같은 분류의 관점에서 보면 컨설턴트는 문제에 대한 답이나 해결안을 제공하는 것이 주 역할이므로 큰 틀에서 보면 콘텐츠 퍼실리테이션의 한 유형이라고 할 수도 있다.

2. 목적추구형 접근과 문제해결형 접근

퍼실리테이션을 진행하는 방식은 주제에 따라 차이가 있을 수도 있지만 동일한 성격의 주제라고 하더라도 접근 방법이 달라지기도 한다. 이와 같은 관점에서 보면 퍼실리테이션 접근방법을 목적추구형과 문제해결형으로 나누어 볼 수 있다. 목적추구형은 달성하고자 하는 목적에 맞는 다양한 수단들을 찾아 이를 최적의 상태로 설계하는 것이며, 문제해결형은 문제점을 정의하고 이들에 대한 원인들을 추적하여 그 중 핵심 원인들을 제거하는 방식으로 해법을 찾아 퍼실리테이션을 진행하게 된다. 접근방식에 있어 관점의 차이는 진행하는 방법이나 활용기법의 차이를 가져 오기도 한다. 구체적인 예를 든다면 조직의 비전을 설계하는 퍼실리테이션 접근 방식은 목적추구형인 반면 기업의 제품 불량을 감소시키는 퍼실리테이션 접근 방식은 문제해결형이라 할 수 있다. 일반적으로 목적추구형에 비해 문제해결형의 접근 방식이 좀 더 복잡하다. 이는 문제에 대한 원인을 추적하여 이를 해결하기 위한 아이디어를 설계하기 때문이다. 퍼실리테이터는 고객의 니즈를 명확하게 인지하고 그에 따라 어떤 접근 방식의 적용이 보다 합리적인지 결정하여야 한다.

제2절

퍼실리테이션 모형의 이해와 적용

퍼실리테이션을 정확하게 이해하기 위해서는 이를 구성하고 있는 주요 요소들과 이를 실행하기 위한 필요기술 그리고 관련된 기법들을 종합적으로 학습해야 한다. 따라서 여기에서는 퍼실리테이션에 대한 컨셉을 명확하게 하고 이를 실행하기 위한 각 분야별 관련 요소들과 절차 그리고 기법들을 함께 소개하기로 한다. 우선, 퍼실리테이션을 보다 체계적으로 학습하기 위해서는 최소한 공통적으로 적용할 수 있는 표준화된 모형 제시가 필요하다. 다음으로 그 모형의 각 영역에 맞춰 필요한 설명과 함께 각 단계에서 요구되는 퍼실리테이션 기법에 대해서 학습한다.

1. 퍼실리테이션 모형의 필요성

퍼실리테이션을 원활하게 그리고 성공적으로 수행하기 위해서는 일정한 이론적 체계를 기반으로 설계된 표준 모형이 필요하다. 또한, 그 모형은 많은 연구와 다양한 현장의 적용을 통해 상황에 맞게 끊임없이 진화하고 발전되어야 한다. 이는 다른 말로 표현하면 어떤 상황에서나 딱 맞아 떨어지는 만능의 방법론은 존재하지 않는다는 의미와도 맥을 같이 한다. 여기에서 설명하게 될 모형 역시 나름대로 이론과 퍼실리테이션 경험에 기반을 둔 실무적인 노하우를 가능한 범위 내에서 담아내도록 노력하였다. 그러나 본 모형의 경우도 어디까지나 활용하는 분야나 전문가들의 역량에 따라 얼마든지 확장성과 응용이 가능하다고 본다. 특히, 퍼실리테이션을 학습하는 분들에게 퍼실리테이션에 대한 개념을 정확하게 이해할 수 있게 구조화하고 필요한 전문지식을 단계별로 정리하여 체계화함으로써 현장에서 바로 적용할 수 있는 안내서로써 역할을 할 것이다. 조심스럽게 기대해 본다.

2. 퍼실리테이션 모형과 그 내용

여기에서는 퍼실리테이션의 전체상을 보다 쉽게 설명하기 위해 펜타곤(Pentagon) 모형을 활용한다. 우선 모형의 구조부터 이해를 하고 세부적인 내용들을 단계적으로 설명한다.

퍼실리테이션 펜타곤 모형은 퍼실리테이터가 지켜야 할 기본적인 철학과 태도를 기반으로 하며 퍼실리테이션 설계를 위한 기획 영역, 실전을 위한 기본 스킬 영역과 핵심 스킬 영역으로 구조화되어 있다. [그림 3-1]에서는 모형을 구성하고 있는 가장 바깥쪽에 기본스킬을 위치시키고 있으며 중심에는 퍼실리테이션 진행단계와 프로세스별로 필요한 기법 즉, 핵심스킬을 5단계로 구분하고 있다. 한편, 기본스킬과 핵심스킬 사이에는 퍼실리테이션 기획에 필요한 5개 구성요소를 설정하여 포지션화 함으로써 모형 전체를 형성하고 있다. 주의할 점은 기본스킬과 핵심스킬 그리고 기획의 구성 요소 각 영역이 독립적으로 전개되는 것이 아니라 상호 보완적인 관계로 연계되어 있다는 점이다.

[그림 3-1] 퍼실리테이션 펜타곤(Pentagon) 모형

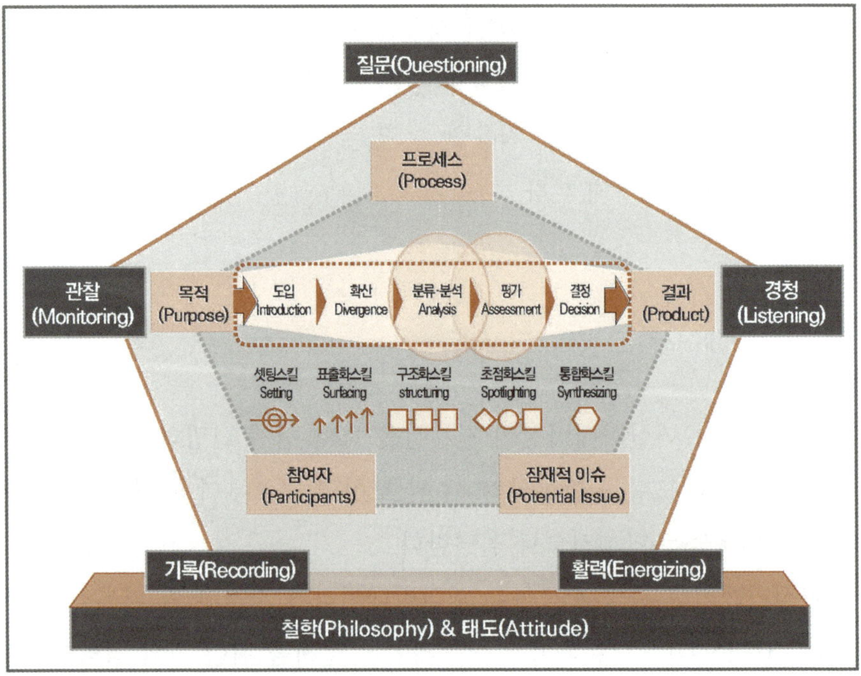

❙ 기획 영역(Planning)

퍼실리테이션을 훌륭하게 성공적으로 진행하기 위해서는 처음 기획 단계부터 제대로 설계해야 한다. 이는 기술과 기법만을 가지고 퍼실리테이션을 성공적으로 실행할 수는 없기 때문이다. 그렇다면 실제 워크숍을 진행하기 위한 기획 단계에서 무엇을 어떻게 해야 하는가? 이는 워크숍과 관련된 다양한 여건 등을 고려하여 최적의 산출물을 만들어 내기 위한 종합적인 전략이라고 볼 수 있다. 달리 말하면 퍼실리테이션의 추진 목적을 명확하게 하는 일에서부터 이를 효과적으로 달성하기 위한 제반 수단적 요소들을 발굴하고 이들을 체계적으로 연계시켜야 한다. 이에 수반되는 요소들을 구체적으로 살펴보면 워크숍의 필요성과 배경을 명확히 하기 위한 목적(Purpose) 요소, 주제 관련 참여자(Participants) 요소, 최적의 진행 프로세스(Process) 요소, 결과물(Product) 요소, 그리고 예상되는 잠재적 이슈(Potential Issue) 요소들이라고 할 수 있다. 위의 퍼실리테이션 모델에서 보면 중간에 해당하는 영역으로 일반적으로 "퍼실리테이션 기획의 5P"라고 부르기도 한다.

❙ 기본 스킬 영역(Basic Skill)

퍼실리테이션의 워크숍에서는 반드시 토론을 진행하는 중립적인 전문 퍼실리테이터가 필요하다. 이때 퍼실리테이터는 다양한 기술과 기법을 응용할 수 있는 역량이 요구되는데 그 중 첫 번째가 다름 아닌 기본 스킬이다. 이를 구체적으로 설명하면 질문하기(Questioning), 경청하기(Listening), 활력유지하기(Energizing), 기록하기(Recording), 관찰하기(Monitoring) 기술의 5가지로 요약할 수 있다. 이는 퍼실리테이션을 진행하는 처음부터 끝까지 지속적으로 활용해야 하는 기술로 평소의 학습과 실습을 통해 부단히 노력하고 연마해야 하는 부분이다. 다만, 여기에서 주의해야 할 점은 모형에서 언급한 5가지 외에 다른 요소들이 필요없다는 의미는 아니다. 발표하기, 내용 설명하기 등 더 많은 요소들이 필요하지만 5가지는 적어도 퍼실리테이션을 위해 중요하게 다루어야 할 핵심적인 요소라고 이해하는 편이 옳다.

핵심 스킬 영역(Core Skill)

퍼실리테이션 기획의 구성 요소가 제대로 갖추어지면 토론을 체계적으로 진행하기 위한 프로세스를 작동시킬 수 있다. 워크숍 진행의 프로세스는 일단 도입단계(Introduction)를 시작으로 아이디어를 수집하기 위한 확산(Divergence)단계, 도출된 아이디어를 그룹핑하고 내용적 수준을 향상시키기 위한 분류·분석(Classification·Analysis)단계, 각 그룹별로 우선순위를 정하기 위한 평가(Assessment)단계, 그리고 마지막으로 평가결과를 근거로 합의에 의한 결론을 도출하는 결정(Decision)단계로 세분화 된다. 각 단계별로 요구되는 최적의 산출물을 효율적으로 만들어 내기 위해서는 그에 적합한 기법이 필요하다. 그 단계별 기법들을 적절하게 활용하는 스킬을 핵심스킬이라고 명명한다. 그림에서 보면 가장 가운데 있는 도입, 확산, 분류·분석, 평가, 결정으로 이루어지는 영역 전체가 이에 해당된다.

철학과 태도 영역(Philosophy & Attitude)

모형의 맨 하단에는 퍼실리테이터가 지녀야 할 행동의 원칙과 기준으로 철학과 태도를 표현하고 있다. 이는 퍼실리테이터가 인간 존중의 철학을 기초로 퍼실리테이션 전 과정에서 지켜야 할 신뢰와 중립성에 관한 부분이다. 이는 다른 말로 표현하면 토의에 참여하고 있는 구성원들에 대한 인격적인 대우와 상호 간의 믿음을 중시하며, 진행 과정에서는 중립적 위치에서 활동해야 함을 나타낸다. 철학과 태도의 영역은 일견 겉으로 잘 드러나지는 않지만 퍼실리테이션의 전체 과정에 많은 영향을 끼칠 수 있다. 따라서 퍼실리테이터가 되고자 하는 자는 무엇보다 먼저 퍼실리테이션을 수행하기에 앞서 퍼실리테이터로서 바람직한 철학과 태도가 무엇인가에 대한 이해가 선행되어야 한다.

3. 퍼실리테이션의 적용

그룹 토의는 모형에 따른 단계별 절차를 잘 준수하는 것만으로도 매우 효과적인 결과를 도출 할 수 있다. 그런데 워크숍의 구성 요소가 동일한 수준이라 하더라도 기본 스킬과 핵심 스킬을 적용한 프로세스의 각 단계를 얼마나 충실하게 잘 진행하는가에 따라 산출물의 품질은 많은 차이가 발생한다. 물론 그와 같은 차이에는 단계별로 활용하는 도구와 기법들의 수준도 영향을 미치는 것은 당연하다. 따라서 퍼실리테이터는 기본 스킬의 응용 수준은 물론 각 단계별로 어떤 도구와 기법들을 어느 정도의 수준에서 활용할 것인가에 대해 충분한 고민이 있어야 한다. 퍼실리테이터는 집단 구성원들이 상호작용하는 모습을 관찰하고, 그들의 대화를 경청하며, 상호 소통을 통해 그들 스스로 최고의 해결책을 찾을 수 있도록 촉진해야 한다. 다만, 그와 같은 촉진이 성공적으로 이뤄지기 위해서는 퍼실리테이션을 적용함에 있어 앞에서 언급한 다양한 고려요소들을 사전에 점검해야 한다. 완벽한 사전 점검은 그만큼 시행착오를 감소시킬 수 있기 때문이다. 다음으로 보다 원활한 진행이 될 수 있는 최적의 방법과 핵심적인 노하우를 적용하는 일이다. 이 때 퍼실리테이터의 역할을 보다 체계화하고 그 활동들이 현장에 쉽게 접목되어 성과를 창출할 수 있도록 하기 위해 검증된 퍼실리테이션 모형과 방법론이 필요하다. 이를 얼마나 잘 활용하고 응용하는가는 개인의 역량에 따라 당연히 달라질 수밖에 없다.

제3절

퍼실리테이션의 5대 기본 스킬

(질문, 경청, 활력, 기록, 관찰)

퍼실리테이션 모형에서 기본 스킬은 5가지로 구성된다. 질문 스킬, 경청 스킬, 활력유지 스킬, 기록 스킬 그리고 모니터링 스킬로 요약될 수 있다. 그렇다면 왜 5가지 요소를 기본 스킬이라고 하는가? 이 스킬들은 퍼실리테이션 전 과정의 어느 단계에서나 필요하고 토론을 진행하는데 있어 기본이 되기 때문이다. 퍼실리테이션에서는 과제의 해결을 위해 다양한 많은 아이디어와 정보들을 필요로 하며 일정한 논리적 체계와 접근방법을 통해 확산과 수렴하는 과정이 반복된다. 이와 같은 일련의 과정을 매끄럽게 그리고 효율적으로 진행하기 위해 몇 가지 기본적인 기술이 요구되는 것은 당연하다.

1. 질문 스킬(Questioning Skill)

우리의 일상생활은 소통과 불가분의 관계에 있다. 그러므로 인간적인 삶을 영위하기 위해서는 소통을 잘하는 것이 매우 중요하다. 그 소통과 대화의 중심에 경청과 질문이 있다고 해도 과언이 아니다. 그렇다면 우선 소통에 있어 질문은 어떤 역할을 하며 그 특성은 무엇인가, 그리고 질문에는 어떤 종류가 있으며 어떻게 질문을 하는 것이 효과적인가를 체계적으로 학습할 필요가 있다.

▎질문의 가치와 중요성

일반적으로 소통을 말하면 먼저 경청의 중요성을 얘기한다. 물론 틀린 말은 아니다. 그러나 경청만을 가지고 원만한 토의가 가능할까? 더군다나 경청을 하려 해도 말하는 사람이 없다면 어떻게 해야 할까? 난처한 상황이 전개될 것은 불을 보듯 뻔하다. 그때 절실하게 필요한 것이 질문이다. 그렇다면 성공적인 토의를 위해 퍼실리테이터는 어떤 질문을 해야 하는가? 과연 가치 있는 질문을 어떻게 만들 수 있는가? 퍼실리테이션을 통한 문제해결이나 의사결정을 촉진하는 활동에서 질문은 없어서는 안 될 핵심 요소라 할 수 있다. 어떤 경우이든 대화를 통한 문제해결이라는 목적달성을 위해서라면 두 가지가 요구된다. 첫째는 적절한 질문을 통한 의견 개진이 필수적으로 수반되어야 한다. 이는 질문을 통해 목적 지향적으로 토론을 이끌어야 하기 때문이다. 질문은 소통을 통해 얻고자 하는 바를 이끌어 내는데 특효약이라 할 수 있다. 두 번째는 품질 수준이 높은 질문을 해야 한다. 이는 질문의 품질이 곧 대답의 질에 절대적인 영향을 미치기 때문이다. 프랑스 사상가 볼테르는 "한 인간의 수준은 대답이 아니라 질문으로 파악할 수 있다."라고 까지 하면서 질문의 중요성을 높이 평가했다. 훌륭한 소통과 품질 좋은 답을 이끌어 내기 위해서는 수준 높은 질문을 만드는 능력이 필요하다. 하나의 예를 들어 보자. 상대방에게 자신의 소개를 부탁하는 질문의 경우이다.

"A형 : 선생님에 대해 간단하게 소개해줄 수 있습니까?"
"B형 : 선생님을 제가 평생 기억하고 싶습니다. 평생 잘 기억할 수 있도록 소개 해 줄 수 있습니까?"

위의 두 가지 유형의 질문에 대답은 어떻게 예상되는가? 정상적인 경우라면 각 유형에 대한 답은 당연히 다르게 나올 수밖에 없다. 일반적으로 B형 질문에 대한 대답이 A형에 비해 보다 상세하고 길어지게 된다. 일상생활에서도 질문의 형태와 방식에 따라 대화의 수준과 내용이 달라진다. 시험이 끝난 날 저녁 아빠가 아들과 나눈 대화를 생각해 보자. 시험점수에 스트레스를 받고 있는 아들에게 "어제 늦게까지 열심히 공부하던데 문제가 예상과 좀 다르게 출제되었어?"라고 질문하는 것과 "평소에 공부 안 하다가 어제 벼락치기로 밤샘하던데 점수 잘 나왔어?" 라고 물어본 것에 대한 아들의 반응은 당연히 다를 것이다. 커뮤니케이션에서 질문기술이 중요한 이유는 질문의 유형과 방식에 따라 상대방으로부터 되돌아오는 대답이 매우 달라진다는 것이다. 질문은 때로 단어의 배치만 바꿔도 대답의 내용이 다를 수 있다. 예를 들어 보자. 제자 학생이 신부님한테 여쭤보기를,

"A형 : 신부님! 기도하면서 담배를 피워도 될까요?"
"B형 : 신부님! 담배를 피우면서 기도를 해도 될까요?"

얼핏 보기에는 두 가지 질문에 대답이 같을 것처럼 보이지만 그렇지 않다. 오히려 정반대의 경우가 대부분이다. A형의 질문에는 부정의 답변이 되돌아오는 반면 B형의 질문에는 긍정의 답변이 되돌아오곤 한다. 이처럼 질문의 미묘한 차이가 커다란 차이를 만들 수도 있다.

질문의 역할

그렇다면 질문은 어떤 역할을 하는가? 질문은 상대방의 생각을 끄집어내기도 하지만 내 의견이 옳은지 확인하는 역할도 한다. 또한 상대의 동의 혹은 대답을 구하는가 하면 상대의 의견을 묻는 역할을 수행하기도 한다. 질문이 가지는 구체적인 힘은 어떤 것일까? 질문을 하게 되면 상대는 어떤 형태로든 자극을 받고 그에 따른 반응을 하게 된다. 다시 말하면, 질문은 그것을 받는 사람으로 하여금 긍정적이든 부정적이든 여러 가지 반응을 이끌어 내는 촉매제 역할을 한다. 반응의 형태로는

- 질문과 관련된 해답이나 정보를 찾으려고 노력한다.
- 주어진 질문의 범위 안에서 사고에 제한을 받는다.
- 질문에 따라 스스로 마음을 열고 대화할 수도 있다.
- 자상한 설명형 질문에 스스로 설득이 된다.
- 문답형 질문을 받고 생각하는 관점이 변화된다.
- 질문을 받으면 전체적인 분위기가 통제 혹은 집중된다.

등이 있다.

질문은 스스로 두뇌 활동을 촉진시킨다. 질문을 통한 이와 같은 참여자들의 변화는 결국 많은 아이디어를 생성시키고 목표로 하는 문제해결

의 열쇠가 된다. 퍼실리테이터가 왜 다양한 질문 스킬을 학습해야 하는지 그 이유가 여기에 있다. 주어진 시간 내에 과제해결을 위한 많은 아이디어와 의견들을 확보하고 적시에 참여자들의 생각하는 관점을 바꿔주는 질문이야말로 그룹을 몰입으로 이끄는 핵심적인 도구가 되기 때문이다.

질문을 통해 얻을 수 있는 이점

우선, 질문은 사고의 확장을 도와준다. 하나의 예를 들어보자. 야외 활동을 하러 가는 날 아침 엄마가 어린아이에게 사용하는 일상 대화의 한 부분이다. 엄마가 아이에게 "도시락과 간식 챙겼니?"라고 묻는 것과 "야외 활동에 필요한 것 뭐 빠진 것 없니?"라고 묻는 두 가지 유형의 질문을 보자. 두 가지 질문이 사소한 것처럼 보일지 모르지만, 어린이에게는 생각하는 방식에 있어 큰 차이를 만들어 낸다. 전자가 "응." "아니."로 쉽게 대답하면 되는 것에 반해 후자는 어린이로 하여금 대답하는 데 있어 다양한 고민과 생각을 하도록 하므로 후자가 어린이에게 생각하는 습관과 사고를 확장시키는 효과가 있다. 따라서 다양한 아이디어를 확보해야 하는 경우라면 후자인 개방형의 질문이 유리하게 된다. 질문이란 어떤 형태로든 묻는 것에 대해 상대로 하여금 생각하고 그 상황에 참여하도록 하는 좋은 수단임에는 틀림이 없다. 그렇다면 좋은 질문이란 어떤 것인가? 상황에 맞는 질문이어야 하며 목적 지향적이어야 한다. 초점이 없거나 방향성이 없는 질문은 오히려 듣는 사람으로 하여금 혼란스럽고 짜증나게 하기도 하며 부담감으로 작용하여 효과를 반감시키기도 한다. 그러나 일반적으로 적절한 질문은 다양한 정보와 새로운 지식의 획득을 통해 질문자의 욕구가 충족되고 해소될 수 있다. 질문을 통해 얻을 수 있는 이점들을 살펴보자.

- 정확한 질문을 통해 필요한 정보를 상대방으로부터 적시에 얻을 수 있다.
- 상대방의 말을 경청하는 과정에서 제기된 적절한 질문은 상대방의 말을 열심히 듣고 있다는 증거가 된다.
- 입체적인 질문은 상대방과 더 많은 그리고 더 장시간 동안 소통을 가능하게 하며 친밀감을 느끼게 한다.
- 의미 있는 질문은 일방적인 생각으로 형성될 수 있는 오해의 발생을 막아준다.
- 반복된 질문은 스스로 질문 요령을 터득하게 할 뿐만 아니라 상대방의 수준에 맞는 질문을 만들어가는 능력을 향상시킨다.

질문의 다양한 유형

① 개방형 질문과 폐쇄형 질문

질문의 방법에는 다양한 종류가 있는데 가장 많이 분류하는 방법으로 개방형 질문과 폐쇄형 질문이 있다. 개방형 질문은 폐쇄형과는 달리 "5W1H"의 "언제, 어디서, 무엇을, 누가, 어떻게, 왜"를 구성 요소로 하여 묻는 질문이다. 개방형의 질문은 많은 아이디어나 다른 생각들을 유도하고 이끌어 가는데 필요한 질문방식으로 "예", "아니오."처럼 단답형으로 대답할 수 없는 질문을 말한다. 구성원들 간의 충분한 대화와 의견 개진이 필요할수록 보다 폭넓은 사고를 할 수 있는 개방형 질문이 더욱 위력적이고 유효하다.

[그림 3-2] 개방형 질문의 구성 요소

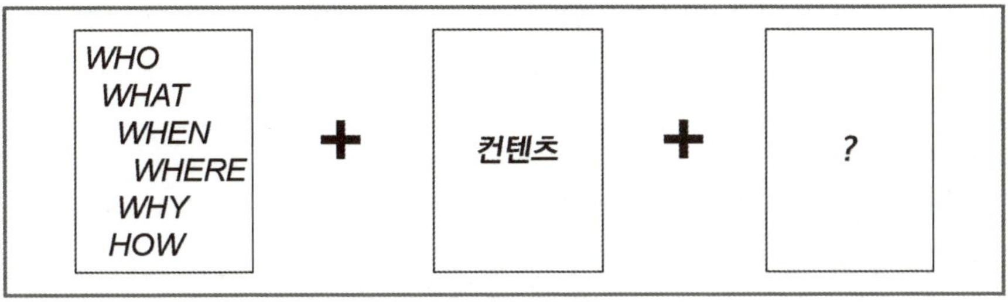

폐쇄형 질문은 광범위한 화제를 좁혀서 논의를 할 수 있게 도와주고, 애매한 발언의 핵심을 찾아낼 때 주로 사용한다. 대답을 한정시키고 질문을 거듭하면서 목표점을 향해 나아갈 수 있도록 수렴하는 방법으로 상대방으로 하여금 “예” 혹은 “아니오.”로 대답 할 수 있게 하는 질문이다. 이는 질문자가 주도권을 쥐고 대답을 컨트롤 할 수 있으나 많이 사용하면 상대방에게 불쾌감을 줄 수 있어 주의를 요한다. 일상생활에서는 개방형 질문이나 폐쇄형 질문 중에서 어느 한쪽 유형만을 계속 사용하게 되면 대화가 어려워질 수 있다. 따라서 화제가 너무 좁혀 졌을 때는 개방형 질문으로 화제의 범위를 넓히고 반대로 너무 넓어진 경우는 폐쇄형 질문으로 화제를 좁혀가면서 두 가지 유형의 질문을 균형 있게 사용하는 것도 하나의 대화 요령이다. 퍼실리테이터는 질문을 통해 구성원들 간의 상호작용을 적절히 조절하고 팀원들의 자발적인 역량을 이끌어내야 한다. 토의의 진행 상황에 맞게 적절한 질문을 얼마나 잘할 수 있는가의 여부는 퍼실리테이터의 핵심 능력이라 할 수 있다.

다음의 예를 보자. 저녁 식사 시간에 엄마가 어린아이에게 “손 씻었니?”, “숙제는 다 했어?”, “지금 식사할래?”, “오늘 선생님 말씀 잘 들었어?” 등의 질문을 한다면 어떤 느낌이 드는가? 질문의 방법에 대해 조금

이라도 관심이 있다면 금방 질문의 특성을 파악할 수 있을 것이다. 아이의 입장에서 보면 이것저것 생각할 것 없이 고개의 움직임만을 가지고 혹은 "예", "아니오." 둘 중 하나로 표현하기만 하면 되므로 폐쇄형 질문에 해당된다.

그렇다면 개방형 질문은 어떤 방식인가? 위의 예를 변형해 보자. "내일 숙제는 어떻게 되었어?", "오늘 학교생활은 어떠했니?" 등의 질문은 앞의 것과 다른 유형의 질문 방법이라는 것을 쉽게 알 수 있을 것이다. "예", "아니오."로 대답할 수 없는 질문이기 때문이다. 새로운 아이디어를 많이 도출해야 하는 상황에서의 퍼실리테이션에서는 이런 유형의 질문이 효과적이다.

② 직접형 질문과 간접형 질문

직접질문은 말하고 싶은 사항에 대해 직선적으로 물어보는 것으로 명확하다는 장점이 있으나, 상황에 따라서는 상대방에게 대답을 강요하거나 추궁하는 느낌을 줄 수도 있다.

예를 들면 "나이가 몇 살입니까?", "무엇을 원하십니까?"와 같은 형태이다. 한편, 간접형 질문은 넌지시 물어보는 것으로 예를 들면 "~가 궁금합니다.", "그것에 대해 알고 싶은데 말해 줄 수 있겠어요?", "그것에 대해 물어봐도 될까요?"와 같은 유형의 질문이다. 따라서 비교적 질문의 강도가 약하며 부담을 느끼지 않고 대답할 수 있는 장점을 가지고 있다.

③ 확산형 질문과 수렴형 질문

확산형과 수렴형 질문은 연속적, 반복적인 질문을 할 때 사용된다. 확산형은 질문의 강도나 내용이 점차 확대되어 가는 유형이며 수렴형은 그 반대로 질문을 반복하지만, 그 강도나 내용이 점차 축소되어 하나의 초점으로 귀결되어 가는 유형의 질문 방법이다. 이 유형의 질문도 요령 있게 접근하는 것이 중요하다. 자칫 결론을 정해놓고 유도해가는 모습으로 비칠 경우 상대방으로 하여금 오해를 불러일으킬 수 있기 때문이다. 두 개 유형의 질문이 효과를 거두기 위해서는 추구하는 목적이나 용도에 따라 다른 방법과 병행하여 적절하게 사용하는 것이 좋다. 확산형 질문의 예를 들면 다음과 같다.

"당신은 그것을 왜 하려고 합니까?"

"그것을 통해 가정에 좋아진 것은 뭔가요?"

"그것이 지역 사회에는 어떤 영향을 미칠까요?"

"결과적으로 국가와 인류에 기여하는 것은 뭘까요?"

④ 비교형 질문과 평가형 질문

이 분류는 질문의 내용을 중심으로 구분한 경우이다. 비교형 질문은 복수의 대상을 검토하거나 우위를 가르는 유형의 질문이라 할 수 있다.

예를 들면 "이것과 저것의 다른 점은 무엇일까요?", "이들 중 어느 쪽이 더 나아 보입니까?"와 같은 유형이다. 평가형 질문도 크게 보면 같은 범주에 속한다고 할 수 있다. "이 중에서 가장 뛰어난 것은 어느 쪽입니까?", "이 정도면 몇 점정도 줄 수 있습니까?"와 같은 유형의 질문이다.

⑤ 그 외 유형의 질문

위에서 언급한 질문 외에도 질문의 성격을 기준으로 분류하는 긍정형 질문과 부정형 질문이 있으며 시간을 중심으로 물어보는 과거형, 현재형, 미래형 질문도 있다. 또한, 전제를 먼저 말하고 이에 대한 답을 유도

하는 조건부 질문도 있는데 "1억짜리 복권이 당첨된다면 어떻게 하시겠어요?"와 같은 경우이다. 일반적인 소통에서와 마찬가지로 퍼실리테이션에서도 어느 하나의 유형에 의존하여 반복형의 질문을 던지면 참여자들이 짜증을 내거나 불쾌감을 느낄 수 있으므로 상황에 맞게 여러 유형을 적절히 조합하면서 그룹 활동을 이끌어 가는 것이 좋다. 그 외에도 연속형 질문의 한 유형으로 ORID, 5W1H1V 질문법 등이 있다.

• ORID 질문법

ORID는 Objective, Reflective, Introspective, Decisional의 이니셜을 따서 붙인 이름으로 집중화된 대화 기법의 한 유형이며 연속적 수렴형의 질문법에 속한다. 따라서 ORID 기법은 퍼실리테이터가 추구하는 목적달성을 위해서 4개 단어에 해당하는 의미의 단계적인 질문을 계속하는 형태를 취한다. 최종적인 상대방의 의사결정을 촉진하는 것으로 단순하게 결정을 요구하는 것보다 인식하고 있는 대상으로부터 연계된 사고의 전개를 통해 보다 합리적인 결론을 유도하도록 하고 있다. 예를 들면 어떤 의사결정 사항에 있어 단도직입적으로 "그럼 어떻게 할 것인가?"를 묻는 것보다 단계적으로 당사자의 참여를 통해 대화를 이끌어가도록 하는 방법이다. 마주하고 있는 혹은 집중하고 있는 대상은 무엇이며 이것으로부터 느낀 점은 어떤 것인지, 그것으로부터 받은 시사점은 무엇이며 그렇다면 어떻게 할 것인지를 유도해 나아간다.

Objective : 객관적인 사실(문제)의 이해 (예, 무엇을 보았나요?)
Reflective : 마음으로 느끼는 감정 (예, 느낌이 어떠했어요?)
Introspective : 가치와 의미 있는 시사점 (예, 그것이 시사하는 점은 뭔가요?)
Decisional : 내려야 하는 의사결정 (예, 그래서 어떻게 할 건데요?)

• 5W1H1V 질문법

이는 Why, Who, What, When, Where, How, Volume에서 첫자를 따와 이름붙인 질문법이다. 이 질문법은 6하 원칙을 응용한 방법으로 어떤 사안에 대해 보다 구체적인 사항들을 파악하여 의사결정을 하고자 할 때 활용하는 기법이다. 이처럼 질문은 해결하고자 하는 목적에 따라 다양하게 설계하여 활용할 수 있다.

폐쇄형 질문을 많이 사용하는 이유

일반적으로 대부분의 사람들은 개방형 보다 폐쇄형의 질문을 많이 활용한다. 왜일까? 가장 큰 이유는 우리의 조급한 문화적 특성과 학교 교육방식에 있다고 생각한다. 다 아는 사실이지만 우리의 빨리 빨리 문화는 토론이나 대화에서도 그대로 드러난다. 상대로부터 빠른 대답을 기대하거나 자신의 생각대로 토의를 이끌어 가고자 하는 성향이 상대방으로 하여금 "예", "아니오."라는 대답의 틀 안에서만 생각하도록 만들기 때문이다. 교육시스템 역시 너무 오랫동안 폐쇄형 질문에 익숙하도록 운영되어 왔다. 주어진 보기에서 정답을 골라내는 교육 방식에 너무 오랫동안 노출되면서 자연스럽게 폐쇄형 질문에 익숙한 환경이 만들어졌다. 그 외에도 폐쇄형 질문을 자주 사용하는 이유는 많다. 예를 들면 다음과 같다.

- 대화를 위한 시간적 제약 때문에
- 상대방으로부터 내가 원하는 답만을 얻고 싶어서
- 폐쇄형 질문에 습관이 되어서
- 빠른 결론에 도달하고 싶어서
- 상대방의 고민을 덜어주고 싶어서

그렇다고 폐쇄형의 질문이 무조건 나쁘다고 말 할 수는 없다. 다만 개방적 사고와 많은 아이디어를 필요로 하는 토의나 대화에서는 바람직하지 않다는 것이다.

상황에 맞는 효과적인 질문 대응법

다양한 상황에서 어떻게 하면 보다 토의의 분위기를 활기차게 하면서 아이디어를 이끌어 낼 수 있는가? 이는 모든 퍼실리테이터의 고민거리라 할 수 있다. 다음의 예는 그와 같은 상황 발생 시 효과적으로 대응할 수 있는 질문의 팁이 될 수 있다.

① 그룹의 참여자들이 혼란스러워하거나 뭔가 정리가 제대로 안되고 있다고 판단될 경우 : 지금의 활동을 왜 하고 있는지? 그리고 무엇을 위해 여기에 참석하고 있는지 물어본다. 상위의 목적에서부터 아래로 내려오면 본질적인 하부의 수단을 쉽게 찾을 수 있기 때문이다.

② 특정 문제해결을 위한 혁신적인 대안이 필요한데 수준 낮은 평범한 아이디어들만 나열하고 더 이상 토의가 진행되지 않고 있을 경우 : 현재의 대안이 세상에서 최고의 해결책인지 혹은 인간으로서의 할 수 있는 한계인지 물어 본다. 그렇다면 대답은 얼마든지 달라질 수 있고 현재의 상황을 뛰어넘는 창의적인 아이디어들이 나올 수 있기 때문이다.

③ 특정 과제나 이슈를 해결하기 위한 실제적인 해결 방안 없이 형식과 절차만 갖추면서 적당하게 토론이 진행되는 경우 : 도출된 이 정

도의 아이디어나 해결 방안들로 특정과제나 이슈가 충분히 해결될 수 있는지 물어본다. 아이디어들이 모두 적용되어도 과제나 이슈의 해결이 불가능하다면 아직도 필요한 아이디어나 핵심적인 해결방안 도출이 부족하다는 증거가 되기 때문이다.

④ 참여자들로 하여금 주어진 시간 내에 특정 이슈에 대한 마무리를 하고자 하는 경우 : 목표를 향해 나아가고자 하는 방향으로 꼬리를 이어가면서 계속 질문을 던진다. 질문을 거듭할수록 희미했던 부분들이 좀 더 명확해질 것이기 때문이다. 이때 주의할 점은 수렴 혹은 확산의 어느 한 방향으로 일관성을 유지하는 일이다. 예를 들어 문제의 핵심 원인을 찾고자 하는 경우 계속해서 "왜"라고 물어라. 5회 이상 "왜"라고 물으면 찾고자 하는 최종적인 원인이 무엇인지 스스로 알게 된다. 또 하나 간과하지 말아야 할 점은 그 원인을 내부에서 찾는 노력이 필요하다. 그렇지 않으면 해결 불가능한 대안들만을 만들어 내기 때문이다.

⑤ 참여자들이 발상의 전환을 통해 창의적인 아이디어를 만들어야 하는 경우 : 관점을 바꿀 수 있는 엉뚱한 질문을 하거나 위기감을 조성하는 질문을 하라. 사고의 전환이 쉬워지고 생각하는 관점이 바뀌기 때문이다. 예를 들면 "회사가 보다 성장하기 위해 우리들은 어떻게 해야 하는가?" 라는 질문 대신에 "회사가 빨리 망하려면 어떻게 하면 되는가?"라고 물어서 좀 더 혁신적인 발상을 유도하는 경우가 이에 해당한다.

이와 같은 상황 대응력 외에 시의적절하게 질문하는 기술도 매우 중요하다. 질문의 효과를 높이는 방법 중에는 언제 질문을 해야 하는가도 중요한 포인트가 된다. 질문의 시점을 잘못 선택하면 논리적 연계성이 저하되는 것은 물론이고 참여자들이 혼란스러워질 수도 있기 때문이다. 이와 같은 타이밍을 잘 포착하는 기술 역시 퍼실리테이터의 커뮤니케이션 역량임을 인식해야 한다.

2. 경청 스킬(Listening Skill)

'경청(傾聽)'의 사전적인 의미는 '귀를 기울여 듣는 것'을 의미한다. 구체적으로는 다른 사람의 말을 주의 깊게 듣고 그들의 비언어적 행동을 관찰하며, 그들 스스로 말하고 싶은 것을 충분히 표현할 수 있도록 격려하면서 그들의 전달내용을 공감하는 과정을 말한다. 우리는 일상에서 말을 잘 하는 것도 중요하지만 제대로 듣는 것이 더욱 중요함을 느낀 경험들이 있을 것이다. 흔히 일상에서 '말귀 좀 알아들어라'라는 말은 실질적인 경청을 잘 하라는 뜻의 다른 표현이라 할 수 있다. 이를 풀어서 해석해보면 소리는 들었지만 그 뜻을 이해하지 못하거나 또는 소리를 듣고 이해했다고 하더라도 말하는 사람의 뜻을 공감하지 못한 경우에 사용하는 말이다. 경청은 크게 두 가지로 나누어 수동적 경청(Passive Listening)과 능동적 경청(Active Listening)으로 나눌 수 있다. 수동적 경청은 상대의 말을 가로막지는 않지만, 공감도 주의 집중도 없이 그저 상대가 말하도록 놓아두는 경청이다. 능동적 경청은 말하는 사람에게 주의를 집중하고, 공감해주는 경청이다. 적극적이고 공감하는 경청을 하면 말하는 사람은 자신이 존중받고 있다는 느낌 때문에 신이 나고 더 많은 의견을 개진하게 된다. 유능한 퍼실리테이터는 이런 세심한 과정을 통해 그룹의 참여와 몰입을 창출해 나아간다. 결론적으로 경청 능력은 귀를 열고 다른 사람의 말을 주의 깊게 들으며 이해하고 공감하는 능력이라고 할 수 있다.

경청은 왜 중요한가?

소통은 말하기와 듣기로 이루어지므로 한 사람이 말하면 다른 사람들은 듣는 쪽이다. 즉, 대화의 절반이 듣기에 해당되므로 소통에서 경청은 아주 중요한 부분을 차지하고 있다. 상대방의 말을 잘못 알아듣거나 이해하지 못한 경우 또는 말의 진의를 정확하게 파악하지 못하여 난처한 상황이 발생하는 경우 등 소통에는 다양한 변수들이 항상 존재한다. 경청에 따른 실수가 경미하다면 큰 문제가 안 되겠지만 그 결과가 다수에게 많은 피해를 초래한다면 어떻게 될까? 그와 같은 면에서 경청의 중요성은 아무리 강조해도 지나침이 없다. 한마디로 경청이 중요한 이유는 소통에 의한 의사결정의 왜곡이나 잘못된 결론 도출을 예방하기 위해서라고 할 수 있다. 퍼실리테이션 과정에서 상대방의 발언을 잘 경청하는 것은 발언자의 진의를 파악하는데 도움도 되지만 말하는 사람에게 많은 용기와 에너지를 줄 수 있으며 친밀감을 느끼게 하기도 한다. 경청을 통해 구체적으로 어떤 가치가 구현될 수 있는지 알아보자.

- 효과적인 경청은 그룹이 해결하고자 하는 과제와 관련된 필요한 정보와 시사점을 확보할 수 있게 해준다.
- 공감하는 경청은 발언자로 하여금 더 좋은 느낌과 관계를 갖도록 해주고 불안을 감소시켜 긍정적인 분위기 조성에 기여한다.

- 주의 깊은 경청은 발언자로 하여금 자신감을 갖게 할 뿐만 아니라 자신을 완전하게 표현할 수 있도록 동기 부여한다.
- 효과적인 경청은 발언자에게 그룹 활동의 시너지를 통한 가치를 고양시켜준다.
- 훌륭한 경청은 발언자의 고정관념을 긍정적으로 변화시키고 문제해결 능력을 향상시킨다.

경청이 어려운 이유는 무엇인가?

경청의 중요성에도 불구하고 왜 경청이 잘 되지 않을까? 굳이 생물학적 원인까지는 얘기하지 않더라도 여러 가지 이유가 있을 수 있다. 자신의 관심 분야가 아닐 수도 있고 여건상 상대방의 이야기에 집중을 못 할 수도 있다. 혹은 상대의 말을 잘 듣더라도 자기 관점에서 인식할 수도 있다. 경험에 의하면 많은 사람들은 자신이 듣고 싶어 하는 것 혹은 들리는 것만 듣는 경향이 있으며 자신이 선호하는 방향으로 대상이나 사물들을 지각하는 성향이 높다. 이는 한 선생님이 같은 장소와 시간에 동일한 내용의 강의를 했음에도 학생들에게 학습된 내용이나 인지된 수준이 다르고 시험 점수에도 많은 차이가 있는 것과도 유사하다고 할 수 있다. 물론 경청이 잘 안 되는 것은 위에서 언급한 이유 외에도 다양한 원인이 있을 수 있다. 말하는 사람의 전달 요령과 듣는 이의 태도 그리고 전반적인 환경이 경청에 영향을 미칠 수 있기 때문이다. 따라서 경청을 잘하기 위해서는 의지와 신념을 갖고 부단히 노력해야 한다.

❙ 어느 레벨로 경청을 해야 하는가?

경청에도 수준이 있다. 마음으로부터 상대방을 이해하려는 공감적 경청을 하려면 어떻게 해야 할까? 경청에는 항상 이 문제가 화두가 된다. 상대방의 말에 고개만 끄덕인다고 해서 경청이 아니기 때문이다. 영어에서도 Hearing과 Listening을 같은 단어로 번역하지만 본래 의미하는 뜻은 많은 차이가 있다. 특별히 귀를 기울이지 않고 그저 단어와 목소리를 듣는 것(Hearing)과 상대방이 하는 말의 의도와 내용을 음미하면서 듣는 것Listening은 질적으로 전혀 다른 것임을 인식할 필요가 있다. 스티븐 코비도 성공하는 사람들의 7가지 습관에서 경청의 5가지 수준을 말하고 있는데, 첫 번째는 발언자의 말을 무시하는 경우로 이는 실제로는 전혀 듣지 않은 것이며 두 번째는 간혹 맞장구를 치는 등 형식적으로 듣는 체 하는 경우, 세 번째는 선택적 청취로 대화 중 어떤 특정 부분만 듣는 경우를 말한다. 네 번째는 집중적인 경청으로 상대의 말에 주의를 기울이고 그 말에 총력을 집중하여 듣는 것 그리고 마지막 다섯 번째는 가장 고차원적인 공감적 경청으로 상대방을 이해하려는 의도를 가지고 경청하는 경우로 구분했다. 다음의 예를 보면서 경청의 의미를 더욱 구체화해 보자.

① 1단계는 상대방을 무시하고 듣는 경우라 할 수 있다.

사실상 듣고 있지 않다고 보는 편이 옳다. 예를 들면 자신이 말할 기회를 포착하기 위해 차례를 기다리거나 머릿속으로 다른 생각을 하면서 듣는 포즈만 취하는 경우라 할 수 있다.

② 2단계는 듣는 척 형식적인 모습만 취하고 있는 경우이다.

이는 상대방의 대화에 적극적으로 참여하고 있지는 않지만, 자신의 차례가 되면 상대방의 얘기와 관련하여 일정 부분 간단한 반응을 보이거나 대응을 하는 경우를 말한다.

③ 3단계는 선택적으로 듣는 경우라 할 수 있다.

이 역시 대화에 적극적이지는 않지만, 자신이 필요한 부분에 한정하여 관심을 보이거나 추가적인 얘기를 하는 경우라 할 수 있다. 발언자의 대화 중 일부와 연계하여 자신의 실력을 자랑하거나 원하지도 않는데 충고를 하는 경우가 이에 해당한다.

④ 4단계는 상대방에 집중하고 귀를 기울여 듣는 경우이다.

듣는 사람이 더 많은 정보를 얻으려고 오히려 발언자에게 질문을 하게 되는 경우도 이 단계에 해당된다. 여기서부터는 진정한 경청의 단계에 들어섰다고 할 수 있다.

⑤ 5단계는 공감하며 듣기로 상대방의 입장이 되어 듣는 경우에 해당한다.

말하는 사람이 표현하지 않고 있는 그것까지 직관력을 발휘하여 읽어내고 적절하게 대응해주는 경우이다. 누군가가 오늘 회식에 참석을 못한다고 했을 때, 혹시 그 사람이 집에 홀로 계신 노부모가 걱정되어 서둘러 귀가해야 하는 형편을 알고 미리 배려해 주는 경우가 이에 해당된다.

❙ 올바른 경청의 자세는 어떤 것인가?

경청은 말하는 사람의 말의 내용을 귀담아 들을 뿐 아니라 그 사람의 입장에서 이해하려는 자세로 집중하여 듣는 것을 말한다. 상대방이 말하는 요점을 정확히 파악해야만 정확한 대답을 줄 수 있듯이 경청을 하지 않으면 발언을 할 때에도 토의하고자 하는 주제를 벗어날 수 있다. 많은 사람들의 대부분은 남의 이야기를 열심히 들어준다고 착각하지만, 대개의 경우 상대방의 이야기를 제대로 그리고 끝까지 듣기 전에 자신의 기준으로 상대의 말을 판단해 버리는 잘못을 범하곤 한다. 듣는 사람이 섣부른 판단을 하는 순간 이미 더 이상의 진정한 소통은 불가능해지며 끝내 말하는 사람의 속내를 알지 못한 채 오류를 범할 가능성이 높아진다. 다음은 올바른 경청을 위한 자세에 관한 팁으로 평소에 이를 활용하면 좋을 것이다.

① 상대의 입장에서 말하는 의도를 파악하라.

상대방의 말 자체의 내용도 중요하지만 왜 그런 얘기를 하는지 숨어있는 내용 파악에 노력한다.

② 상대방에게 적극적으로 질문하라.

상대방이 말하는 이야기의 핵심을 모르면 경청은 의미가 없다. 상대방 말의 요점 파악이 어려우면 질문을 통해 이해를 하는 것이 올바른 경청의 자세이다.

③ 상대방에 대한 모든 고정관념을 버려라.

말하는 사람에 대한 편견이 있으면 올바른 경청에 방해가 된다. 객관적이고 열린 마음을 가져야 상대방의 말이 제대로 들리기 시작한다.

④ 상대방의 말을 중간에서 끊지 마라.

대화 중간에 말을 자르는 것은 최악의 대화 방식이며 인간적인 모멸감을 주기도 한다. 상대의 말이 끝나기를 기다려주는 배려도 중요하다.

⑤ 스스로 인내심을 가져라.

상대방의 이야기가 지루하고 흥미가 떨어지더라도 공감하려고 노력해야 한다. 상대방의 말에 성급한 결론을 내기 보다는 신중하게 잘 들어주고 비판적, 충고적 태도를 버리는 것이 수준 높은 경청의 자세이다.

⑥ 의미 전체를 이해하라.

말하는 상대방은 언어 구사력이나 표현력에서 완벽하지 않은 경우가 많다. 따라서 사용하는 단어나 단편적인 문장에 초점을 맞추기 보다는 말하는 사람이 주장하고자 하는 전체의 맥락을 이해하려고 노력한다.

⑦ 상대방의 말에 적극적으로 반응하라.

리액션도 중요하다. 고개를 자주 끄덕여 주거나 맞장구를 쳐주는 일, 박수를 치거나 환호를 하는 것 등 긍정적인 분위기 연출에 노력한다. 특히, 상대방의 말에 추임새는 매우 중요하다. '맞아요!' '그래서요?' '과연 어떻게 했어요?' 등 상대방이 한 말을 반복해주면서 경청하는 것이 효과적인 경우가 많다.

훌륭한 경청의 효과는 무엇인가?

사람들에게 말을 잘하여 자신감이나 당당함을 갖는 것은 일상에서도 중요하다. 그러나 이것도 경청이 전제되었을 때 가능한 경우가 많다. 기본적으로 상대방의 말을 잘 듣고 이해하는 연습이 부족하면 자신이 무엇을 말해야 할지에 대해서도 판단이 어려워 난감해하거나 버벅거리는 경우가 발생한다. 그것이 계속 쌓이면 소심증이 생기고 결국 발표 불안이나 무대 공포증으로까지 연결된다. 상대방의 말을 잘 경청하는 연습을 반복하면 다음과 같은 효과가 있다.

- 상대방이 나에게 무엇을 말하는지 그 의도를 빠른 시간 내에 정확하게 파악할 수 있다.
- 그 스토리에 따라서 자신이 무엇을 말해야 할지 적절한 키워드와 내용을 설계할 수 있다.
- 내가 경청하고 있다는 생각을 상대방에게 인식시킴으로써 나에게 몰입을 하게 한다.
- 말을 자주 듣다보면 자연스럽게 말 잘하는 법을 이해하게 되어 경청능력이 높아진다.
- 상대방을 통해서 다양한 지식과 정보를 배움으로써 간접학습의 효과를 경험한다.

3. 활력 스킬(Energizing Skill)

어떤 그룹 활동이든 다양한 의견 개진이나 많은 아이디어를 도출하려면 팀의 에너지가 충만한 상태에서 일정 수준 이상의 활성화가 필요하다. 그룹 활동에서 활력의 유지와 활성화는 토의의 목적 달성을 위한 결과물의 품질을 결정하는 데 있어서도 중요한 요소라 할 수 있다. 이는 그룹 활동이 활성화 될 때와 그렇지 못할 때 도출되는 아이디어의 양과 질을 보아도 얼마든지 확인이 가능하다. 활력의 관리는 두 가지 경우로 설명할 수 있다. 활동의 시작 단계에서 짧은 시간 내에 에너지를 일정 수준까지 끌어 올리는 것과 진행 과정 동안 그것을 감소시키지 않고 최소한의 수준을 유지시키는 일이다. 전체적인 활력이 감소된 상태에서는 활발한 토의나 의견 개진이 불가능하기 때문이다. 따라서 퍼실리테이터에게는 팀이나 그룹의 에너지가 방전되지 않고 자생적으로 충전될 수 있도록 분위기를 이끌어 가는 능력이 요구된다.

그룹 활동에 활력 유지는 약방의 감초

그룹 활동이 제대로 이뤄지기 위해서 활력 유지가 매우 중요함은 이미 언급한 바 있다. 특히, 많은 토론 과정이 필요한 워크숍인 경우 더더욱 그렇다 할 수 있다. 장시간이 소요되거나 복잡한 토론일수록 집단의 활력이 소진되면 몰입도가 떨어지면서 구성원들 간에 과정을 대충대충 넘기려는 심리적 현상이 발생되기 때문이다. 그와 같은 상황에서 슬럼프를 극복하지 못하면 실질적인 성과를 기대하기 어렵게 된다. 활력을 유지하고 향상시키는 방법을 다른 말로 기운 북돋우기 즉, 에너자이징

(Energizing)이라고도 한다. 이는 팀원들이 활기찬 분위기에서 토의에 몰입할 수 있도록 돕는 모든 활동을 포괄적으로 일컫는 말이다. 토의나 워크숍에서 추진 목적이나 배경, 그리고 가치를 잘 설명하고 이해시키는 것도 에너지를 활성화시키고 유지시키는데 꼭 필요한 사항이다. 어떤 상황에서나 에너지가 충족되고 구성원들 간에 긍정적인 기운이 넘치게 되면 생각한 것 이상으로 빠르고 쉽게 목적과 목표를 달성할 수 있다. 어려운 수단과 방법을 사용하지 않더라도 그룹의 에너지를 이끌어 내고 이를 잘 활용할 수만 있다면 그룹 활동은 그렇게 어렵지 않을 수 있다.

효과적인 활력 유지 방법은 무엇인가?

그룹의 활력을 북돋우기 위해서는 지속적으로 에너지를 충전시키는 작업이 필요하다. 그렇다면 어떤 방법들을 활용할 수 있는가? 그 많은 방법 중 어떤 것들이 보다 유효할 것인가? 어느 시점에 그것들을 사용해야 하는가? 그리고 특정 방법을 사용함에 있어 주의해야 할 점은 무엇인가? 등에 대해 퍼실리테이터는 고민해야 한다. 일반적으로 팀 활동의 초기에는 전체적인 워크숍의 개요를 일괄적으로 설명하면서 주제에 따른 가치와 의미를 부여하거나 비전을 통해 동기를 적절하게 제공하는 방식이 유효하다. 이어지는 본 그룹 활동의 도입 과정에서는 충분한 아이스 브레이킹(Ice Breaking)을 실시하는 것이 좋다. 토의의 진행 과정 중에는 상황에 맞는 스팟(Spot)을 활용하여 흥미를 유발하고 참여를 증진시켜 활력의 지속성을 강화시켜야 한다. 퍼실리테이터는 참여 대상에 따라 활력을 유지 혹은 강화시키기 위해 어떻게 해야 할 것인가에 대해 연구를 게을리 해서는 곤란하다. 하나의 팁을 제시한다면 역시 기획 단계에서 참여자들에 대한 특성을 확실하게 분석하여 도구를 선택하고 진행 과정에서는 프로세스를 잘 모니터링 하는 것이다. 활력 유지와 활성화는 어디까지나 대상자의 수준과 여건 그리고 참여자들의 몰입 상태를 종합적으로 분석하여 적용해야 효과가 있기 때문이다.

어떤 방법으로 활력을 북돋아야 하는가?

다양한 에너자이징 방법 중 보편적이면서 가장 많이 활용하고 있는 것이 아이스브레이킹(Ice Breaking)과 스팟(Spot)이다. 아이스브레이킹은 단어적으로 얼음을 깬다는 의미에서도 보듯이 그룹 활동의 시작 초기에 팀원들 간의 서먹서먹함을 깨고 토론 분위기를 조성할 목적으로 실시한다. 아이스브레이킹은 그룹 구성원들로 하여금 한 팀으로서 원활한 활동이 이뤄지도록 돕기 위한 목적으로 실시하는 다양한 워밍업 활동을 총칭하는 것으로 이해하면 된다.

아이스브레이킹의 방법에는 게임으로 하는 방법, 퀴즈형태로 하는 방법, 신체를 이용하는 방법, 말로 하는 방법, 도구를 활용하는 방법 등 매우 광범위하다. 그러나 그 방법들 모두가 조건 없이 어디에서나 똑같이 사용될 수 있는 것은 아니며 또한 같은 방법이라고 해서 항상 동일한 효과를 가져 오는 것도 아니다. 에너자이징은 토론의 시작 전에 분위기 조성차원에서 행하는 아이스브레이킹에서부터 중간에 실시하는 스팟에 이르기까지 다양한 형태로 이루어진다. 토의를 시작하는 단계에서는 서로 대화할 수 있도록 분위기를 조성하기 위해 아이스브레이킹을 실시한다. 장시간 진행되는 토의 중간중간에도 참여자들에게 적절한 스팟을 활용하여 토의에 몰입할 수 있도록 해야 한다. 필요한 경우 적절한 인센티브를 부여하는 것도 참여자가 적극적으로 토의에 참여할 수 있도록 하는 좋은 방법 중 하나다. 그룹의 활력 유지에 영향을 미치는 인적요소로는 퍼실리테이터의 목소리, 억양, 바디랭귀지 등도 있지만, 그 외에 장소나 자리배치 등 환경적 요소도 토론 분위기에 영향을 미칠 수 있으므로 세심하게 배려할 필요가 있다.

활력 관리 기법이나 도구는 언제 사용하는가?

아이스브레이킹이나 스팟은 팀의 활성화를 목적으로 사용하는 것이므로 언제 몇 회를 사용해야 한다는 룰은 없다. 다만 그룹 활동의 초기에는 신속한 토론 분위기의 조성을 위해 함께 하면서 재미있고 어렵지 않은 것을 택하는 것이 일반적이다. 활동의 진행 과정 중에는 퍼실리테이터의 판단 하에 스팟을 실시하지만 보통 다음과 같은 현상이 나타나거나 관찰될 때 활용하면 좋다.

- 진행 과정 중에 서먹서먹함이 존재하여 분위기 반전을 시도하고자 할 때
- 팀의 활력이 현저하게 하락하거나 그와 같은 가능성이 존재할 때
- 장시간 토의로 팀원들이 지치고 의욕이 저하되어 있을 때
- 팀의 분위기가 산만하거나 집중되지 못하고 있을 때

퍼실리테이터는 지체 없이 다른 기법과 도구의 사용을 검토해야 한다. 즉, 그것들을 언제 그리고 누구를 대상으로 어떻게 사용할 것인지 분석하거나 혹은 과거의 유사한 경험이 있다면 그것을 참고하는 것도 좋은 방법이다.

4. 기록 스킬(Recording Skill)

인류의 역사상 가장 위대한 발명중의 하나는 기록을 하는 기술의 발견에 있다 해도 과언이 아니다. 기록을 할 수 있는 중요한 수단 즉, 종이의 발명이 그것이다. 그만큼 종이의 발명은 기록 기술의 혁신을 통해 인류의 발전에 끼치는 영향이 지대했음을 의미한다. 이제 디지털 기술의 발전은 또 다른 차원의 기록 기술을 혁신시킬 것이다. 이처럼 기록 기술은 인간의 지식과 경험 그리고 지혜의 단절되지 않은 전수를 통해 인류 역사를 발전시켜왔던 원동력이 되었다. 따라서 "기록은 훌륭한 역사를 만든다."라는 말도 있다. 기록은 아이디어 혹은 정보를 잊어버리거나 소멸되는 것으로부터 보호하고 다음에 이들을 효과적이고 효율적으로 활용하기 위해 다양한 방법에 의해 정리, 보관하는 활동을 말한다. 여기에서는 기록의 전반적인 방법보다는 퍼실리테이션 진행에 필요한 부분을 언급한다. 따라서 디지털에 의한 기록보다는 오프라인상의 기록을 중심으로 기술하고자 한다.

▌기록은 왜 중요한가?

인간 기억의 한계만 보더라도 기록의 중요함을 알 수 있는데도 불구하고 실제로 많은 사람들은 기록을 그렇게 중요하게 생각하고 있지 않다. 물론 기록하는 것 자체가 귀찮고 힘들뿐만 아니라 기록을 해도 막상 활용하려면 어느 정도의 정리와 관리가 뒤따르는 번거로운 작업이기도 하다. 그렇지만 인간의 기억은 한계를 가지고 있다. 그 이유만으로도 기록을 해야만 하는 당위성은 설명이 가능하다. 그러나 많은 시간이 경과 한 후에 과거의 의사결정 사항을 기억해내야 한다거나 그 당시의 상황을 고려하여 지금 중요한 또 다른 의사결정을 해야 한다면 어떻게 될까? 주변에서 과거의 의사결정에 대한 기록의 소멸로 인해, 그리고 증거가 없다는 이유로 억울한 일을 겪는 사람들을 흔히 볼 수 있다. 기록보다는 말하는 것이 편하고 말보다는 생각하는 것이 더 쉽다. 그런데 보다 쉽고 편한 생각과 말의 약점은 기록이라는 기술이 접목되지 않으면 허공으로 날아간다는 데 있다. 이는 기록을 통해 일의 연속성이 보장되어야 하는 조직생활이나 집단 활동에 있어서는 더욱 중요한 의미를 갖는다. 토의를 리딩하는 퍼실리테이터는 주의 깊게 듣지 않으면 지나쳐 버릴 수 있는 구성원들의 사소한 아이디어나 의견을 귀담아 듣고 이를 재치 있게 기록으로 연결하는데 있어 매우 능숙해야 한다.

그런데 왜 기록을 잘 하지 않을까?

기록을 잘 한다는 것은 우선 상대방의 말이나 의견 사항을 보다 체계적이고 논리적으로 정리하여 자료화한다는 것을 의미한다. 기록이 중요함을 알면서도 그것을 게을리하는 것은 무슨 이유일까? 체계적인 기록을 방해하는 요소는 무엇일까? 아마도 기록을 소홀히 하는 제일 큰 이유는 습관의 문제를 들 수 있을 것이다. 메모를 하는 습관이 생활화되어 있지 않거나 이슈가 있더라도 귀찮고 번잡스러움을 핑계로 그냥 말로 두리뭉실 넘어가는 경우가 이에 해당된다. 다른 하나는 자신에 대한 과신이라 할 수 있다. 논의된 내용들을 머릿속으로 기억할 수 있으리라는 착각에 빠진 경우라 할 수 있다. 물론 의도적으로 기록을 하지 않은 경우도 있다. 예를 들면 잘 정리된 기록이 미래에 발생할 수 있는 책임 문제를 가져올 수도 있고 오히려 스스로의 기록 때문에 불리한 입장에 서게 될 것이 두려워 이를 피할 수도 있다. 그 외에 누군가는 기록할 것이라는 책임 회피 심리나 기록 내용이 미래에 활용하지 않을 것이라고 스스로 단언하는 경우도 기록을 잘 하지 않게 되는 이유가 된다.

❙ 기록의 방법에는 어떤 유형들이 있는가?

기록은 그 용도에 따라 다양한 방법이 있을 수 있으므로 퍼실리테이터는 상황에 적합한 기록 방법을 선택할 수 있어야 한다. 다만 어떤 방법을 선택하던 발언자의 의도나 뜻이 왜곡되어서는 안 된다는 전제가 필요하다.

① 말하는 것을 그대로 받아 기록하는 방법

발언자의 말을 액면 그대로 받아 적는 방법으로 발언 내용을 요약하거나 수정을 가하면 여러 가지 문제가 발생할 가능성이 있을 때 사용한다. 공식적인 자리에서 발언에 대한 책임을 묻거나 단어의 법률적인 해석이 필요한 경우 발언자의 말을 그대로 받아 기록하는 것이 요구된다. 국회나 법정에서 흔히 볼 수 있는 속기사의 역할과 유사하다 할 수 있다.

② 말하는 것을 고쳐 기록하는 방법

발언자의 말을 보다 쉽게 전달하기 위하여 일부를 수정해서 적는 방법인데 발언자가 말한 내용을 토의의 주제나 상황에 맞게 고쳐 적는 것을 말한다. 이는 발언자가 특히 표현에 있어서 적절한 단어 선택에 어려움이 있거나 횡설수설하여 듣는 자들이 혼란스러워 할 때, 발언자의 의도를 파악하여 표현 내용들을 수정하고 보완하는 방법이다. 이때는 앵무새처럼 "귀하의 말씀은 이런 내용인가요?" 혹은 "이렇게 고쳐 써도 괜찮을까요?"라고 되물어서 동의를 구한 후에 기록을 해야 하는데 이는 발언자의 의미가 왜곡되는 것을 방지하기 위해서이다.

③ 말하는 내용을 요약, 정리하여 기록하는 방법

발언자가 장황하게 늘어놓는 말을 간단하게 핵심만 요약하여 간결하게 표현하는 방식이다. 특히, 발언자가 내용을 길게 얘기하거나 부수적인 사항들로 인해 의미 전달이 불분명한 경우 사용하는 방식이다. 이때 퍼실리테이터는 핵심적인 단어와 표현을 찾아 문장을 만들거나 이들을 축약시켜 기록을 한다. 이때 발언 내용을 너무 요약하여 의미가 퇴색될 우려가 있는 경우에는 두 세 가지로 분리하여 기록할 수도 있다.

④ 말하는 것을 그림의 형태로 기록하는 방법

보다 고도화된 기록의 기술로 말의 의미나 내용을 함축적인 그림으로 표현하는 그래픽의 한 방법이다. 일반적으로 글자의 기록 보다는 그림으로 표현된 것이 훨씬 이해 속도가 빠르다. 이는 소설책 보다는 만화책이 그리고 그보다는 영화가 더 이해와 몰입도가 높은 것과 같은 이치이다. 이때 그림이 원래의 의도나 목적에 비춰 부족할 경우 옆에 풍선 말 등의 표시를 곁들여 보충해 주는 것도 좋은 방법이다.

⑤ 전·후 혹은 상호 관계를 파악하여 기록하는 방법

발언자의 말이나 의견 개진 사항들에 대해 화살표나 기호 등의 연계 표시를 통해 서로 영향을 주고받는 형태나 모습으로 기록하는 것을 말한다. 어떤 형태의 기호를 사용하는가 하는 것은 퍼실리테이터의 몫이지만 많은 사람들에게 통용되는 형태를 기반으로 하는 것이 좋다. 특히, 글로 표현하기에 복잡하고 이해가 어려운 경우 혹은 복합적인 상황을 단순하게 표현하는 것이 유리한 경우에 주로 사용한다. 예를 들어 이해관계자 맵이나 프로세스 맵 등이 여기에 해당된다.

⑥ 상징물을 사용하여 기록하는 방법

이는 그림으로 혹은 관계 만들어 기록하기와 관련성이 있기도 하다. 색깔이나 기호를 단독으로 혹은 집합적으로 사용하여 의미를 전달하는 경우이다. 시계 속에 시침과 분침을 그려 시간 준수를 알리는 것, 담배에 X자를 삽입하여 금연을 표시하는 것, 남·여를 구분하는 상징물을 부착하여 성별을 표시하는 것 등의 방법이 여기에 해당된다. 그러나 이 방법의 경우 퍼실리테이션에서는 주로 보조적인 기록의 방법으로 활용된다.

⑦ 기타 기록 방법

원활한 소통을 돕기 위해 사용하는 기록의 방법에는 위에서 언급한 것 외에도 있을 수 있다. 기록된 내용이 눈에 잘 띄도록 디자인하는 것, 색을 칠하거나 밑줄을 긋는 것, 글자의 크기와 글자체를 바꿔서 강조하는 것도 일종의 기록 기술에 해당한다.

기록 시 주의해야 할 점은?

기록이 중요한 만큼 그 방법도 매우 다양하다. 그렇다면 기록을 할 때 어떤 점들을 주의해야 하는가? 우선 발언자가 말하는 핵심을 잘 파악하여 기록하는 일이다. 발언자는 하고 싶은 말을 하지만 듣는 사람은 들리는 말만 기록할 수밖에 없기 때문에 발언의 내용이나 의도가 다르게 기록될 수도 있다. 다음으로 애매모호한 발언을 명료화하면서 기록하는 것이다. 명료화를 위해 때로는 발언자의 말을 반복해서 되묻기도 한다. 예를 들면 어떤 사람의 긴 발언에 대해 "여러 가지 말들을 듣다 보니 내용이 혼란스러워서 이해는 되는데 머리가 아플 지경이에요."라고 했을 때 퍼실리테이터는 "지금 말씀하신 것은 상대방의 말이 복잡하다는 거죠?" 라고 되묻는 방식이다. 특히, 퍼실리테이터는 가능한 한 정확한 소통을 위해 적절한 단어와 적합한 표현을 구사할 수 있는 역량이 필요하다. 발언자의 의도를 해치거나 왜곡시키지 않는 범위 내에서 들은 것을 명확하고 정확하게 기록으로 표현하는 것이야말로 기록에서 가장 중요하게 다뤄야 할 부분이라 할 수 있다.

퍼실리테이션을 위한 효율적인 기록 방법은?

발언자의 내용을 정확하게 잘 기록하는 것의 중요함은 아무리 강조해도 지나침이 없다. 토의 중에 개진된 다양한 의견들을 체계적으로 기록하고 분류하여 잘 보이는 곳에 붙여두어 보라. 참여자들은 이것을 보면서 뭔가를 생각하고 자연스럽게 얘기하면서 커뮤니케이션 하게 될 것이다. 이처럼 크지는 않지만 작은 활동들이 원활한 토의진행을 돕게 되는 경우도 많다. 그렇다면 보다 체계적이고 효율적으로 기록을 하기 위해서는 어떻게 하는 것이 좋을까? 다음의 예들이 참고가 될 것이다.

① 주변의 공간과 자원을 최대한 활용하라

퍼실리테이션은 참여자간 소통을 원활하게 하도록 도와주는 것이 핵심적인 활동이라고 할 수 있다. 그러므로 퍼실리테이션이 진행되고 있는 장소에는 항상 소통을 지원하는 다양한 도구들이 있게 마련이다. 그것들이 꼭 일정한 형태를 가진 화이트보드나 이젤 패드일 필요는 없으며 공간 역시 일정한 조건을 갖춘 시설만을 고집할 필요도 없다. 기록된 메모지나 포스트잇을 붙일 수 있는 공간이면 충분하고 부족할 경우 주변의 자원을 잘 활용하는 지혜를 발휘해야 한다. 주변의 벽이나 창문 등을 사용하거나 부착 지지대가 없는 공간에 줄을 매달아 기록물을 붙일 수 있게 만들기도 한다. 그 외에도 천을 이용한 인공 스티키월(Sticky Wall)을 설치하여 토론의 결과물이 한눈에 잘 보일 수 있도록 함으로써 소통을 측면에서 지원할 수 있다.

② 도구를 최대한 활용하여 기록하라

기록을 하는 데는 다양한 도구를 활용할 수도 있다. 퍼실리테이션을 효율적으로 진행하기 위해서는 그에 맞는 방법과 도구를 활용하여 기록하고 정리하는 것이 필요하다. 한차례의 기록과 정리로 끝나지 않고 이어지는 후속 단계를 진행해야 하는 상황이라면 다음 단계를 위해 도구에 의한 기록의 필요성이 더욱 높아진다. 포스트잇이나 전지 혹은 단계에 적합한 양식을 개발하여 사용하는 것도 그중 하나이다. 특히, 이와 같은 도구들은 분류나 이동상의 편의성을 가지고 있어 토의나 워크숍에서 많이 활용된다. 한 번에 해결할 수 없는 복잡한 문제를 짧은 시간에 다루는 경우 혹은 여러 단계를 거쳐 가면서 문제 해결을 할 수밖에 없는 장기 과제의 경우에는 기록을 위해 컴퓨터를 활용하기도 하고 디지털 시대에 맞게 영상이나 녹음기기를 검토할 수도 있다.

③ 의견 개진과 동시에 기록을 병행하라

퍼실리테이션이 진행되는 동안 대체적으로 아이디어를 계속 생성하고 이를 단계별로 용도에 맞게 사용하거나 혹은 가공하여 활용하는 활동이 반복된다. 따라서 단계의 고도화에 맞추어 계속적으로 의견을 개진하고 과제를 해결하기 위한 토론들이 수반된다. 그런데 그때 말로 하는 토론 내용을 즉시 기록으로 옮기지 않으면 점점 문제의 발생 가능성이 커진다. 저장하지 않은 말은 허공으로 날아가고 시간이 흐르면 그 의미나 해석상의 왜곡이 심해질 수 있어 의견 제시가 있을 때마다 동시에 기록을 하는 것이 좋다. 활발한 토론이 진행되는 경우에는 기록이 말의 속도를 따라갈 수 없으므로 퍼실리테이터는 별도의 서기를 지명하거나 보조적인 기기를 활용하여 이 문제를 해결하기도 한다.

④ 입체적인 방법으로 다양하게 기록하라

다양한 그림이나 도형은 보는 사람으로 하여금 관심을 이끌어내며 눈에 띄는 색채나 글씨체 역시 뭔가 차별적으로 보이게 하는 중요한 기록 기술이라 할 수 있다. 또한, 화살표와 같은 적절한 기호나 상징물의 사용은 그 의미가 함축되면서 명확한 메시지를 주는 효과가 있고, 그래픽의 사용은 토론 내용들을 시각적으로 정리함으로써 명료하게 정리되고 요약된 느낌까지 준다. 이처럼 여러 가지 도구들을 입체적으로 사용할 경우 긍정적인 효과가 있으므로 전달하려는 메시지의 의도를 방해하지만 않는다면 그 사용을 제한할 필요는 없다.

⑤ 요약하여 정리하는 능력을 길러라

일반적으로 의견을 제시하거나 아이디어를 창출할 때를 생각해 보면 대부분은 정제된 단어를 쓰기보다는 자유로운 발언과 표현에 중점을 둔다. 왜냐하면, 제약이 많을수록 많은 아이디어 도출에 방해가 되기 때문이다. 이렇게 자유롭게 도출된 의견들을 다음단계에서 제대로 활용하기 위해서는 일단 잘 정리할 필요가 있다. 이때 발언자의 의도가 변질되지 않는다는 전제하에서 적절한 단어적 표현으로 요약을 하고 정리하여 기록하는 기술이 중요하다. 특히, 주어진 시간 내에 목표를 달성하기 위해 브레인스토밍이나 브레인라이팅 같은 기법을 활용할 경우에는 더욱 그렇다. 신속한 의사결정이 필요한 경우에는 짧고 정확한 의미 전달이 무엇보다 중요하기 때문이다.

⑥ 평소 메모하는 습관을 길러라

대부분의 성공하는 사람들이 메모 습관을 강조하는 것은 기록의 중요성을 알기 때문이다. 순간적으로 떠오르는 아이디어에서부터 외부로부터 획득한 다양한 정보를 기록하는 순간 훌륭한 지식 자산의 원천이 된다. 퍼실리테이터가 기록을 잘하기 위해서는 항상 메모하는 습관을 기르는 것이 중요하다. 메모된 자료를 효과적으로 활용하기 위해서는 규격화된 용지를 사용하는 것이 좋다. 대부분 토론을 자주하는 회의실에 항상 메모지나 포스트잇이 준비되어 있는 것은 기록을 대비하기 위한 것이기도 하다. 언제 어디에서라도 메모를 활용하는 습관은 퍼실리테이터 이전에 성숙된 사회인으로 살아가기 위한 훌륭한 지혜라 할 수 있다.

기록과 집단기억(Group Memory)

① 집단기억(Group Memory)은 왜 중요한가?

집단기억(Group Memory)은 개인기억(Personal Memory)에 대비되는 용어로 집단구성원 전체를 대상으로 적용하는 개념이다. 즉, 집단이 특정 사안에 대해 동일한 생각이나 일치된 견해로 기억되고 있는 상태나 수준을 의미한다. 이는 토의된 내용들에 대한 참여자들의 기억이 한 사람이 기억하고 있는 것처럼 동일하게 형성되고 있음을 뜻하는 것으로 공감대 수준으로 보아도 무방하다. 이와 같은 현상을 통칭해서 집단기억(Group Memory)라고 한다. 개인기억은 자신의 통제 하에 이루어지지만 집단기억은 소수의 개인들에 의해 통제되는 것이 아니다. 따라서 집단기억을 강화시키기 위해서는 또 다른 과정들이 필요하다. 열심히 토론을 하더라도 동의나 합의가 이뤄지지 않으면 집단기억의 수준이 높다고 할 수 없으며, 그럴 경우 결과물을 도출했다 하더라도 실행에 많은 어려움을 겪는 게 현실이다. 따라서 퍼실리테이션의 과정에서는 각 단계별로 어떤 형태로든 토의를 기반으로 한 동의나 합의가 필요하며 그것이 결여된다면 결코 기존의 회의 방식과 다를 바가 없다. 퍼실리테이션에서는 자유로운 토론을 통해 만들어진 결정 못지않게 진행 과정도 중요시한다. 그래서 다수결에 의한 결정보다는 합의에 의한 의사결정을 더 중요한 가치로 보는 것이다. 어떤 집단이든 토론의 결과에 대해 만장일치나 합의에 의한 의사결정을 할 수만 있다면 이는 무엇보다도 큰 의미 있는 가치를 구현하는 일이라 할 수 있다. 왜냐하면 합의의 힘은 기대이상의 시너지 창출은 물론 일의 추진에 있어 엄청난 위력을 발휘할 수 있기 때문이다.

② 집단기억(Group Memory)을 향상시키려면?

집단이나 팀이 합의에 의한 의사결정을 잘 한다는 것은 그만큼 집단기억(Group Memory)의 수준이 뛰어남을 말한다. 그렇다면 집단기억을 향상시키기 위해서 어떻게 하면 좋을까? 구성원들의 참여와 몰입을 통해 소통이 이루어지고 그 결과로 신뢰가 형성되어야 하는 것은 당연하다. 그와 같은 기반위에서 각 단계마다 도출된 산출물들에 대해 구성원들의 동의를 반복적으로 구해야 한다. 이는 최종 결과물의 합의는 곧 단계별 동의의 합을 의미한다고 해도 틀린 말은 아니기 때문이다. 그렇다면 동의를 어떻게 만들어 내야 하는가? 실제로 현실 상황에서 특히, 이해관계가 상충되는 경우 구성원 전체의 동의를 구하는 것은 쉽지 않다. 그러나 어느 정도 충분한 토론이 전제된다면 부분적인 단계들에 대해 동의를 확보하는 것은 상대적으로 어렵지 않을 수 있다. 이는 큰 문제보다 작은 문제를 해결하는 것이 상대적으로 쉬운 것과 같은 이치이다. 토론의 진행 과정에서 동의를 확보하기 위해 퍼실리테이터는 필요한 상황마다 충분한 토론과 의견 개진을 해야 한다. 그리고 그 과정에서 애매모호함을 없애는 것은 물론 구성원들이 토론한 사항들에 대해 충분히 이해하고 있는가를 확인하는 것도 잊지 말아야 한다. 그리고 결과물이 도출되면 그것에 대해 이견이 있는지 반드시 확인하는 과정을 거치는 것도 중요하다. 필요한 경우 다양한 방법으로 산출물 각각에 대해 진정한 공감대가 형성되고 있는지 확인하는 것도 하나의 방법이다.

③ 산출물의 기록은 집단기억을 어떻게 강화시키는가?

집단의 기억은 개인들의 기억과 어떤 관계에 있는가? 특정사안이나 대상에 대한 개인 간의 인식 수준은 서로 다른 것이 일반적이다. 간혹 동일한 시공간에서 토의를 하고 소통을 통해 산출물을 만들어 냈음에도 불구하고 구성원 간에 결과가 서로 다르게 인지되었음을 깨닫고는 놀라는 상황을 경험했을 것이다. 특히, 이는 진행 과정이나 결론 사항에 대해 반복인 강조나 동의가 미흡할 때 나타난 현상이기도 하지만 역시 말에 의한 소통이 한계가 있음을 의미한 것이기도 하다. 이런 현상의 반복은 곧 집단기억의 장애 요소로 작용될 수밖에 없다. 이와 같은 경우 집단기억을 강화시키기 위한 방법으로 기록이 매우 중요한 역할을 한다. 진행 과정으로부터 도출된 산출물들의 기록 사항을 보고 참여자들은 궁금증을 해소하기도 하고, 기억이 희미해질 때 벽에 붙어 있는 기록물들을 보면서 스스로의 기억을 되살리기도 한다. 따라서 퍼실리테이션이 진행되고 있는 장소에 가면 워크숍의 도입부터 진행되는 과정별로 도출된 산출물들이 순차적으로 벽에 붙어있는 것을 목격할 수 있다. 이는 구성원들 간의 명확한 소통을 원활하게 하기 위한 것이며 궁극적으로는 집단의 기억을 강화시켜 합의에 이르는 결과를 가져오게 하기 위한 것이다.

④ 집단기억은 합의에 의한 의사결정에 핵심요소인가?

결론적으로 집단기억(Group Memory)은 합의나 만장일치의 결론을 도출하는데 있어 매우 필요하다. 더군다나 토의 주제가 실행을 수반해야 하는 안건이거나 실행이 전제되어 있는 중요한 상황이라면 더더욱 그렇다고 보아야 한다. 만약 많은 노력과 시간을 투자하여 결론을 도출해야 하는 시점에서 합의가 이루어지지 않는다면 어떻게 될까? 그것도 영향력이 있는 소수가 반대를 하는 경우에는 난감하기 이를 데 없는 노릇이다. 이와 같은 문제가 발생하는 이유는 거의 대부분 토의 내용과 절차에 대한 공감대 형성의 부족이라고 볼 수 있다. 다시 말하면 집단기억이 형성되어 있지 않거나 부족한 경우이다. 반대로 집단기억의 정도가 높으면 합의에 의한 의사결정은 상대적으로 쉽게 이뤄질 수 있다. 중요한 것은 진정으로 합의적 의사결정이 이뤄지게 되면 실행의 속도와 성과의 질이 혁신적으로 변화된다는 점이다. 이는 합의가 그룹의 시너지를 보다 강하게 창출할 수 있는 동인으로 작용함으로써 그 결과 내적으로 잠재된 동력들이 표출되어 기대 이상의 성과를 발휘할 수 있기 때문이다.

5. 관찰 스킬(Monitoring Skill)

관찰 즉, 모니터링 기술은 다른 기술보다 초보자에게 가장 힘든 부분이기도 하다. 실제 상황에서는 모든 것이 이론처럼 진행되지 않는 것도 그렇지만 설계된 퍼실리테이션 단계를 수행하는 것만으로도 벅차기 때문이다. 그럼에도 불구하고 관찰을 해야 하는 이유는 퍼실리테이션에서 적절한 모니터링이야말로 올바른 토론 방향 안내와 성과 품질의 유지에 결정적인 역할을 수행하기 때문이다. 토의의 과정에서 나타나는 에너지나 활력의 유지도 결국 얼마나 모니터링을 잘 하고 있는가와 깊은 관련성이 있다.

모니터링은 왜 중요한가?

토론이 활발하게 진행되기 위해서는 여러 가지 조건이 잘 맞아야 한다. 특히, 토론하는 분위기의 활성화 수준은 참여자들로부터 많은 아이디어나 정보를 획득하는 데 있어 매우 중요하다. 따라서 퍼실리테이터의 시선은 항상 참여자들일 수밖에 없다. 그들의 행동과 참여 수준에 따라 질문이 달라야 하고 요구되는 산출물의 형태나 정도에 따라 기법과 도구의 응용 수준이 달라지기 때문이다. 퍼실리테이터는 토론을 활발하게 이끌고 나아가기 위해 참여자들의 에너지 수준을 지속적으로 모니터링 해야 한다. 토론의 성공에 영향을 미치는 다양한 요소들에 대해 세심하고 주의 깊은 모니터링이 없다면 아무리 훌륭한 퍼실리테이터라 하더라도 보유하고 있는 역량의 발휘는 물론 과정도 스마트하게 진행할 수 없다. 모니터링의 결과를 적시에 피드백 함으로써 그룹 활력의 항상성을 유지시키는 것이야말로 반드시 확보해야 할 역량 중 하나라 할 수 있다.

❙ 무엇을 모니터링 해야 하는가?

퍼실리테이터가 모니터링 해야 할 것들은 매우 다양하다. 그러나 가장 중요한 것은 역시 구성원들의 참여와 몰입에 대한 상태라 할 수 있다. 그들이 토론의 주체이기 때문이다. 그들의 움직임과 활동 그리고 의견 개진의 내용과 수준, 토론의 진행 속도 등을 종합적으로 모니터링 해야 한다. 이들에 대한 관찰을 게을리 하는 순간 집단의 에너지가 크게 약화된 사례는 얼마든지 찾아 볼 수 있다. 이는 결국 모니터링에 따른 적절한 피드백이 토의나 워크숍의 질과 직결됨을 의미하는 것이다. 그렇다고 모니터링은 단순히 참여자들의 분위기를 파악하는 것에 머물러서는 안 된다. 더 나아가 이들로부터 도출된 산출물의 양과 질적인 부분까지도 그 대상에 포함된다. 그렇다면 과연 모니터링의 범주를 어디까지로 볼 것인가? 모니터링 사항들을 크게 대별해보면 팀원들의 몰입도와 에너지, 단계별로 발생한 산출물들의 수준, 진행 프로세스의 적절성으로 나눠 볼 수 있을 것이다.

① 팀의 몰입도와 에너지 유지 상태의 적절성

퍼실리테이터는 회의나 워크숍을 기획하는 과정에서 많은 다양한 상황을 예측하고 그에 상응한 운영방안을 설계한다. 그러나 모든 진행 상황이 계획된 대로 실행되라는 법은 없다. 이는 그룹의 몰입도와 에너지 수준을 나타내는 활력의 수준도 예외가 아니다. 그룹의 에너지가 떨어지게 되면 몰입도가 현저하게 저하되며 그 결과 아이디어 도출은 물론 활동 프로세스도 진전이 없거나 답보 상태가 지속된다. 이처럼 에너지의 감소는 진행의 문제뿐만 아니라 산출물의 질적 수준에도 상당한 부정적인 영향을 미친다. 또한, 에너지 저하는 빠른 전염성으로 다른 그룹은 물론 전체적인 분위기를 다운시키는 마력을 가지고 있다. 일단 그룹의 활력이 저하되고 에너지가 고갈되면 이를 정상 상태로 이끌어 올리기까지 많은 에너지가 소비되기 때문에 사전에 이를 예방할 수 있는 기술이 필요하다. 그렇다면 그룹의 에너지가 저하될 때 나타난 현상은 어떤 것들이 있을까?

- 그룹 활동에 참여 혹은 집중하지 않는 멤버들이 자주 눈에 띈다.
- 그룹 활동 중에 본 주제의 해결과 관련 없는 얘기들이 오고 간다.
- 멤버들이 지루해하는 행동이나 자리 이탈의 빈도가 높아진다.
- 단계별 활동들이 대충 대충 넘어가는 분위기가 감지된다.
- 팀원들의 의지와 진지함 그리고 성실성이 부족해 보인다.
- 정해놓은 그라운드룰(토의 규칙)을 전혀 신경 쓰지 않는다.

② 진행 단계별로 도출된 산출물의 수준

퍼실리테이션의 연속 과정에서 단계별로 도출된 산출물들은 다음 프로세스에 영향을 미치기 때문에 당연히 그 품질이 관리되어야 한다. 퍼실리테이션은 전체가 하나의 프로세스로 흐름을 형성하고 있기 때문이다. 예를 들면, 아이디어 확산단계에서 자유롭게 개진된 아이디어들은 다음 단계인 분류 단계를 거쳐 최종 목적물을 만들어 가는 수순을 밟아간다. 물론 중간 과정에서 부족한 부분을 보완하기는 하지만 첫 단계에서 확보된 아이디어들이 연결되어 사용되는 것이 일반적이다. 그럴 경우 전 단계의 품질 수준은 다음 단계의 품질로 자연스럽게 이어질 수밖에 없다. 따라서 퍼실리테이터는 산출물들의 내용이 일정수준 이상의 품질을 유지하고 있는지 관찰할 필요가 있다. 그와 같은 목적 달성을 위해 어떤 것들을 모니터링 해야 할까?

- 단계별로 요구되는 산출물들이 정확하게 도출되는가?
- 산출물들이 다음 단계를 진행하는데 양적, 질적으로 충분한가?
- 산출물 중 추가적으로 보완되어야 할 의견이나 내용들은 없는가?
- 단계별 산출물이 달성하고자 하는 목표에 충분히 기여할 수 있는가?

③ 퍼실리테이션 프로세스의 적절성

다음으로 계획된 단계와 절차가 시간에 맞추어 물 흐르듯이 진행되고 있는가에 대한 관찰이 필요하다. 만약 계획된 시간과 실제 소요 시간의 차이가 많이 발생하고 있다면 절차나 진행 방식의 변화가 불가피 할 것이기 때문이다. 따라서 퍼실리테이터는 기획된 프로세스와 내용 그리고 단계별 소요되는 시간 간의 관계 전반에 대해 세심하고 입체적인 관찰을 하면서 당초 계획과의 갭을 축소해 나아가야 한다. 그렇다면 구체적으로 어떤 것들을 모니터링 해야 할까?

- 설계된 단계와 절차대로 진행되고 있으며 시간 계획은 잘 지켜지고 있는가?
- 도구나 기법을 포함한 설계 프로세스나 절차가 여건에 맞게 잘 적용되고 있는가?
- 진행 과정상의 세부적인 절차와 내용에 있어 부족하거나 변경이 불가피한 부분은 없는가?

모니터링에 따른 적절한 피드백 방법은?

성공적인 모니터링과 피드백은 퍼실리테이션 효과를 극대화시킬 수 있다. 모니터링은 그 자체가 중요하기보다는 그 결과를 누가, 언제, 어떤 방법으로 조치할 것인가가 더 중요하다. 다시 말하면 조치와 피드백의 적절성이 핵심이라 할 수 있다. 그 형태는 그룹에 직접 개입을 해야 할 경우도 있고 개입은 하지 않지만, 진행의 방향을 선회해야 하는 경우도 발생할 수 있다. 그것은 오로지 퍼실리테이터의 예리한 직관과 판단력의 영역이라 할 수 있다. 다만, 적절한 시점에 명확한 내용을 정확하게 피드백 해야 한다는 점이다. 그렇지 않을 경우 계획된 대로의 진행의 어려움은 물론 성과의 품질을 담보할 수 없기 때문이다. 적절한 조치와 피드백하는 방법은 상황에 따라 다를 수밖에 없다. 사소한 것들은 그때그때 피드백 해야 할 사항이지만 전체적인 분위기에 영향을 미칠 수 있는 정도의 사항이라면, 중간에 취해지는 휴식 이후 새로 시작하는 단계에서 이뤄지는 것이 자연스럽다. 왜냐하면, 각 단계별로 토의된 내용들에 대해 다음 시작 단계에서 잠시 리뷰하고 방향을 조정할 수 있기 때문이다. 이럴 경우 퍼실리테이터는 피드백 된 내용들이 제대로 논의과정에 반영되면서 정상적인 궤도를 가고 있는지 확인해야 한다. 모니터링은 결국 전체적인 성과 향상을 위해 지속적, 반복적으로 진행되어야 할 요소 중의 하나이기 때문이다.

제4절
퍼실리테이션의 설계를 위한 요소 분석

효율적이고 효과적인 워크숍을 위해서는 치밀한 기획이 무엇보다 중요하다. 기획을 잘하기 위해서는 퍼실리테이션 워크숍에서 검토해야 할 항목들을 잘 파악하고 분석하는 것이 우선이다. 그렇다면 그 항목들에는 어떤 것들이 있고 그들의 특징은 무엇인가? 그 중 어떤 항목들을 어떻게 체계적으로 분석해야 하는가? 퍼실리테이션 기획을 위해 꼭 분석이 필요한 사항들을 중심으로 그 내용들을 정리해본다. 여기에서는 퍼실리테이션 펜타곤 모형에서 이미 언급한 바 있는 목적, 참여자, 프로세스, 잠재적 이슈, 결과물 순으로 살펴보기로 한다.

1. 목적(Purpose)

목적은 퍼실리테이션을 기획함에 있어 무엇보다 먼저 그리고 중요하게 분석해야 할 사항이다. 목적 설정을 어떻게 하느냐에 따라 이를 달성하기 위한 전체적인 틀이나 방향이 달라지기 때문이다. 여기에서 고려해야 할 사항은 목적과 목표를 혼동하지 말아야 한다는 점이다. 목적은 목표보다 상위의 개념이며 다소 거시적으로 표현하는 경우가 일반적이다. 그에 비해 목표는 보다 미시적이고 구체적이며 가능한 한 가시적 결과물을 도출할 수 있는 수준으로 설정하는 것이 좋다. 대체적으로 목표 달성을 위해 토론해야 할 핵심 대상들이 주제 후보가 된다. 주제 후보 중 어느 것을 우선적으로 토의할 것인가는 집단의 여건과 특성에 따라 다를 수밖에 없다. 따라서 주제는 목적에 적합하면서도 목표를 달성하기 위해 토론이 필요한 이슈를 중심으로 선정하는 것이 좋다. 대체적으로 주제가 크면 잘 해결되었을 때 효과는 크지만 해결 과정이 쉽지 않으며 반대로 주제가 작으면 해결 과정은 쉬우나 그 효과는 상대적으로 크지 않을 가능성이 농후하다.

2. 참여자(Participants)

그룹 활동의 목적과 주제가 달라지면 참여자가 달라진다. 이는 퍼실리테이션에서 철칙이나 다름이 없다. 같은 논리로 참여자가 어떤 특성을 가지는가에 따라 주제의 접근이나 해결방안이 달라질 수 있음은 당연한 것이라 할 수 있다. 참여자에 대한 분석은 워크숍의 목적을 결과물로 전환시키는 데 있어 퍼실리테이터 못지않게 중요한 요소가 된다. 이는 참여자들이 어떤 유형인가에 따라 동일한 주제라 하더라도 산출물이 다르게 도출되는 것만 보아도 쉽게 알 수 있다. 특히, 이해관계가 첨예한 사안일수록 더욱 그렇다. 퍼실리테이션의 결과는 합의에 의한 의사결정이나 문제 해결을 원칙으로 하고 있기 때문에 참여자의 선발에 있어서도 공정성과 함께 항상 균형성과 대표성을 확보하는 것이 중요하다. 특히, 참여자의 대표성이 확보되지 않으면 최종 결과물에 대한 의사결정의 가치가 훼손될 가능성이 크기 때문이다.

3. 프로세스(Process)

상당수의 퍼실리테이터들이 토론이나 워크숍의 프로세스를 설계하는 데 많은 어려움을 호소하고 있다. 이는 전체 상황을 분석하지 않은 상태에서 프로세스를 디자인하는 경향이 많기 때문이다. 또한, 실무적으로는 이를 설계하는데 필요한 창의력과 상황 판단력 그리고 기획력이 부족한데도 그 원인이 있다. 프로세스는 결국 추진하는 목적을 잘 달성하기 위해 다양한 요소와 자원들을 어떤 방법과 절차로 엮을 것인지, 시간 배분은 어떻게 할 것인지, 어떤 기법과 양식을 사용할 것인지 등에 대해 총괄적으로 다루는 영역이다. 즉, 목적에 이르는 최적의 로드를 실제 상황으로 구현해가는 기술의 집합체라 볼 수 있다. 퍼실리테이션을 기반으로 하는 워크숍이나 토의는 항상 다양한 상황과 여건 속에서 개별적, 독립적으로 이루어지고 있다. 따라서 일률적으로 표준화된 형태의 프로세스 하에서 퍼실리테이션을 진행해야 한다는 전제는 설득력이 없다. 그렇다고 해서 많은 종류의 워크숍에 공통요소가 없는 것 또한 아니다. 워크숍을 몇 개의 그룹유형으로 분류하고 이를 기초로 유형별 특성을 반영하여 현장에 적용할 수 있는 모형을 설계할 수 있다. 그룹의 공통적인 특성을 분야별로 나눠보면 크게 그룹 대상자들의 수준, 장소 등을 포함한 환경적인 특성, 주제나 내용을 다루는 프로그램적 특성 등으로 나눠 볼 수 있다. 이 중 그룹을 구성하는 대상자 특성이 가장 중요한 것임은 두말할 필요가 없다. 예를 들면 그들의 연령대, 교육 수준을 포함한 역량 정도, 집단 구성원들의 이질성, 그룹의 크기에 따라 적용하는 프로세스가 달라질 수 있다. 이는 많은 퍼실리테이션 경험과 지적 수준이 높은 전문가로 구성된 그룹과 그렇지 못한 그룹의 경우 적용 프로세스가 서로 달라져야 하는 것을 의미한다.

4. 잠재적 이슈(Potential Issue)

잠재적 이슈는 겉으로 잘 보이지 않지만 언제라도 퍼실리테이션 과정에서 가시화될 수 있는 잠재된 위험 요소 혹은 돌발 상황을 말한다. 이는 일반적으로 참여자들의 역량이 낮을수록 나타나는 경향이 높으므로 세심한 주의가 필요하다. 실제 기획 단계에서 고려되지 않은 다른 요소들로 인해 토론이 원만하게 진행되지 못하거나 결과물이 기대 수준에 미치지 못한 경우가 많기 때문이다. 따라서 이와 같은 요소들을 어떻게 사전에 잘 찾아내고 적절하게 대처할 수 있는 방안은 무엇인지 고민이 필요하다. 대개는 일정 규모가 되는 퍼실리테이션 워크숍의 경우 사전 설문조사나 인터뷰 등을 통해 체계적인 진단을 하지만 그것만으로 부족한 경우가 많으므로 퍼실리테이터는 다양한 방법으로 잠재적 이슈를 발굴하는데 통찰력을 발휘해야 한다. 예를 들면, 기존의 워크숍이나 토의에서 나타났던 이슈사례를 분석해 보는 것도 좋은 방법이 될 수 있다. 잠재적인 이슈나 리스크 요소의 특성은 평소에 잘 발생하지는 않지만, 실제 발생하면 전체에 큰 영향을 미치는 속성을 갖고 있기 때문이기도 하다.

5. 결과물(Product)

결과물이란 퍼실리테이션을 진행한 후 최종적으로 도출해야 하는 산출물을 말한다. 예를 들면, 워크숍의 결과 보고서 등이 여기에 해당될 수 있다. 품질 높은 결과물은 어디까지나 당초 설계한 목적이나 목표와 연계되면서 고객의 의도를 충족시키는 정도와 관련된다. 따라서 결과물의 이미지는 명확하고 구체화될수록 좋다. 이를 위해 퍼실리테이션을 의뢰하는 고객 측과 결과물에 대해 반드시 사전에 논의가 필요하다. 물론, 퍼실리테이션 기획 단계에서 결과물의 양적, 질적 문제를 정하는 것이 쉽지는 않지만 이를 명확하게 하지 않으면 이 문제로 인해 종종 의뢰 측과 서로 갈등을 초래하는 경우들이 많이 발생하기 때문이다. 그렇다고 해서 퍼실리테이터가 결과물에 대한 선입견을 가지고 진행 과정에서 중립성을 훼손하는 우를 범해서는 안 된다. 지금까지 설명한 5가지 항목들을 정확하게 분석한 후 그 정보들을 활용하여 퍼실리테이션을 기획하고 설계해야 한다. 이와 같은 일련의 과정이 없이는 워크숍 진행을 위한 구체적이고 세부적인 사항들을 제대로 설계할 수 없기 때문이다.

제4장 퍼실리테이션 진행 단계별 핵심스킬 : 다양한 기법의 활용

제1절 퍼실리테이션 추진 단계와 핵심 스킬

제2절 도입 단계(Introduction Process) : 세팅

제3절 확산 단계(Divergence Process) : 표출화

제4절 분류·분석 단계(Classifing & Analysis Process) : 구조화

제5절 제5절 평가 단계(Assessment Process) : 우선순위화(초점화)

제6절 의사결정 단계(Decision Process) : 통합화

제7절 사후관리와 마무리 단계 : 끝맺음

제1절
퍼실리테이션 추진 단계와 핵심 스킬

퍼실리테이션 단계와 프로세스는 상황에 따라 얼마든지 다양하게 설계하여 적용할 수 있다. 여기에서는 일반적으로 많이 활용하는 퍼실리테이션의 프로세스를 5단계로 표준화하였다. 전개과정에서는 아이디어의 발산과 수렴이라는 기본적이고 전형적인 컨셉에 충실하고자 했다. 프로세스 5단계를 간략하게 소개하면

① 도입단계 : 토의를 위한 준비와 활동의 시작
② 확산 단계 : 주제해결을 위한 아이디어 창출
③ 분류 및 분석단계 : 창출된 아이디어의 범주화
④ 평가단계 : 범주별 아이디어의 평가(우선순위화)
⑤ 결정단계 : 평가결과를 기반으로 한 의사결정

본서에서 소개한 5단계 ([그림 4-1]참조) 프로세스는 기본적인 과정에 해당하므로 현장 적용 시에는 필요에 따라 각 단계를 좀 더 세분화하거나 추가할 수도 있다. 그리고 각 진행 단계별로 추구하는 목적을 보다 쉽게 달성할 수 있도록 하기 위해 적용 가능한 기법들을 연계하여 기술하고 있다.

[그림 4-1] 퍼실리테이션 추진 단계

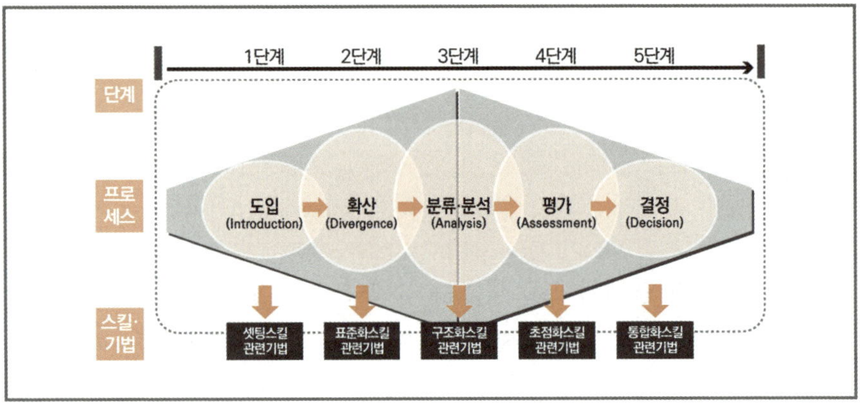

퍼실리테이션 단계별로 적용가능한 기법들은 너무 많고 다양하다. 이들을 단계별로 그룹핑하여 여기에서는 준비, 표출화, 구조화, 초점화, 통합화 기법으로 총칭한다. 지금부터 각 단계별 프로세스를 간략하게 소개하고 단계별로 퍼실리테이터가 체크해야 할 사항과 적용 가능한 기법 및 도구들의 사용에 관해 설명하고자 한다.

제2절
도입 단계(Introduction Process) : 세팅

시작이 반이라는 말이 있듯이 퍼실리테이션에서도 처음이 중요함은 두말할 필요가 없다. 이는 퍼실리테이션의 활동이 하나의 연계된 프로세스 상에서 이루어지는 구조이기 때문에 더욱 그렇다. 성공적인 도입이란 어떤 모습일까? 어떻게 하면 멋진 도입을 할 수 있을까? 모든 퍼실리테이터들의 중요한 관심사항이 아닐 수 없다. 여기에서는 퍼실리테이션 도입의 의미부터 이때 필요한 활동이나 절차 그리고 관련된 스킬 등에 대해 알아보도록 한다.

1. 효과적인 도입의 중요성

어떤 행사도 마찬가지이지만 처음의 매끄러운 진행은 다음의 진행단계에 영향을 미칠 수밖에 없다. 퍼실리테이션의 경우 구성원 상호 간의 의사소통이 핵심이기 때문에 더더욱 그렇다고 할 수 있다. 토의를 위한 분명한 목적의식과 명분은 구성원들로 하여금 참여 의욕을 고취시키는 데 있어 필요하다. 가볍고 격의 없는 자유로운 분위기를 조성하고 활발한 토론의 기반을 다지는 것 또한 퍼실리테이션에 있어서 매우 중요하다. 효과적인 도입을 통해 구성원들의 목적의식이 명확해지면 그 목적 달성을 위해 필요한 것들이 무엇인지 그리고 스스로의 역할이 어떤 것인가에 대한 정립도 쉽게 이루어질 수 있기 때문이다. 그러나 현실 상황에서는 이와 같은 일련의 활동들이 쉽지만은 않다. 특히, 다양한 이질적인 집단으로부터 모인 구성원들이라면 더욱 그렇다. 최종의 목적물을 완벽하게 창출하는 데 최적의 도입 방법은 없을까? 결론부터 말하면 모든 상황에 맞는 표준화된 방법이란 있을 수 없다. 따라서 도입 역시 대상 그룹의 특성과 수준을 진단하고 그에 맞게 맞춤형으로 설계해야 하는 것은 당연하다.

2. 도입 단계에서 체크사항

도입 부분의 활성화는 토의나 워크숍의 전체적인 분위기와 직접 연계된다. 참여자들의 주인 의식이나 동기부여는 성공적인 도입의 수준에 따라 영향을 받기도 한다. 보다 원활한 도입을 위해 이 단계에서 퍼실리테이터는 어떤 사항들을 점검해야 하는지에 알아본다.

- 전반적인 여건과 구성원들의 특성을 잘 파악하고 있는가?
- 파악된 정보를 기초로 도입 절차와 방법을 설계하고 있는가?

- 그 도입 방법이 워크숍의 목적과 잘 어울리는가?
- 도입에 필요한 준비물들은 사전에 확보하고 확인하는가?
- 도입단계에서 수행할 활동들을 시뮬레이션 하고 있는가?
- 돌발 상황 발생에 대한 대비책은 있는가?

3. 도입 단계에서 활용 스킬 및 방법

도입 단계에서 우선적으로 해야 할 일은 구성원들이 여기에 왜 참석하고 있는가에 대한 가치적 의미를 인식시키는 것이다. 목적이 명확해야 주인 의식도 생기고 동기부여되며 그렇게 해야만 이어지는 프로세스와 절차도 매끄럽게 진행될 수 있다. 다음으로 원활한 토론을 위한 분위기를 적절하게 조성하는 일이다. 일반적으로 도입 분위기를 조성하는 방법으로는 우선 Team Building을 포함하여 Ice Breaking 전체를 일컫는다. 분임을 편성하는 것에서부터 팀원의 소개, 팀명 작성하기, 팀 구호 제정 등 다양한 방법으로 재미있게 활동들을 진행해 나아간다. 목적은 어디까지나 그룹 활동을 통해 팀워크를 다지는 일이며 구성원들이 자유롭게 얘기할 수 있는 기반을 닦는 일이다. 다음으로 토의해야 할 주제와 관련된 어젠다에 대해 설명을 하고 토의의 원칙(Ground Rule)을 정한다. 도입프로세스를 원활하게 진행하기 위해 활용되는 일반적인 활동들을 기술해 보자.

환영 인사

어젠다 설계 시 고려해야 할 항목 중 하나로 환영 인사를 들 수 있는

데, 퍼실리테이터는 사전에 이를 파악할 필요가 있다. 왜냐하면, 전체 시간 계획 내에서 이를 반영할 경우에는 워크숍의 시간 변경이 불가피하기 때문이다. 대부분의 환영 인사는 행사의 배경이나 기대사항에 대한 공유의 목적도 있지만, 참여자들에 대한 동기부여의 의미도 크다. 따라서 환영인사를 누가, 얼마만큼의 시간을 활용할 것인가에 대해 정리를 하고 세부 계획에 반영해야 한다.

▎워크숍의 목적 및 배경 설명

워크숍의 목적과 배경에 대해서도 참여자들에게 어떤 방법으로 전달하고 공유할 것인가에 대해 고민이 필요하다. 이 부분은 참여자들로 하여금 결과물에 대한 통합적인 가치와 비전을 명확하게 할 뿐만 아니라 큰 틀에서 방향성을 제시하는 역할을 수행하기도 한다. 따라서 누가, 어떤 방법과 내용으로 얼마 정도의 시간을 할애하여 설명을 할 것인지 사전 정보가 필요하다. 퍼실리테이터는 이 부분 역시 사전에 확실한 인지를 통해 전체 흐름에 문제가 발생하지 않도록 하는 등 상황에 맞게 프로세스를 체계적으로 관리해야 한다.

▎워크숍의 어젠다 및 일정 계획 공유

워크숍 어젠다는 부여된 목적을 달성하기 위한 최적의 방법과 수단으로서 추진해야 할 항목과 그 항목별 내용, 시간 등 필요한 사항들을 알기 쉽게 기술한 계획표를 말한다. 따라서 최종적으로 작성된 어젠다는 설명 이후에 모든 참여자들이 잘 볼 수 있는 곳에 붙여 두고 상호 소통을 원활하게 할 수 있도록 한다. 참여자들은 어젠다를 보고 어떤 구체적인 활동들이 어떻게 이루어지는가를 파악하기도 하고 다음 단계를 준비하기 위하여 본인이 하고 싶은 바를 나름대로 정리하기도 한다. 따라서 어젠다는 참여자들의 역량과 전반적인 여건 등을 종합적으로 고려하여 작성하는 것이 좋으며 이를 위해 다음과 같은 사전 정보가 필요하다.

- 워크숍에 활용 가능한 전체시간은 얼마나 되는가?
- 참여자들의 역량과 토의에 임하는 자세는 어떠한가?
- 다루어야 할 주제의 크기와 특징은 잘 파악되었는가?
- 진행 단계와 절차를 어느 정도 세분화할 것인가?
- 어떤 기법이나 도구를 사용할 것인가?
- 예측하기 어려운 돌발 상황 발생 가능성은 어떠한가?

Ice Breaking의 실시

Ice Breaking은 토론을 시작하기 전에 원활한 소통을 위한 분위기를 조성하는 제반 활동들을 말한다. 다시 말하면 참여자들 간에 서먹서먹함을 누그러뜨려 대화의 분위기를 만들어 가는 것이 주요 목적이다. 이때 주의해야 할 사항은 참여자들의 특성에 따라 그에 적합한 방법이나 유형을 활용해야 한다는 점이다. 토론에 익숙하고 수준이 높은 집단과 그렇지 못한 집단 간에는 에너지를 끌어내고 활성화시키는 방법이 달라야 하기 때문이다. 또 집단의 특성에 따라 개인 중심으로 진행할 것인지, 2~3명의 짝을 지어 진행할 것인지, 아니면 팀별 혹은 그룹 전체를 대상으로 할 것인지에 따라 사용하는 도구나 방법이 달라야 하며 그때마다 어느 정도의 시간을 할애해야 하는지에 대해서도 사전 점검이 필요하다.

Ground Rule 설정

그라운드 룰은 토의를 진행하는 과정에서 지켜야 할 기본사항에 대해 합의를 통해 명문화한 규칙이다. 따라서 참여자 모두가 공감하는 원칙과 룰을 만드는 것이 중요하다. 이 단계에서 퍼실리테이터는 총 활용 가능 시간을 체크하여 어떤 방법으로 원칙과 룰을 만들 것인지에 대해 고민해야 한다. 시간이 허락한다면 모든 참여자의 토의를 통해 현장에서 룰을 직접 만들 수도 있다. 그러나 시간적 여유가 없다면 퍼실리테이터가 의뢰 측과 상의하여 룰을 미리 만들고 그 룰에 대해 참여자들의 동의를 구할 수도 있다. 또 다른 방법으로는 사전 인터뷰를 통해 퍼실리테이터가 대부분의 룰을 작성하여 참여자들의 동의를 구하고, 한 두 개 정도만 참여자들로 하여금 현장에서 직접 룰을 추가하도록 할 수도 있다. 일반적으로 그라운드 룰을 작성하기 위한 아이디어를 도출할 때 말이나 대화 외에 카드나 다른 도구를 활용하여 재미를 더하는 것도 좋은 방법이다.

제3절
확산 단계(Divergence Process) : 표출화

추진 단계 중 두 번째인 확산 단계에서 퍼실리테이터에게 가장 중요한 것은 무엇일까? 다양하고 풍부한 아이디어라고 할 수 있다. 그것도 일정 수준 이상의 세련된 아이디어라면 더욱 좋을 것이다. 그 목적달성을 위해 어떻게 하는 것이 가장 효과적일까? 일단 참여자들이 자유로운 상태에서 의견 개진에 제약이 없도록 만드는 것이 중요하다. 다음으로 아이디어 확산에 필요한 기법들을 유효적절하게 잘 활용하는 것이라 할 수 있다. 여기에서는 이와 같은 점에 착안하여 어떻게 하면 확산을 효과적으로 할 수 있는지 그리고 그렇게 하기 위해서 퍼실리테이터는 무엇을 해야 하는지 알아보기로 한다.

1. 아이디어 확산의 가치와 중요성

회의나 워크숍의 분위기가 어느 정도 조성되면 퍼실리테이터는 주제에 대한 본격적인 토의를 시작한다. 이때부터는 주제와 관련하여 다양한 관점에서 가능한 한 많은 양의 아이디어를 만들어 내는 것이 핵심이 된다. 아이디어 확산이 제대로 되지 않고는 과제의 수준 높은 해결은 불가능하기 때문이다. 그러나 그만큼 중요한 단계임에도 불구하고 현장에서 확산 단계의 중요성에 대한 체감도는 그렇게 높지 않은 게 현실이다. 아마도 설계된 프로세스만 잘 준수하면 좋은 결과가 나오리라고 착각하는 사람들이 의외로 많기 때문인 것 같다. 많은 회의나 워크숍을 주재하는 사람들의 경우에도 충분할 정도의 아이디어가 도출되었는지 검증하는 절차를 소홀히 하는 경우가 많다는 점에 주목할 필요가 있다. 아이디어 창출 단계의 완벽성은 최종 결과물의 질적 수준과 비례할 수밖에 없다. 퍼실리테이터는 토의 참여자들이 자유롭게 발언하고 풍부한 아이디어를 다양하게 그리고 많이 만들어 낼 수 있도록 입체적인 방법으로 촉진해야 한다. 어떤 특정 목적의 과제를 달성하기 위하여 가장 우선해야 하는 것은 그와 관련된 아이디어를 최대한 많이 창출시키는 것이기 때문이다.

그렇다면 확산 단계에서 퍼실리테이터가 해야 할 역할은 무엇인가?

❙ 아이디어 발산을 위한 다각적인 조치를 취한다.

참여 그룹의 특성에 따라 어느 정도 다를 수는 있지만, 참여자들 대부분은 자신의 생각을 말로 표현하는 것에 대하여 불편함이나 약간의 두려움을 느끼고 있는 경우가 많다. 퍼실리테이터는 이와 같은 참여자의 심리적 특성을 사전에 감지하고, 편안한 분위기에서 그들의 생각을 효과적으로 이끌어내는 다양한 방법을 사용해야 한다. 그 방법 중 첫 번째는 자유롭고 안전한 발언 분위기를 조성하여 그들 스스로의 열정에 의해 아이디어를 만들도록 하는 것이다. 여기에 퍼실리테이터의 훌륭한 노하우가 더해진다면 금상첨화 격이다. 다음으로는 아이디어 창출을 위한 기법들을 활용하여 더 많은 양의 아이디어를 획득하도록 촉진하는 일이다. 토의 과정에서도 전원 참여의 분위기는 매우 중요하다. 그렇게 하기 위해 퍼실리테이터는 어떻게 해야 하는가? 우선, 집단의 활성화를 저해하는 요소들을 제거하거나 억제하는데 신경을 써야 한다. 실제 토의를 진행하다 보면 진행 중 내내 말 한마디도 안 하는 소극적인 참여자도 있고 지나치게 발언을 독점하거나 자신의 의견만을 고집하는 참여자도 있다. 이런 유형의 참여자들은 그룹 내 다른 사람들의 참여의욕을 감소시키기 마련이다. 이럴 때 퍼실리테이터는 요령 있게 대처할 수 있어야 한다. 하나의 팁을 소개하면 독점적 발언자가 있는 경우 "3분 이내 발언권을 균등하게 갖게 한다." 라는 규칙을 정해서 해결할 수도 있고 브레인라이팅 같은 기법을 활용하여 의견의 독점을 예방할 수도 있다. 한편, 소극적 참여자는 처음부터 회의에 관심이 전혀 없거나 혹은 개인적인 성격 때문일 수도 있지만 그룹 활동에 불만이 있는 경우도 적지 않다. 이때 퍼실리테이터는 참여자들에게 나타나는 그와 같은 태도의 원인을 심층적으로 파악하여 적절하게 대처해야 한다.

아이디어 확산에 도움이 되는 좋은 질문을 한다.

어떤 퍼실리테이터가 훌륭한가? 이는 여러 가지 관점에서 설명이 가능하다. 다만, 아이디어 확산 차원에서만 본다면 좋은 질문을 많이 하는 사람이 훌륭한 퍼실리테이터가 될 확률이 높다. 좋은 질문법은 퍼실리테이터가 지녀야 할 핵심적인 스킬로 아이디어를 창출하거나 토의를 진행하는 데 있어 매우 유효하기 때문이다. 퍼실리테이터는 중립적 위치에 있어야 하므로 의사결정에 영향을 미치는 암시나 정보를 주어서는 곤란하다. 퍼실리테이터는 이 점을 고려한 상태에서 다양한 관점의 질문으로 참여자들이 폭넓게 사고할 수 있는 길을 열어 주어야 한다. 어떤 질문들이 좋은 질문일까? 좋은 질문의 몇 가지 예를 들어보자.

- 일반적으로 아이디어 확산 단계에서는 듣는 사람으로 하여금 다양한 사고를 촉진시키는 질문일수록 좋다. 그렇게 하기 위해서는 폐쇄형 보다는 개방형 질문이 더욱 효과적이다.
- 질문에 대한 답이 애매모호하여 추가적인 내용이 필요하다고 판단되면 연속형의 질문을 한다. 대부분의 경우 한 번의 질문으로 기대하는 답을 얻기란 쉽지 않다. 그 때문에 확산형이나 수렴형의 질문을 계속하여 상대방의 생각을 자극하면 의외로 쉽게 답을 구할 수 있다.
- 상대방의 대답 수준에 따라 질문의 레벨을 조절하는 것도 하나의 방법이다. 상대방의 수준에 맞는 질문을 구사하는 것은 듣는 이로 하여금 자유롭고 편안한 분위기를 만들어 사고의 발상에 도움을 주기 때문이다.
- 사람의 표현력에 따른 차이가 있을 때 이를 명확하게 할 수 있는 보충 질문을 한다. 상대방이 말에 대한 표현력이 부족하다고 판단되면 퍼실리테이터가 이해하고 있는 내용으로 되물어 좀 더 명확하게 의견을 표현을 할 수 있게 지원한다.

2. 확산 단계에서 점검해야 할 사항

퍼실리테이션이 일반 회의와 다른 점은 아이디어를 도출하는 데 따른 장애 요인을 여러 가지 방법으로 제거하면서 진행한다는 점이다. 또한, 다양한 기법이나 도구를 활용하여 많은 아이디어를 창출하도록 병행적으로 지원한다는 사실이다. 아이디어의 확산을 위해 어떤 방법으로 장애 요인을 제거할 것이며 어느 기법을 사용할 것인가에 대해서는 참여 그룹들의 수준과 퍼실리테이터의 역량에 따라 결정될 수밖에 없다. 가끔 기법 사용에 있어 표준이나 정답을 요구하는 사람들이 있지만, 이는 어디까지나 퍼실리테이터 자신들의 학습 영역이라고 생각한다. 퍼실리테이션에서 이미 사용되고 있는 많은 기법들은 탄생 배경과 목적 달성을 위한 특수한 상황들을 기반으로 하고 있기 때문에 그 나름대로의 특성이나 장단점을 가질 수밖에 없다. 따라서 퍼실리테이터가 이와 같은 기법들을 잘 활용하기 위해서는 기법이 갖는 특성은 물론 사용 시의 전제 조건 그리고 더 나아가 다른 기법들과의 차이점들을 파악하는 것도 중요하다. 퍼실리테이터 역할을 잘 수행하기 위해서는 그 외에도 해결하고자 하는 과제와 집단의 성격 그리고 주어진 상황을 잘 파악하여 상호 적합성을 높여가는 것도 필요하다. 왜냐하면, 주어진 시간과 자원을 활용하여 기대하는 산출물들을 효율적으로 이끌어 내도록 해야 하기 때문이다. 그렇다면 성공적인 아이디어 확산을 위해 퍼실리테이터가 검토해야 할 사항들은 무엇인지 살펴보자.

- 다양한 아이디어와 의견이 충분하게 도출될 수 있도록 안전한 분위기를 유도하고 있는가?

- 아이디어 확산을 위해 필요한 기본 스킬들을 시의 적절하게 잘 활용하고 있는가?
- 부여된 상황에 맞게 다양한 아이디어 창출 기법들을 잘 활용하고 있는가?
- 아이디어 창출을 위해 구성원들의 참여와 몰입을 충분하게 이끌어내고 있는가?
- 해결과제와 관련하여 다양한 관점에서 아이디어 발굴을 촉진하고 있는가?
- 참여자들로 하여금 도출된 아이디어에 대한 공유와 동의를 잘 확보하고 있는가?

3. 확산 단계에서 필요한 기법과 도구

확산 단계에서는 상황에 따라 다양한 아이디어 표출 기법을 사용할 수 있다. 아이디어 도출은 크게 말로 토의를 하거나 글로 쓰는 방법 그 외에 기호나 도표 혹은 그림으로 그리는 방법들로 구분할 수 있으며 나머지는 이들을 응용하는 방법이라 할 수 있다. 구체적으로 보면 브레인스토밍(Brain Storming), 브레인라이팅(Brain Writing), 명목집단법(Norminal Group Technique : NGT), 마인드맵(Mind Map), 체크리스트 법(Check List), 강제연상법, 리치픽쳐(Rich Picture), 스캠퍼(SCAMPER), 여섯 개의 생각모자(Six Thinking Hat), 경험 나누기(Anecdote Circle), 만다라트(Mandalart), 벤치마킹(Bench Marking), 월드카페(World Cafe)등 다양한 기법들이 있다.

브레인스토밍(Brain Storming)

브레인스토밍 원칙

① 질보다 양을 추구한다	② 비판이나 평가를 금지한다
③ 분위기를 자유분방하게 한다	④ 남의 아이디어에 결합 편승한다

집단 토의에서 가장 많이 사용하는 기법의 하나로 자유로운 분위기 속에서 특정한 주제나 문제에 대하여 고정관념을 떨쳐 버리고 생각나는 대로 아이디어를 가능한 한 많이 도출하도록 촉진하는 방법이다. 오스본(A. Osborn)에 의해 만들어진 기법으로 여기에서 중요한 것은 참여자들이 개진한 의견들에 대해 비판을 하거나 판단을 해서는 안 된다. 여기에서는 여러 사람들이 자유롭게 제시한 창의적인 아이디어를 잘 듣고 종합

하는 것이 중요하다. 특히, 이때 퍼실리테이터는 다양한 아이디어들이 잘 나올 수 있도록 좋은 질문들로 참여자들을 자극하고 도출된 의견들을 정확하게 기록하는 역량이 필요하다. 브레인스토밍을 진행할 때 지켜야 할 원칙은 다음과 같다.

[그림 4-2] **브레인스토밍의 예시**

퍼실리테이터는 참여자들이 이 원칙을 잘 지켜가며 브레인스토밍을 할 수 있도록 시작 전에 이 기법에 대한 개요와 특징 그리고 장단점 등을 간단한 설명 하는 것이 좋으며 다양한 시각에서 필요한 아이디어들이 나올 수 있도록 제반 사항들을 준비해야 한다.

브레인라이팅(Brain Writing)

브레인라이팅은 말로 토론을 하기보다는 침묵한 채로 개인들로 하여금 직접 아이디어를 쓰도록 하면서 집단 발상의 장점도 살리는 기법이다. 이 기법은 참여자들이 다른 사람들 앞에서 의견내기를 쑥스러워할 때, 타인과 관련된 내용이어서 말하기 곤란할 때, 소수의 사람만이 의견 제시를 하고 나머지는 의견을 내지 못하고 있을 때, 말로 발언하는 것에 대한 부담을 줄이기 위해 적용하는 방법이다. 브레인라이팅을 하게 되면, 모든 사람이 평등하게 사고하고 발상할 수 있으며 의견 개진한 사람이 직접 기록하기 때문에 아이디어의 의미나 뉘앙스가 변질되는 문제점을 해결할 수 있다. 브레인라이팅은 포스트잇을 직접 사용하여 아이디어를 내도록 하기도 하지만 먼저 별도의 양식에 아이디어를 기록한 후에 포스트잇으로 옮겨 적을 수도 있다. 학문적으로 보면 브레인라이팅은 1968년에 독일의 베른트 로르바흐(Bernd Rohrbach) 교수가 브레인스토밍의 문제점을 극복하기 위하여 만들어낸 것으로 알려져 있으며 6·3·5기법 이라고도 한다. 6·3·5기법은 6명이 둘러앉아 3개의 아이디어를 5분 내에 기록하고 옆 사람에게 돌려 108개의 새로운 아이디어를 얻는 것을 목표로 한다. 브레인스토밍에서는 개인의 의견이나 아이디어를 주로 말로 표현하지만 브레인라이팅에서는 문자 그대로 글로 표현하기 때문에 일명 침묵의 브레인스토밍이라고도 한다.

〈표 4-1〉 **브레인라이팅 : 6·3·5 기법의 예시**

번호	이름	아이디어 1	아이디어 2	아이디어 3
1				
2				
3				
4				
5				
6				

명목집단법(Nominal Group Technique : NGT)

명목집단이란 이름만 있는 집단을 말한다. 집단으로서의 역할이 주어지지 않으므로 구성원 상호간 의사소통을 용납하지 않는다. 이 기법은 구조가 상당히 잘 잡혀있고 팀원들이 적극 참여하고 있는 그룹회의에서 특정 사안에 대해 서로 말하지 않은 상태에서 진행한다. 그 조건하에서 다양한 아이디어를 제시하고 이에 대한 평가나 우선순위를 부여하여 의사결정을 하는데 주로 사용하는 기법이다. 1968년 A. Delbecq와 Q. Van de Ven이 처음으로 개발한 기법으로, 참가자들이 항목이나 문제 선택, 그리고 의사 결정 과정에서 동등한 목소리를 낼 수 있도록 하는 하나의 좋은 수단으로 점점 유명해졌다. 7~10명의 구성원들이 침묵의 상태에서 아이디어를 제출하고 퍼실리테이터는 전체를 기록 한 후 평가나 투표를 하기 전까지 약식의 토의가 이뤄지는 것이 보통이다. 이때는 집단 토의라기보다는 아이디어에 대한 지지를 명확히 하기 위해 주로 질문을 하고 그에 대한 답변이 이어지는 것이 일반적이다. 구성원들이 대면한다는 사실을 제외하면 델파이법과 유사하며 개인들이 자신들의 생각과 의견을 제시하는 데 있어 매우 자유롭다는 점이 장점으로 꼽힌다. 어떤 상황에서 명목집단법이 유용하게 활용될 수 있는지 알아보자.

- 공개적인 토의가 곤란한 주제에 대한 아이디어를 낼 필요가 있을 때
- 특정의 한 개인이 그룹 전체를 지배하고 있어 다른 사람들까지 의견개진에 동참시키려 할 때
- 다양한 의견 중 가장 중요한 이슈를 찾고 다음 단계로 나아갈 수 있도록 합의를 구하고자 할 때
- 도출된 아이디어나 항목에 우선순위를 부여하는데 있어 팀이 동등하게 참여하여 갈등을 사전예방하려고 할 때

❙ 리치픽쳐(Rich Picture)와 포인트픽쳐(Point Picture)

리치픽쳐나 포인트픽쳐는 복잡하거나 애매모호한 상황 속에 잠재되어 있는 여러 요소 들을 가시화시켜 자연스럽게 밖으로 표출시키는데 효과적인 기법이다. 즉, 그룹의 참여자들이 생각하고 있거나 경험했던 것들을 다양한 수단을 활용하여 그림의 형태로 자유롭게 표현하도록 하는 방법이다. 다만, 포인트픽쳐는 핵심적인 중요 사항 혹은 이슈들을 중심으로 그림을 그린다는 것만 다를 뿐이다. 실무적으로는 해결해야 할 집단의 과제를 둘러싼 여건이나 환경을 정확하게 이해하고 집단 구성원들의 생각들을 신속하게 파악하는데 유용하게 활용할 수 있다. 또한, 구성원들 간의 서로 다른 생각과 경험들을 공유토록 하여 짧은 시간 내에 토의를 활성화시키기 위한 선제적인 조치의 목적으로 활용하기도 한다. 설문 조사나 인터뷰에 의한 방식이 설계자가 예상하는 사고의 범위 안에 있는 것만을 도출하게 하는 한계를 가지고 있는데 반해 그림의 경우는 이와 같은 문제점을 상당 부분 극복할 수 있는 것도 큰 장점이라 할 수 있다.

〈표 4-2〉 Picture에 사용하는 다양한 수단

• Pictorial Symbols	• Photos
• Keywords	• Cartoons
• Sketches	• Symbols
• Titles	• Shapes
• Figures	• 풍선말
• 실제 물건들	

Picture는 문제 상황을 그림, 키워드, 부호, 아이콘, 만화, 스케치, 풍선말 등 다양한 수단을 활용하여 자신이 직접 경험한 사건, 사례 또는 생각들을 그리도록 한다. 추상적이고 개념적인 표현 보다는 사실적이고 구체적인 표현을 하도록 하는 것이 좋다. 참여자에게 정답이 아닌 자신이 표현하고 싶은 것을 그리도록 안내하고, 어떤 사건이나 상황에서 가졌던 느낌을 표현하도록 함으로써 그림을 풍부하게 할 수 있다. 말이나 글로 표현할 수 없는 미묘한 뉘앙스를 그림, 부호, 상징물 등으로 보다 생생하게 담아낼 수 있으며 동일한 이슈를 바라보는 관점에 따라 각기 다른 그림으로 그려 낼 수도 있다. 그림을 그리는 데는 주제에 따라 다르지만, 일반적으로 30분에서 1시간 정도의 시간이 소요된다. 개개인의 그림 그리기 능력의 한계를 고려하여 주어진 기호와 문자를 사용하기도 하고 책자의 그림이나 사진 그리고 실물들을 다양하게 활용할 수도 있다.

Picture는 특정한 규칙을 제시하지 않으므로 다양한 방법의 표시와 표현이 가능하다. 예를 들면 사람을 성냥개비 모양으로 표시하기도 하고 중요한 이슈를 표현하기 위해 말풍선을 사용하기도 하며, 교차된 칼은 갈등을 그리고 눈동자는 감시, 조사, 감독 등을 표현하기도 한다. 또한, 큰 틀이나 거시적인 방향에서 구성원들이 갖고 있는 생각, 경험, 이슈들을 표현하기 위해 사용하는 유사한 기법으로 빅 픽쳐(Big Picture)가 있다. 완성된 Picture는 참여자들로 하여금 그림을 보면서 특정과제와 관련된 잠재적인 생각을 떠오르게 하거나 아이디어를 본격적으로 이끌어 내도록 하기 위해 사용하기도 한다.

[그림 4-3] 리치 픽쳐 예시 : 회의에 대한 경험

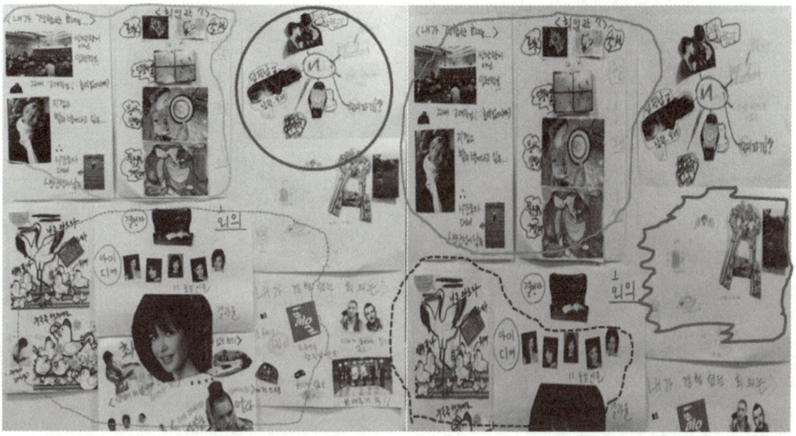

▎스캠퍼(SCAMPER)

스캠퍼는 오스본의 체크리스트를 에벌리(Everle)가 재구성한 것으로 7가지 유형의 질문에 해당하는 핵심 단어들의 첫 글자를 따서 만든 기법이다. 아이디어의 발상을 시도하는 사람은 지속적으로 관점을 바꿔가며 해당하는 항목과 관련된 질문을 하고 이에 대한 대답을 하면서 아이디어를 창출한다. 퍼실리테이터는 특정 항목에 대해 세분화된 질문을 얼마나 잘 설계하는가가 핵심 역량이 된다. 스캠퍼의 질문은 철자 순서대로 진행할 필요는 없으며 실전 문제 해결과 실생활에 많은 도움을 주기 때문에 창의성 과정에 널리 사용된다. 또한 주어진 질문의 패턴에 따라 사고를 전개시킬 수 있으므로 초보자도 쉽게 활용할 수 있고, 문제의식을 습관화 할 수 있다는 장점이 있다.

예를 들어, 기업에서 생산성 향상이나 비용 절감 등 문제 해결을 위해 스캠퍼가 사용되는 경우를 생각해보자. 해결해야 할 과제가 비용 절감이라면 분석 대상에 대해 비싼 부품을 싼 것으로 대체한다든가 소모성을 반영구적으로 교체할 수도 있을 것이다. 또한, 단순 보조기능을 하는 재료들에 대해서는 이들을 제거하거나 축소할 수도 있으며, 유사한 기능의 부품들을 하나로 통합하는 경우 등 수많은 아이디어를 창출할 수 있다.

〈표 4-3〉 스캠퍼의 항목별 내용과 질문

항 목	내 용	질문 예시
S (Substitute)	대체하기	• 다른 것으로 대체할 수 없는가? • 지금과 달리 하면 하면 어떨까?
C (Combine)	결합하기	• 다른 것과 합칠 수 없는가? • 서로 통합하거나 붙이면 어떨까?
A (Adapt, Adjust)	적용하기, 조절하기	• 다른 것에 적용할 수 없는가? • 다른 방법으로 조절할 수 없을까?
M (Modify, Magnify, Minify)	수정하기, 확대하기, 축소하기	• 보다 확대·축소할 수 있는 방법은 없을까? • 수준, 빈도, 량을 줄일 수 있을까?
P (Put to other uses)	다른 용도로 사용하기	• 다른 용도로 사용할 수 없는가? • 다른 목적에 부합되게 할 수 없을까?
E (Eliminate)	제거하기	• 대상을 없애거나 제거할 수 없는가? • 어떤 것을 떼어내거나 분리할 수 있을까?
R (Rearrange, Reverse)	재정리하기, 순서 바꾸기	• 순서를 역으로 하면 어떤가? • 현재의 상태를 바꿀 수 있는가?

랜덤워드(Random Word)

랜덤워드는 "무작위 단어법"이라고도 하는데 에드워드 드보노(Edward de Bono) 교수가 고안한 아이디어 창출 방법으로 틀에 박힌 관습적 생각에서 벗어나 전혀 새로운 아이디어를 발굴하는 기법이다. 즉, 주제와 관련 없는 상태에서 무작위로 특정 단어를 선택하고 유추해 가는 이 방법은 기존의 사고에 얽매어 좀처럼 새로운 발상이 어려울 때 강제로 생각을 전환하게 도와준다. 랜덤워드의 원리는 개선하고자 하는 주제와 전혀 관계가 없는 단어를 하나 선택한 후 그 단어와 연상되는 의미들을 주제와 강제로 연계시켜서 아이디어를 내는 방식이다. 랜덤워드 기법을 사용할 때는 반드시 주제와 무관하게 무작위로 단어를 선택해야 하는데 가능하면 참석자들이 일상생활에서 자주 접하는 단어를 활용하는 것이 좋다. 예를 들면, 신제품의 냉장고 개발을 위한 아이디어를 창출하기 위해 사과라는 단어를 가지고 랜덤워드를 적용해 보자. 사과를 중심으로 다양한 아이디어들을 연상할 수 있고 결과로 도출된 다양한 아이디어를 활용하여 새로운 냉장고 컨셉을 만들 수 있을 것이다. 신제품 냉장고의 개념에 맞는 컨셉으로 '희로애락을 느끼거나 감정을 인식하는 냉장고' 개발이라는 신선한 아이디어를 고안해낼 수 있다.

[그림 4-4] 랜덤워드 예시 : 냉장고 개선

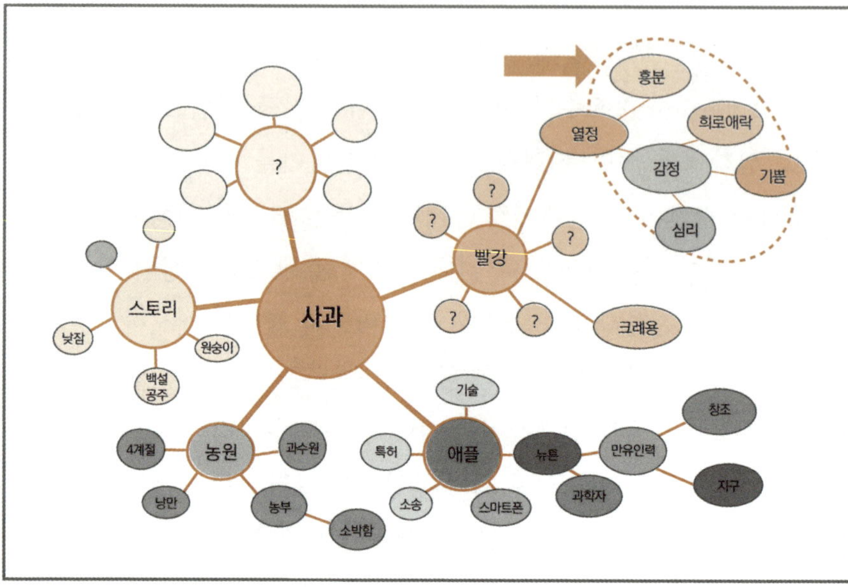

연상력 발상법

이 방법은 꼬리를 물고 계속 이어가는 생각을 통해 아이디어를 발상하는 기법으로 연상적 상상력의 전개가 핵심이다. 연상력 발상법은 머릿속에서 무의식적으로 연상되는 단어와 문장을 연속으로 써내려가는 방법으로 1957년 케이플즈(Caples)가 제안한 기법이다. 연상적 발상은 시각적 아이디어를 찾는 데도 많은 도움이 되지만 카피 아이디어를 추출하는 데도 유용하다. 연상력 발상법이 키워드법과 유사한 것처럼 보일 수 있지만 키워드법이 카피 아이디어를 얻기 위해 여러 명이 함께 하는 집단적 발상법이라면, 이 방법은 혼자서 하는 독자적 발상 기법이라는 데에 차이가 있다. 이 방법은 주제와 관련하여 머릿속에 가장 먼저 떠오르는 단어를 적고 잇따라 연상되는 단어나 문장을 계속 써 내려간다. 이때 단어나 문장이 서로 연결되는지 논리적으로 분석하거나 비판하지 않고, 무의식적인 상태에서 떠오르는 대로 계속 써내려가는 것이 중요하다. 지나간 단어나 문장을 되돌아볼 필요 없이 그냥 떠오르는 것들을 충실히 적는다. 이렇게 해서 태어나는 단어나 문장이 모두 완벽한 아이디어의 형태를 갖추지는 않지만, 나중에 놀라운 아이디어로 발전될 가능성이 있다. 더 이상 불가능해질 때까지 이 과정을 반복한다. 계속 써 내려가다 보면 단어와 단어가 구절로, 구절과 구절이 문장으로, 문장과 문장이 때로는 하나의 단락으로 발전되기도 한다. 연상력 발상법은 브레인라이팅과 유사한데 브레인라이팅에서는 아이디어 창출을 다수가 함께 모여 진행한다면, 연상력 발상법에서는 각자가 흩어져 홀로 아이디어를 낸다는 점이 다르다. 그렇지만 자유롭게 어떤 아이디어라도 창출한다는 점은 두 가지 방법 모두 공통적인 특징이다.

마인드맵(Mind map)

마인드맵은 '생각의 지도'라는 뜻으로 1970년대 초 영국의 교육학자 토니 부잔(Tony Buzan)이 개발한 기법이다. 그 특징으로는 질서가 정연하지 않고, 다차원적인 특성을 가진 인간의 생각을 표현하는데 용이하도록 고안된 점이다. 키워드나 대표 이미지를 중심에 적고 가지를 확대해 가는 방식을 활용한다. 핵심어, 이미지, 색, 기호, 심볼 등을 사용해 방사형으로 펼쳐 전개함으로써 사고력과 창의력을 높이는 두뇌 활용기법이다.

마인드맵을 작성할 때는 가능하면 많은 이미지를 사용하는 것이 좋다.

필요한 도구들로는 종이와 펜 그리고 채색용 색연필, 사인펜 등이며, 이 기법이 갖는 특징을 잘 살리는 것이 중요하다.

[그림 4-5] **마인드맵 예시**

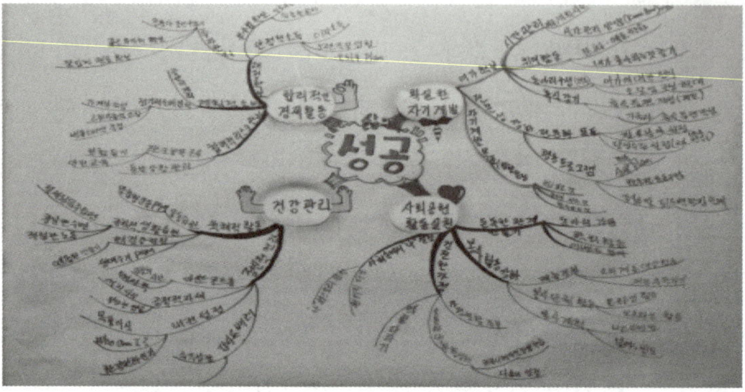

첫째, 방사형 구조를 가지고 있으므로 중앙의 중심 이미지를 기반으로 다양한 생각이 입체적으로 뻗어 나갈 수 있도록 그린다.

둘째, 중심 이미지는 의도하는 주제, 제목, 이슈 등을 표현하는 것으로 가능하면 중앙에 크고 화려하게 입체적으로 그리는 것이 좋다.

셋째, 메인 가지는 중심 이미지에 연결된 나무 가지 모양의 선을 말한다. 중심에 가까울수록 굵고, 외부로 뻗어나갈 수록 보조적으로 점점 가늘게 그리는 것이 좋다.

넷째, 키워드는 가지 위에 표현하는 것이 바람직하다. 이는 연결가지가 끊어지는 것을 예방하기 위한 것으로 이때 주의해야 할 점은 하나의 가지 위에 하나의 키워드만을 써야 한다는 것이다.

다섯째, 이미지의 경우에는 가능하면 키워드와 관련된 이미지를 그리되 간단하지만 다양한 색상을 사용해 그리는 것이 보다 활용도가 높다.

여섯 개의 생각모자(Six thinking Hat)

서로 다른 여섯 가지 색깔의 모자를 수단으로 하여 아이디어를 창출하는 기법이다. 퍼실리테이터가 지시하는 색깔의 모자를 쓰고 그 모자가 의미하는 측면에서만 생각하고 아이디어를 내며 토의하는 방법이다. 한 번에 한 가지 측면만을 생각하고 토론함으로써 사고를 단순화시킬 수 있고 아이디어의 방향을 집중화 시킬 수 있다. 이 기법을 사용하면, 자아와 사고의 분리가 가능해지며 모자가 없는 경우에는 특정 색깔의 모자를 가정하고 실시할 수 있다. 퍼실리테이터는 토론 과정에서 팀의 상황을 관찰하고 특정 분야에 대해 아이디어를 도출하도록 유도하는 역할을 수행한다. 예를 들어 추상적이고 애매모호한 토론 진행 상태에서 퍼실리테이터가 정확하고 객관적인 사실이 필요할 때 흰색 모자를 쓰고 실제 상황에 초점을 맞추도록 방향을 전환할 수 있다. 또한, 일반적이고 평범한 수준의 아이디어만 지속적으로 제시되어 발상의 전환을 통한 획기적인 아이디어가 필요할 때 초록색의 모자를 활용할 수도 있다.

이밖에도 다양한 아이디어 창출기법이 존재한다. 예를 들면 스티븐 베이커(Stephen Baker)의 경우 360도 발상법을 고안하였다. 그는 특정 문제를 해결하기 위해 필요한 아이디어를 얻는데 유용한 201가지 방법을 구체적으로 제시 했다. 또한 겐리흐 알트 슈레를 박사에 의해 개발된 Triz 역시 창의적 문제해결을 위해 활용할 수 있는 40여 가지 원리로 아이디어 창출에 응용되고 있다.

〈표 4-4〉 여섯 개의 생각모자의 내용

모자	의미의 구분	진행 및 질문
 흰색	사실적, 객관적, 중립적인 사고	• 우리가 갖고 있는 정확한 정보는 무엇일까요? • 오늘까지 제시된 의견들은 어떤 것들입니까? • 어느 단계 까지 이 문제를 논의하도록 할까요? • 이 단계에서 아이디어를 몇 개 정도 도출하면 됩니까?
 빨강색	예감, 직관, 인상, 감정 분노, 격정	• 그 사람이 왜 이 일에 적합한 자라는 느낌이 듭니까? • 이 일을 왜 위험부담이 있는 모험이라고 느낍니까? • 이 아이디어는 어떤 면에서 성공적이라는 느낌이 듭니까? • 이 제안의 어떤 점이 당신을 화나게 했습니까?
 검정색	우울하고 부정적인 사고 (신중함과 잠재된 위험 검토)	• 이와 같은 결정을 내리면 무슨 일이 생길까요? • 어떤 점들이 잘못될 수 있을까요? • 표출되지 않은 잠재된 문제점은 무엇일까요? • 이 제안이 어떻게 받아들여질 수 있을까요?
 노랑색	긍적적이고 낙관적인 사고 (가치, 편익, 구체적인 제안 등)	• 이 제안의 긍정적인 가치는 무엇일까요? • 어떤 상황에서 이 가치들의 위력이 발휘될 수 있을까요? • 아이디어가 실행되면 그 유용성은 얼마나 될까요? • 도출된 것 외에 또 다른 장점은 없을까요?
 초록색	창의적인 아이디어 생성 (다양한 대안의 탐색)	• 지금까지 생각하지 못한 전혀 다른 방법으로 해볼까요? • 세로운 대안을 찾아보면 어떨까요? • 더욱 확대된 엉뚱한 개선 방안은 없을까요? • 다른 곳에 적용할 수는 없을까요?
 파랑색	냉철하고 이성적인 판단 (오케스트라 지휘자처럼 사고를 통제)	• 이번 단계는 붉은색 모자를 쓰고 의견을 주시겠어요? • 지금 절차에 맞춰 제대로 진행이 되고 있나요? • 지금까지 한 내용들을 같이 요약해 볼까요? • 이것이 우리의 결론인데 모두 동의합니까?

4. 다양한 기법과 도구 사용 시 주의할 점

과제를 해결하는 데 필요한 아이디어를 가능한 한 많이 내도록 하는 것은 궁극적으로 보다 질 좋은 산출물을 만들고자 하는 것이다. 어떤 사람들은 좋은 아이디어 몇 개 정도만 있으면 되는 것 아니냐고 항변하기도 한다. 틀린 말은 아니다. 그러나 좋은 아이디어 몇 개가 그렇게 쉽게 도출되는 것은 아니며 단 시간 내에 만들어 낼 수 있는 것도 아니다. 그 정도의 노력으로 과제가 해결될 정도라면 그 과제는 이미 더 이상의 문제가 남아있을 리 없기 때문이다. 퍼실리테이션은 뛰어난 몇 사람보다는 다양한 사고와 입체적 관점을 가진 다수의 참여자들을 기반으로 토의가 진행되었을 때 더 훌륭한 성과를 도출할 수 있다는 전제가 깔려있다. 일반적으로 다수를 통한 시너지화가 그렇지 않은 경우 보다 질 높은 성과물을 만들어내기 때문이다. 그렇다면 아이디어를 확산하는데 기법은 왜 활용하는가? 기법과 도구는 무조건 많이 활용하는 것이 좋은가? 기법사용에 정답이 있는가? 이들을 사용할 경우 어떤 점을 주의해야 하는가? 이런 질문들에 대해 정리할 필요가 있다. 기법과 도구는 제 각각 나름대로 장단점을 가지고 있다. 예를 들면, 가장 흔하게 활용하는 브레인스토밍과 브레인라이팅도 운영방법이 다르기 때문에 적용해야 할 대상이나 상황을 구별해야 할 필요가 있다. 전자는 토론이 중심이지만 후자는 토론이 없고 혼자 아이디어를 써 내려가는 방식이다. 따라서 퍼실리테이터는 기법과 도구의 특장점을 먼저 확인하고 퍼실리테이션의 진행 상황에 맞게 이들을 활용하려는 노력을 기울여야 한다. 대체적으로 확산 단계에서 기법을 선택하고 과제 해결에 적용 할 경우 다음 사항들을 체크해야 할 필요가 있다.

- 각 단계별로 요구하는 목적을 달성하는데 필요한 기법과 도구들을 정리하고 특징과 장단점을 분석했는가?
- 선정된 기법과 도구들이 과제 해결을 위한 아이디어를 창출하는데 무리가 없는가?
- 선정된 기법과 도구들을 적용함에 있어 참여 대상자들의 수준을 고려하였는가?
- 기법과 도구를 활용하는데 있어 주어진 여건과 시간이 적정한가?
- 부여된 여건 하에서 선정된 기법과 도구들의 장점이 충분히 발휘될 수 있는가?
- 기법의 적용에 따른 문제가 발생할 경우 이를 극복할 수 있는 대체 방안은 있는가?

[그림 4-6] 기법활용에 따른 아이디어창출 예시

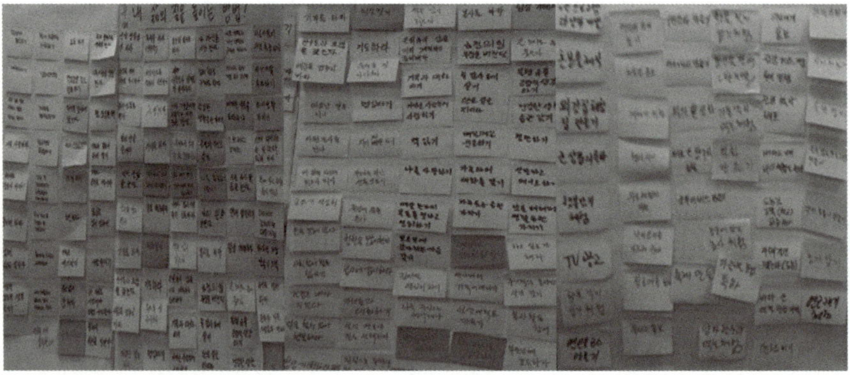

제4절
분류·분석 단계(Classifing & Analysis Process) : 구조화

세 번째는 분류 단계이다. 여기에서는 단순히 분류만 진행되기보다는 실제로 분류와 분석의 두 단계가 포함되어 다루어진다. 이 단계는 이전 단계에서 표출된 많은 아이디어와 정보들을 필요한 기준에 따라 분류하고 상호 연관성을 찾아가는 과정이다. 이때 퍼실리테이터에게는 구조화(Structuring) 스킬이 필요하다. 앞에서 도출된 아이디어들은 크고 작은 것들, 유사하거나 중복된 것들, 과제와 다소 관련이 없는 것 등이 복잡하게 섞여 있는 상태이다. 구조화 스킬은 이처럼 산만하고 복잡하게 표현된 아이디어와 정보를 체계적으로 묶어 일정한 구조나 형태를 만들어 내는 데 도움을 주는 스킬이다. 따라서 퍼실리테이터는 구조화를 위한 다양한 종류의 기법과 도구들에 대해 정통해야 하고 활용 시의 주의점에 대해서도 잘 파악하고 있어야 한다. 여기에서는 분류에 대한 방법과 스킬을 먼저 설명하고 난 이후에 분석에 관련된 부분을 기술하고자 한다.

1. 아이디어 분류와 구조화의 의미

어느 정도 충분하게 도출된 아이디어는 크고 작은 그리고 내용에서 일관되지 않은 다소 복잡한 형태를 가지고 있으며 아직 세련되지 않은 아이디어 집합체의 성격을 띤다. 따라서 이들을 일정한 유형별로 적당하게 나누고 보완하는 작업이 필요하다. 아이디어들을 적절하게 구분하여 나누지 않으면 그 내용들을 한눈에 파악할 수 없을 뿐만 아니라 이어지는 작업을 효과적으로 수행할 수 없기 때문이다. 분류라는 단계를 통해 산만하고 복잡하게 표현된 아이디어들을 일목요연하게 정리하게 되는데 이때 분류 영역의 개수는 일반적으로 4개 정도로 한다. 이는 주제의 크기에 따라 다르고 정답은 없지만, 너무 분류 숫자가 많아지면 범주 설정에서 그룹핑의 의미가 없어지고 너무 작으면 이질적인 요소들이 한 그룹에 섞이게 되어 하부로 Breakdown 할 때 어려워지는 단점이 있다.

[그림 4-7] 분류의 이미지

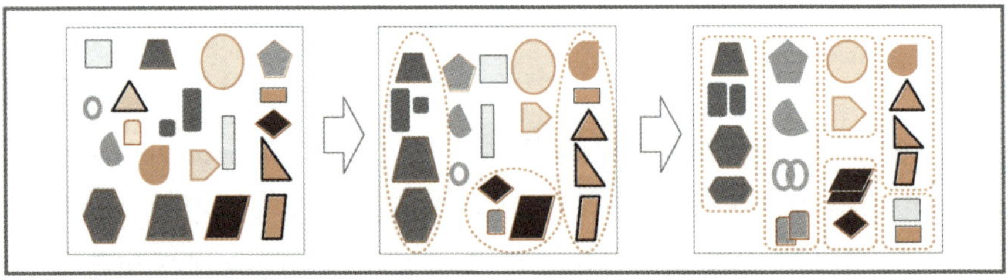

어떤 조직의 문제점 들을 다양하게 도출한다고 가정하자. 문제점들이 적어도 몇 십 개 정도는 족히 나올 것이다. 그 대상 문제점 전체를 상대로 일거에 우선순위 설정이나 결정을 하는 것은 결코 쉽지 않다. 따라서 영역의 구분이 필요하게 된다. 예를 들면 업무의 문제, 담당자의 문제, 설비나 장비의 문제, 처리 방법의 문제 등으로 우선 아이디어를 구분하여 유형화하고 이들의 범주를 대상으로 동일 유형에 속한 문제점들을 평가하는 것이 합리적 의사결정을 하는 데 있어 중요하기 때문이다.

2. 분류의 접근 방법과 원칙

분류의 2가지 접근방법

퍼실리테이션을 통해 과제를 해결하는 실제의 현장에서는 분류 단계가 꽤 어렵게 느껴질 때가 있다. 어떻게 분류하는가에 따라 해결안의 설계가 달라질 수 있기 때문이다. 분류 단계 역시 다른 단계와 마찬가지로 한 번에 완벽하게 되지 않기 때문에 반복된 절차를 거쳐 완벽성을 기하는 것이 좋다. 분류에는 2가지 방법이 있다. 하나는 카테고리(범주)를 정하고 나서 연결되는 아이디어를 배열하는 방법과 도출된 유사 아이디어들을 묶어 그룹핑 해가면서 카테고리(범주)를 설정하는 방법이다. 전자를 연역법, 후자를 귀납법으로 구분하기도 한다. 일반적으로 과제와 관련분야에 전문성이 떨어지거나 해박하지 못하면 1차적으로 귀납법을 활용하고 다음 단계에서 연역적으로 검증하는 방법이 좋다. 비전문가가 연역적인 방법으로 범주를 잘못 설정할 경우 관련된 아이디어가 누락될 가능성이 높기 때문이다.

분류의 원칙

다양한 방법으로 도출된 많은 아이디어들을 일목요연하게 분류하는 것이 쉽지 않은 경우도 많다. 이는 보는 관점에 따라 경우의 수가 많기 때문이다. 따라서 이를 보다 체계적으로 진행하기 위해 지켜야 할 규칙이 있다. 여기에서는 간단하게 미시(MECE : Mutually Exclusive and Collectively Exhaustive)원칙을 설명한다. 미시(MECE)란 분류기법에 관한 것으로 분류된 범주 간에 상호 독립적이지만 합치면 전체가 되어야 하는 원칙이다. 이에 대해서는 기법과 도구에서 자세하게 설명한다. 그렇다면 다소 복잡한 분류 단계에서 퍼실리테이터는 어떤 점들을 고려해야 하는가?

- 참여자들이 아이디어의 분류에 대한 목적과 의미를 정확하게 이해하고 있는가?
- 참여자 서로간의 분류에 대한 시각 차이를 극복하고 결론으로 잘 이끌어 가고 있는가?
- 분류를 효율적으로 진행시키기 위해 중간 중간에 주의 사항들을 잘 알려주고 있는가?
- 특정 형태로 구조화된 아이디어 분류 방법은 다음 단계를 진행하는데 무리가 없는가?
- 분류된 산출물에 대해 다양한 방식으로 내부적인 동의를 얻고 있는가?

3. 분류 단계에서 필요한 기법과 도구

구조화 스킬은 앞에서 도출된 많은 아이디어들을 구분하여 서로 다른 범주나 영역별로 분류하면서 일차적으로는 정리를 함과 동시에 이차적으로는 분석을 쉽게 하기 위해 수행된다. 구조화를 위해서는 일정한 기준과 원칙을 설정해야 한다. 구조화 단계에서 활용되는 퍼실리테이션 기법들은 활용 목적에 따라 선택을 달리할 수 있다. MECE와 LISS, T차트(T-Chort), 스토리보딩(Story boarding), 사분면 매트릭스(2×2매트릭스), 플로우차트(Flowchart) 혹은 프로세스맵(Process Map), 로직트리(Logic tree), 피쉬본(Fishbone), 5 WHY, 포지셔닝 맵(Positioning Map), 피라미드(Pyramid), 등 다양한 기법과 도구들이 있다.

MECE와 LISS

도출된 아이디어나 의견들은 크고 작은 여러 가지 유형이 혼재되어 있기 마련이다. 이들을 의미 있게 활용하기 위해서는 유사성을 중심으로 적정하게 분류하는 것이 중요하다. 이때 반드시 지켜야 할 원칙으로 MECE(Mutually Exclusive and Collectively Exhaustive)가 있다. 이는 구성 요소들 간에 상호 중복이 되지 않은 배타적인 상태에서 각각의 합이 전체가 될 수 있는 집합을 의미한다. 이와 비슷하지만 좀 다른 LISS가 있는데 LISS(Linearly Independent Spanning Set)는 중요한 구성요소들 간에 상호 중복이 아닌 독립적이지만, 각각의 합이 전체가 되지는 않는 집합을 말한다. 이는 핵심적인 구성요소들만으로 이뤄진 집합을 말하며 중요하지 않은 나머지 요소는 고려하지 않는다는 전제가 깔려있다.

MECE는 같은 레벨에서 상호 독립적이고 배타적이어야 함을 강조하는 원칙으로 예를 들면, 사람의 집합을 황인종, 흑인종, 기독교로 그룹핑하거나 지구에 살고 있는 개체에 대해 동물, 식물, 생물, 파충류 이런 식의 분류는 분류방식 자체에 문제가 있다는 뜻이다. 기독교에는 백인종, 황인종, 흑인종이 모두 관련되어 있어 서로 배타적이지 않다. 또한, 동물, 식물은 생물에 속해있고 파충류는 동물에 속해있으므로 상호 레벨이 달라 동일선 상에 위치시킬 수 없다. 정확한 분류방법을 이해하기 위해 MECE 원칙의 구체적인 예를 들어 그 방법을 살펴보자.

① 지구를 구성하는 전체 집합 요소를 육지, 바다, 강, 산, 평지로 구분한다.

② 요소들끼리 서로 배타적 즉, 겹치지 않는지(mutually Exclusive) 확인한다. 겹치는 부분이 있으면 이를 조정해야 하는데 예에서 보면 육지에 강, 산, 평지가 포함되어 있으므로 MECE 원칙에 어긋남을 알 수 있다. 따라서 지구를 육지와 바다로 분류하고 육지는 다시 산, 강, 평지로 하부 분류하는 것이 옳다.

③ 다음으로 부분 요소를 모두 합하면 전체가 되는지(Collectively Exhaustive) 확인한다. 예에서 보면 산과 강, 평지를 합하면 육지가 되고 육지와 바다를 합치면 지구가 되므로 MECE 원칙이 성립된다.

④ 이 경우 만약 하부 요소들을 다 합쳐도 전체가 구현되지 않으면 하부요소들이 충분하지 않은 것이므로 하부요소들에 대한 내용이나 항목들을 추가해야 한다.

[그림 4-8] MECE와 LISS

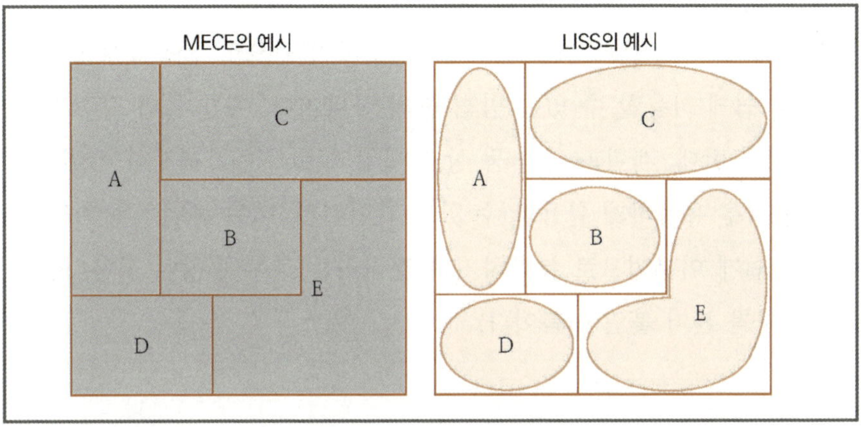

도출된 아이디어 숫자가 적을 때는 모든 아이디어가 한눈에 들어오기 때문에 별도의 분류 단계가 없어도 크게 문제가 되지 않는다. 하지만 60~70개 이상의 많은 아이디어가 한 공간에 있는 경우 다소 혼란스럽고 복잡한 느낌이 들 수밖에 없다. 그래서 분류 기법을 활용하여 정리를 시도하게 된다. 이때 지켜야 할 중요한 원칙이 바로 MECE 원칙이다. 대부분의 사람들은 아이디어가 나오면 분류해야 한다는 사실은 잘 알고 있지만, 이때 지켜야 하는 원칙이나 기준을 간과한 경우가 많다. 그것을 지켜야 하는 이유는 분류 단계를 좀 더 깊게 진행하면 스스로 알게 된다. 하부로 분류를 전개해갈수록 아이디어끼리 충돌이 많아져 많은 문제가 발생하곤 한다. 이는 분류 시작 시점부터 MECE 원칙을 준수하지 않은 것이 가장 큰 원인이며 다음으로 분류에 대한 검증 작업을 소홀히 하는 것도 원인제공의 한 요소가 된다.

T-차트(T-chart)

아이디어나 의견을 개진하고 이들을 2개 영역으로 신속하게 정리할 때 가장 쉽게 사용할 수 있는 방법 중의 하나이다. 예를 들면 장점과 단점, 찬성과 반대, 계획과 실행 등 상호 대칭되는 기준을 제시하여 내용을 구분할 경우 유용하게 활용할 수 있는 기법이다. 이는 콘텐츠를 가장 단순하고 쉽게 이분법으로 분류하거나 정리하는 경우에 많이 사용하는데 영어 T자를 본떠 붙인 이름이다.

〈표 4-5〉 T-chart 예시

잘하고 있는 점	잘 못하고 있는 점
•목표 대비 실적을 정기적으로 분석함 •피드백을 체계적으로 실시함 •내부의 자원을 효율적으로 활용함 •작지만 하나씩 실행에 착수하고 있음 •매뉴얼을 잘 숙지하고 준수하고 있음	•부서간의 커뮤니케이션이 개선되지 않음 •외부 환경 변화에 민첩하게 대응하지 못함 •혁신 활동에 관리자들의 무관심 •직원들이 어려운 업무를 기피함 •과제의 사후관리미흡으로 실행력 약화

T차트를 활용하기 위한 작업 절차는 다음과 같다.

① 차트 위쪽에 주제를 적고 T자형 표를 그린다.

② T자의 왼쪽, 오른쪽 상단에 토의해야 할 구분 사항을 대칭으로 기록한다.

③ 좌우 양쪽 구분란에 해당하는 내용의 아이디어를 낼 수 있도록 질문을 던진다.

④ 각각 해당란에 도출된 아이디어를 기록한다.
⑤ 기록된 내용을 보완하는 질문을 던져 추가 아이디어를 수집한다.
⑥ 표현이 애매모호하거나 매끄럽지 못한 아이디어를 명확히 한다.

스토리보딩(Storyboarding)

획득된 의견 및 아이디어를 모으고 그룹핑하여 참여자들이 도출된 내용을 쉽게 구분하고 잘 볼 수 있도록 도와주는 과정에서 활용하는 구조화 방법 중 하나이다. 스토리보딩의 용도는 주제를 선택하거나 영역을 확인하기 위한 것으로 원래 영상물을 제작하기 전에 아이디어와 컨셉 등을 기획하고, 이것을 구체적인 그림으로 묘사하여 시각화하는 것으로부터 출발했다. 스토리보딩을 활용하기 위한 절차는 다음과 같다.

① 도출된 아이디어를 포스트잇에 옮겨 적고 같은 아이디어끼리 겹쳐 붙이거나 유사한 것들을 모은다. 필요한 경우 아이디어를 보충하기도 한다.
② 직접적인 연관이 있거나 비슷한 아이디어는 가까이 모으고 간접적인 것 또는 연관이 적은 것일수록 멀리 붙인다.
③ 붙이는 작업이 완료되면 전체적으로 4개 정도의 묶음(그룹)을 형성하도록 한다.
④ 묶음에 적당한 이름(Name Card)를 붙여본다. 이름에 어울리지 않는 아이디어가 포함되어 있으면 다른 그룹으로 보낸다.
⑤ 필요한 경우 묶음을 다시 구성할 수 있다.
⑥ 이름을 모두 정한 후 참여자들 전체가 동의하는지 여부를 확인한다.

〈표 4-6〉 스토리보딩 예시

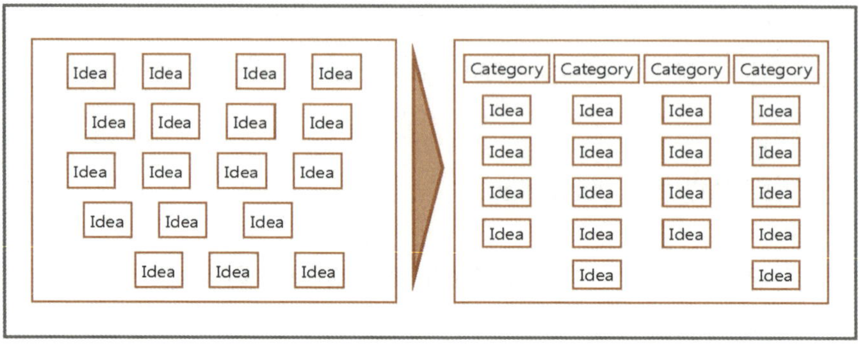

❚ 사분면 매트릭스(2*2매트릭스)

사분면 매트릭스는 T차트에 의한 2차원 분류로는 의미 있는 집합의 유형을 추출하기 어려울 때 사용하는 기법이다. 사분면 매트릭스는 4개의 영역을 체계적인 방법으로 신속하게 분리하여 세분화된 집합의 유형을 만들어 낼 수 있다. 사분면 매트릭스를 작성하기 위해서는 서로 다른 2개의 특성을 가진 기준을 도출하고 이를 X축, Y축으로 하여 4개의 셀을 구성한 후 각각의 셀에 해당하는 아이디어나 정보를 배치시킨다. 두 개의 기준은 활용하는 목적에 따라 다양하게 설정할 수 있다. 아래의 그림은 효과성과 실행 가능성을 기준으로 사분면 매트릭스를 설계한 예라 볼 수 있다. 예시의 경우 4개 셀 중 효과성이 높고 실행 가능성도 높은 영역이 가장 우선적으로 선택되어야 될 대상들이라 할 수 있다.

〈표 4-7〉 사분면 매트릭스 예시

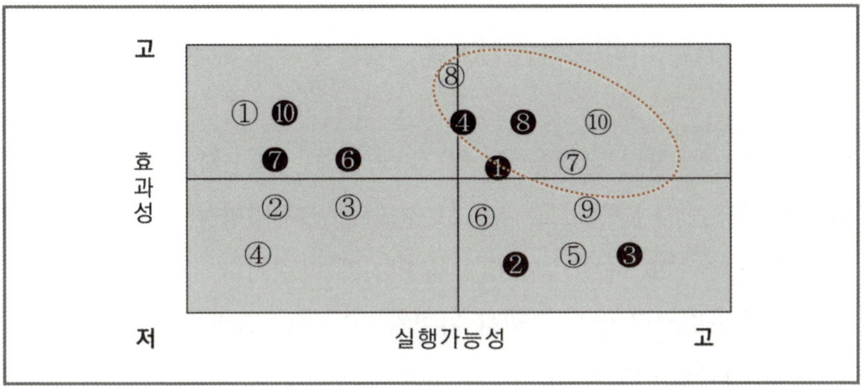

사분면 매트릭스를 체계적으로 작성하기 위한 순서는 다음과 같다.

① 사분면 매트릭스의 분류 목적을 명확하게 한다.
② 분석 대상의 집합체인 아이디어나 정보를 목적에 맞게 구분하기 위해 서로 다른 특성을 가진 2개의 기준을 설정한다.
③ 필요한 경우 각각의 기준에 대해 상세하게 정의하고 범위를 설정한다.
④ 2개 기준을 X축과 Y축으로 구분하고 4개의 셀로 유형화 한다.
⑤ 일반적으로 X축과 Y축 양극단을 레벨로 표시하나 필요한 경우 숫자를 기입하여 정확도를 높일 수도 있다.
⑥ 전체의 아이디어나 정보 항목들을 4개의 셀의 특성에 따라 적절하게 배치한다.

플로우차트(Flowchart) 혹은 프로세스맵(Process Map)

플로우차트는 미리 정의한 기호와 그것들을 서로 연결하는 선을 사용하여 그린 도표라 할 수 있는데, 특정 논리의 흐름이나 목적을 달성하기 위한 수단들을 처리 과정을 중심으로 표현하는 데 사용하는 기법이다. 어떤 일이든 일을 수행하고 나면 그 결과로 인해 영향을 받는 것이 있으며 그것은 다시 또 다른 것에 영향을 미치게 마련이다. 때로는 그것들이 전과 후의 방향으로 연쇄 고리를 이어가며 다양한 결과물을 만들어 내기도 한다. 영향을 미치는 요소들이 시간의 흐름에 따라 일정한 패턴을 가질 때 보다 효율적인 분석을 위해 활용하는 도구가 플로우차트라 할 수 있다. 플로우차트 기법은 주로 투입과 산출 혹은 원인과 결과의 관계를 화살표로 연결하면서 처음부터 끝까지 이어간다. 플로우차트를 그릴 때는 왼쪽에서 오른쪽으로 위에서 아래로 흐르게 하는 것이 일반적이다. 플로우차트 기법을 프로세스 맵으로 구분하여 명명하기도 하나 흐름의 연결이라는 그 특성은 동일하므로 같은 것으로 보아도 무방하다.

플로우차트나 프로세스 맵을 사용하면 다음과 같은 장점이 있다.

- 대상 과제에 대한 전체적인 흐름을 한눈에 알 수 있다.
- 누가 무엇을 어디에서 어떻게 하는지 파악이 가능하다.
- 시간의 흐름에 따라 일어나는 활동을 쉽게 알 수 있다.
- 차트를 보고 쉽게 문제점이나 이슈를 끄집어 낼 수 있다.
- 참여자들의 몰입도를 높이고 공감대를 향상시킬 수 있다.

<표 4-8> 플로우차트 예시

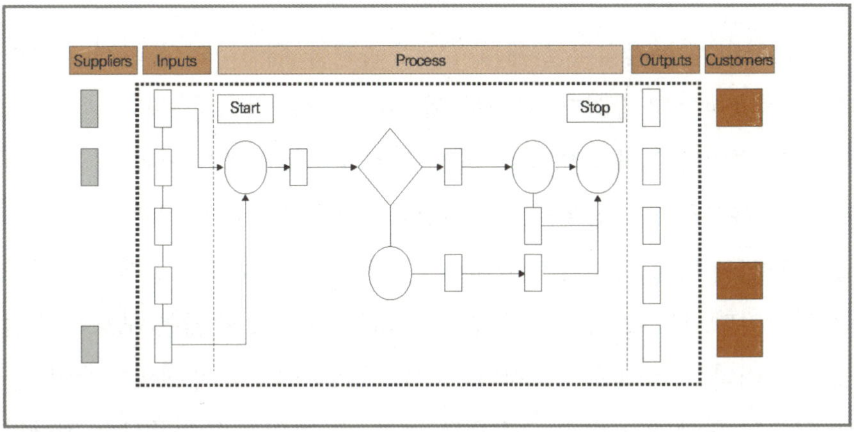

과제의 분석을 위해 사용하는 플로우차트의 작성 방법과 순서는 다음과 같다.

① 대상과제의 범위를 명확하게 하고 그 범위를 설정한다.

② 과제와 관련된 고객과 이해관계자(집단)를 정의한다.

③ 과제의 해결에 따른 큰 흐름과 절차를 중심으로 단계를 구분한다.

④ 각 단계별로 고객과의 관계 속에서 일어나는 활동을 파악하고 기입한다.

⑤ 각 활동은 기호를 사용하며 발생 순서에 맞게 화살표로 잇는다.(시계열 준수)

⑥ 기호는 보통 활동(○), 문서 및 인쇄물(□), 비교 및 판단(◇), 저장 및 보관(▽)등을 사용한다.

플로우차트 사용 시 사용하는 기호에 대해 공유된 원칙과 기준을 명확하게 정하고 이해한 상태에서 적용하는 것이 좋다.

로직트리(Logic Tree)

로직트리는 논리적이고 체계적으로 과제를 해결하거나 문제를 규명할 때 적용하는 기법이다. 과제를 해결하기 위한 목적과 수단의 구조 관계 혹은 원인과 결과 간의 인과 관계를 논리적으로 체계화하거나 시각화하는 데 유용하게 사용된다. 즉, 현상과 문제·원인 혹은 목적과 수단 등을 연관성에 따라 나뭇가지 형태로 논리적으로 분해하고 전개해 나아가는 방법이다. 로직트리는 토론 중 논의의 레벨에 맞지 않은 모호한 의견들을 정리하는 데에도 유용하다. 또한, 아이디어들을 중복이나 누락 없이 그리고 단계에 따라 계층적으로 정리 할 수 있게 도와주므로 전략적 사고에도 유용하다. 로직트리를 정확하게 작성하기 위해서는 다음 사항에 유의해야 한다.

- 상위의 분류나 항목은 하위요소들을 요약 혹은 포괄한다.
- 같은 계층의 분류나 항목은 항상 비슷한 유형 혹은 동일한 레벨의 것이어야 한다.
- 로직트리 내의 같은 범주나 동일 라인의 분류 및 항목은 논리적으로 순서가 존재한다.
- 하부로 전개될수록 항목이나 내용은 보다 세분화, 구체화된다.

로직트리를 체계적으로 구조화하기 위한 순서는 다음과 같다.

① 스토리보딩 방법 등을 활용하여 적정한 범주를 설정한다(4개 정도)
② 설정한 범주들이 미시원칙에 적합한지 검토한다.
③ 각 범주에 속해있는 아이디어들 간의 특성적 차이를 파악한다.
④ 범주 내의 아이디어들의 특성이 서로 다르면 2차 분류를 실시한다.

⑤ 이때 아이디어가 누락되었거나 부족하다고 판단되면 보충을 한다.

⑥ 각 범주별로 아이디어들을 Break Down하면서 3차, 4차로 전개한다.(더 이상의 전개가 의미가 없을 때 중지)

⑦ 전체적으로 목적과 수단 혹은 원인과 결과의 관계를 반복하여 검증한다.

〈표 4-9〉 로직 트리 예시

피쉬본 다이어그램(Fishbone Diagram)

어떤 현상이나 문제에는 반드시 원인이 있고 그 원인이 발생한 데는 또 다른 하위 원인이 있게 마련이다. 문제를 복잡하게 만드는 것은 이에 영향을 미치는 원인들이 많거나 원인과 결과가 상호 영향을 미치는 구조로 서로 얽혀 있는 경우이다. 이와 같은 문제를 해결하기 위해 다양한 원인들을 체계적으로 파악할 때 유용하게 활용되는 기법이 피쉬본이라 할 수 있다. 피쉬본은 인과 관계를 나타내기 위한 기법으로 많이 활용되는 것으로 개발자의 이름을 따 이시카와 도표(Ishikawa diagram)이라고도 한다. 또한, 어떤 대상과 그것을 만들어낸 많은 특성적 요인과의 관련 정도를 분석하는 기법이라는 의미로 특성 요인도(cause and effect diagram) 라고도 하며, 이름에서 보듯이 물고기의 뼈 모양을 닮았기 때문에 물고기뼈 도표라고도 한다. 이 도표는 결과를 발생시키는 주요 원인과 하위 원인들을 일목요연하게 전개하여 한 눈에 쉽게 볼 수 있도록 하는 장점을 가지고 있다. 실무적으로 활용할 때는 실제적 혹은 잠재적인 핵심 문제를 정의하고 이를 결과(effect)로 간주하여 물고기의 머리 위치에 기록한다. 원인과 결과는 물고기 뼈를 따라 배치되는데 비슷한 성격의 원인들의 집합체가 하나의 큰 뼈에 해당되며 이들이 각각의 다른 범주로 구분된다. 또한, 큰 뼈에 붙은 작은 뼈들은 큰 원인에 또 영향을 미치는 작은 원인들에 해당된다. 피쉬본 다이어그램을 사용하면 다음과 같은 장점이 있다.

- 다양한 관점에서 문제의 원인이 될 수 있는 아이디어를 도출하고 파악할 수 있는 시발점이 된다.
- 문제와 그에 영향을 미치는 근본적인 원인들을 시각적 그리고 체계적으로 파악할 수 있다.
- 특정 이슈에 대해 집중하여 분석 할 수 있고 문제에 얼마나 많은 원인들이 복잡하게 얽혀 있는지를 알 수 있다.

• 문제 해결을 위한 핵심 원인들을 입체적으로 파악함으로써 해결을 위한 구체적인 대안을 비교적 쉽게 찾을 수 있다.

피쉬본 다이어그램은 하나의 이슈 혹은 문제에 집중하거나 결과에 영향을 미치는 원인에 팀이 몰입해야 할 때 그리고 문제의 근본적인 원인이 무엇인지 다양한 내용들을 시각화할 때 적합하다. 대체적으로 특성을 기준으로 원인의 영역을 나눌 때 4개 정도의 범주가 적정하다.

피쉬본의 작성 방법은 다음과 같다.

① 생선뼈의 머리에 해당하는 부분에 정의된 결과 혹은 문제점을 적는다.
② 문제를 발생시키는 1차 원인이나 요소를 큰 줄기에 적는다. (때로는 범주로 사용하기도 함)
③ 1차 원인이나 요소에 예속되는 2차 하부 원인이나 요소를 작은 줄기에 적는다.
④ 이를 두 세 차례 반복하여 수행한다. 더 이상의 하부 원인이나 요소가 무의미 할 때 종료한다.
⑤ MECE 원칙을 적용하여 누락된 원인이나 요소를 찾아보고 부족한 사항들을 보충한다.

일반적으로 기업에서 문제 해결의 목적으로 피쉬본을 사용할 경우에는 사람, 방법, 장비, 재료 등 4가지 범주를 주로 사용한다. 주의할 점은 피쉬본 다이어그램이 반드시 문제와 원인 관계를 분석하는 것에만 국한되지 않고 다른 분석(예 : 목적과 수단 관계)에도 얼마든지 활용될 수 있다는 것이다.

〈표 4-10〉 피쉬본 다이어그램 예시

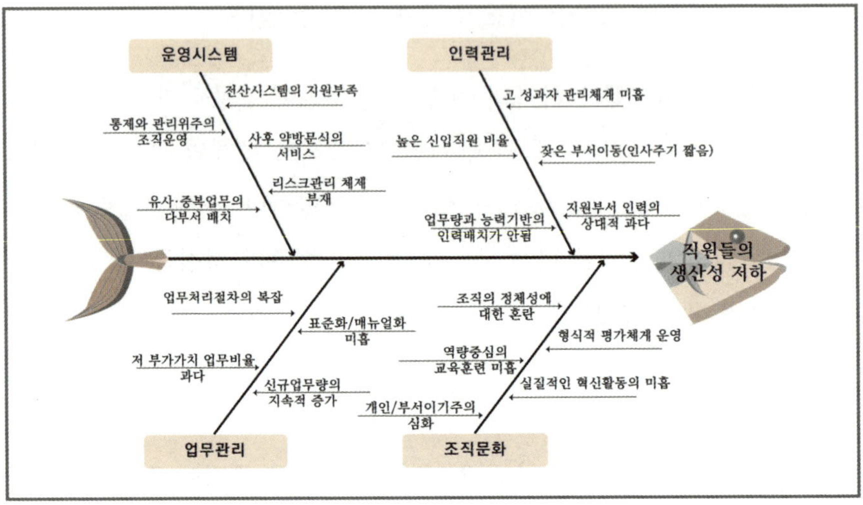

5Why 기법

문제를 완벽하게 잘 해결하기 위해서는 문제를 발생시키는 근본 원인을 찾아 이를 제거하거나 감소시키는 것이 중요하다. 따라서 근본 원인을 찾는 것이 문제 해결의 첫걸음이라 할 수 있다. 이때 문제를 해결하기 위한 원인을 분석하는 데 유용하게 활용되는 도구가 5Why기법 이다. 적어도 문제에 대한 원인을 규명하는 데는 5회 이상의 "왜"라는 질문을 하라는 뜻이다. "왜 그렇지?"라는 질문을 반복하면 문제를 일으키는 근본적인 원인에 도달할 수 있다는 가정이 깔려있다.

[그림 4-9] 문제점과 원인분석 예시

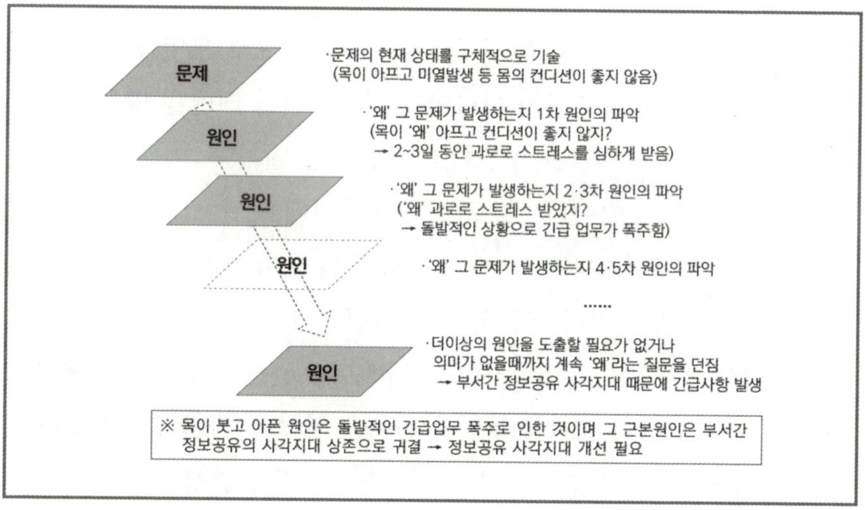

4. 분석을 통한 품질향상 방법

분류가 끝나면 전체적인 구조의 정합성과 내용상의 품질을 확보하기 위해 아이디어들의 체계적인 분석이 요구된다. 분류는 그야말로 분석을 위한 틀을 짜는 것이므로 그 자체로 아이디어들의 정리가 완벽하게 되었다고 보기에는 한계가 있다. 왜냐하면, 분류된 영역별로 속해있는 아이디어들의 경우 크고 작은 것 그리고 같거나 유사한 것들이 혼재되어 있어 아직 다듬어지지 않은 상태로 있기 때문이다. 분석의 단계는 바로 이와 같은 내용의 품질에 대한 결함들을 보완하기 위해 취해지는 단계라 볼 수 있다.

체계적인 분석은 어떻게 하는가?

그렇다면 아이디어의 분석 단계에서는 구체적으로 무엇을 해야 하는가? 분석의 핵심은 도출된 아이디어를 정리하면서 레벨을 맞추는 일과 누락되거나 부족한 것들을 보완하고 보충하는 일이다. 이를 위해 우선 중복되거나 동일한 아이디어를 선별하여 정리해야 한다. 당연히 참여자들의 동의는 필수적이다. 내용이 명확하지 않거나 범위가 큰 것에 대해서는 이를 구체화 하거나 세분화가 필요하다. 또한, 너무 작은 아이디어들은 묶어서 동등한 수준의 아이디어 레벨로 보완하기도 한다. 다음으로 부족한 아이디어들을 보충해야 하는데 이를 위해 두 가지 접근방법을 취할 수 있다. 하나는 본 워크숍에서 추구하는 목적을 달성하기 위해 하부의 수단으로써 도출된 아이디어들이 적합한지 검토가 필요하다. 또 다른 하나는 이와 같이 도출된 아이디어를 가지고 당초 설정한 목적을 충분히 달성할 수 있는지 분석하고 검증하는 작업이 매우 중요하다. 그것을 담보하지 못한다면 추가적인 아이디어가 더 필요하기 때문이다. 이와 같은 작업의 반복을 통해 추가적인 아이디어 도출은 물론 표현상의 문제나 아이디어의 전반적인 내용을 세련되게 다듬어야 한다. 이는 결국 최종의 과제 해결이라는 결과물의 품질을 최상으로 만들기 위한 것임을 잊어서는 안 된다. 아이디어 분석을 위해 현장에서 많이 사용되는 스킬로는 목적과 수단을 분석하는 OM(Objective-Means)관계분석, 원인과 결과간의 연계성을 분석하는 WB(Why-Because)분석, 아이디어의 계층화 레벨링을 위한 Cascading 방법 등을 들 수 있다.

훌륭한 분석을 위한 포인트

분석의 목적은 지금까지 도출된 아이디어들을 보다 세련되게 만드는 일이다. 이를 위해 아이디어의 내용은 물론 표현의 수정과 보완 그리고 새로운 아이디어의 추가도 필요하다. 이때에도 당연히 당초 아이디어들의 의도를 무시하거나 왜곡시키지 않은 범위임은 두말할 필요가 없다. 따라서 이 단계는 어디까지나 보완 차원에서 수행됨을 잊어서는 안 된다. 구체적인 방법은 상하 아이디어 간에 탑다운과 바텀업의 반복을 통해서 이루어진다. 여기에서 중요한 질문은 "상위의 목적을 위해 하위 요소들이 반드시 필요한가?" 그리고 반대로 "이들이 이뤄지면 상위의 목적은 필연적으로 달성되는가?" 등의 형태가 된다. 이 단계를 완벽하게 수행하기 위해 알아야할 사항들은 무엇인지 알아보자.

- 분류된 틀 내에서 아이디어들의 분석을 위한 방법을 정확하게 이해하고 있는가?
- 상위 목적 달성을 위한 수단들이 충분하게 도출되고 적절하게 표현되어 있는가?
- 수단으로써 도출된 아이디어들은 상위의 목적 달성을 담보할 수 있는가?
- 도출된 아이디어들의 레벨 및 레벨 간 조정은 체계적으로 이뤄져 있는가?
- 목적에 비춰 활용도가 낮은 아이디어들을 잘 처리하고 있는가?
- 분석과 관련된 산출물들에 대해 참여자들의 공감과 동의를 잘 확보하고 있는가?

5. 다양한 기법과 도구 사용 시 주의할 점

구조화 스킬을 제대로 활용하기 위해서는 분류의 방법과 그 과정에서 지켜야 할 기준 및 원칙을 잘 알고 있어야 한다. 대부분은 분류 방법에 관해 관심이 많은 반면 분석 기법에 대해서는 크게 관심을 두지 않는 경향이 높다. 분류와 분석 기법 모두 얼핏 보기에는 쉬운 것처럼 보이지만 레벨이 다단계로 전개될수록 적용하는 것이 어렵게 느껴진다. 이는 대부분의 경우 기법에 대한 심층적인 연구와 분석의 경험이 적거나 기법의 활용에 있어 숙련도가 높지 않은 상태에서 이를 적용할 때 나타나는 현상이기도 하다. 특히, 기법과 도구를 학습할 때와 실전에서 이를 적용할 때가 너무 다르다고 말한 사람들이 많다. 이는 평소에 철저한 연습과 노력의 부족에 기인한다. 많은 노력과 체계적인 연습을 하지 않은 운동선수가 실전에서 좋은 성과를 거둘 수 없는 것과 같은 이치라고 할 수 있다. 다음은 구조화 단계에서 기법을 선택하고 활용 할 때 고민해봐야 할 사항들이다.

- 분류와 분석관련 기법들 간의 장·단점을 잘 파악하고 있는가?
- 분류·분석 단계에서 필요한 최적의 기법을 선정하고 있는가?
- 참여하고 있는 대상자들의 수준에 적합한 기법인가?
- 주어진 여건과 정해진 시간 내에서 기법 활용이 가능한가?
- 참여자들이 왜 기법을 사용하는지 충분히 이해하는가?
- 기법을 통한 결과물들이 이후에 수행되는 단계와 잘 연결될 수 있는가?

제5절

평가 단계(Assessment Process) : 우선순위화(초점화)

양적으로 풍부해진 정보와 아이디어는 단계를 거치면서 더욱 세련된 형태로 재창조되기도 하고 보다 목적에 맞게 보완되기도 한다. 지금까지 확산과 분류 과정을 거쳐 온 아이디어들 역시 의도한 목적을 향해 단계적으로 수렴되는 과정을 거치는 셈이다. 이제 다듬어진 아이디어들에 대한 평가와 우선순위를 정하는 것으로부터 본격적인 수렴과정이 시작된다. 그렇다면 여기에서 먼저 해야 할 중요한 일은 무엇일까? 바로 평가 기준을 설정하는 일이다. 이 기준을 어떻게 설정하는가에 따라 채택되는 아이디어 혹은 해결책의 우선순위는 전혀 다르게 나타나기도 한다. 따라서 퍼실리테이터는 주제의 성격과 달성하고자 하는 목적에 따라 "어떤 기준이 가장 합리적인지?", "평가 기준은 몇 개로 하는 것이 좋은지?", "각 기준별 가중치 적용은 필요한 것인지?", "적용하는 기법은 무엇으로 할 것인지?" 등 다각적인 검토가 필요하다. 이와 같이 합리적인 절차와 방법에 따라 평가 기준 관련 사항들이 검토되고 설정되면 퍼실리테이터는 그 내용들이 참여자들에게 잘 공유될 수 있도록 해야 한다.

1. 평가 및 우선 순위화의 필요성

▌자원의 제약과 유한성에 대한 대응

어느 조직이나 마음대로 예산을 집행하거나 만족할 만큼 필요한 자원이 확보된 조직은 없다. 만약 자원이 충분하다면 이와 같은 복잡한 절차를 거칠 이유조차도 없을 것이다. 따라서 모든 조직의 현실은 항상 자원이 부족한 가운데 선택적 의사결정을 해야 하는 상황에 처해 있음을 간과할 수 없다. 분류된 아이디어의 평가를 통해 그들 중에서 우선순위를 선정하는 것 역시 자원의 유한성 때문임을 인식해야 한다. 자원의 제약으로부터 발생한 선택과 집중의 전략은 경영에서뿐만 아니라 퍼실리테이션의 평가단계에서도 그대로 적용되고 있다.

▌최적의 해결 방안 도출을 위한 전제

우리의 현실은 항상 다수의 방안들 중에서 일부를 선택하도록 끊임없는 요구를 받고 있으며 그 속에서 나름대로의 의사결정을 하면서 생활하고 있다. 그와 같은 선택이라는 행위는 의사결정의 주체로 하여금 그에 앞서 평가라는 절차를 수행하도록 하고 있다. 다양성 속에서 합의를 만들어 내는 퍼실리테이션이야말로 최적의 대안 도출을 위한 우선순위를 결정하는데 있어 평가는 가장 중요한 절차 중의 하나라고 할 수 있다. 합리적인 평가의 절차 없이 합의에 의한 최상의 대안을 찾을 수 없기 때문이다.

실행을 위한 공감대 형성

퍼실리테이션에서 평가는 결국 최종의 목적에 비추어 참여자들이 합리적으로 해법을 찾아가도록 하는 필수 과정이기도 하다. 참여자들 입장에서 볼 때 그들이 도출한 아이디어나 의견들에 대해 스스로의 기준을 정하고 결정하도록 하면 어떤 효과가 있을까? 제대로 설계된 평가 기준과 절차를 준수하여 합의된 결과를 도출했다면 이는 실행에 있어서 매우 성공적인 동력을 확보한 것이나 다를 바가 없다. 이미 집단 구성원들 간에 충분한 공감대가 형성되어 있어 실행 상의 장애물이 제거되었을 것이기 때문이다. 따라서 훌륭한 평가는 공감적 실행을 가속화하기 위한 확실한 디딤돌이라 할 수 있다.

2. 합리적인 평가의 방법

공정한 평가의 프레임설계

여러 단계를 거치면서 풍부해지고 세련된 정보와 아이디어라 하더라도 모두가 동일한 가치와 중요성을 가지고 있는 것은 아니다. 그러므로 많은 아이디어 중에 가치가 높은 것을 추출해 내는 작업이 불가피하게 된다. 그렇다면 중요한 아이디어들을 어떤 프로세스나 합리적인 평가 과정을 통해 선택해야 하는가가 핵심 이슈라 할 수 있다. 만약, 수용할 만한 원칙과 절차에 관한 틀이 결핍된 상태에서 평가가 이뤄지면 어떤 문제가 발생할까? 평가결과에 대해 이해 득실을 계산하면서 자신에게 불리하다면 불만을 표출할 수도 있다. 또한, 어떤 참여자들은 자신의 아이디어가 탈락하는 것에 상처를 받고 참여의 의지를 상실할 수 있으며 심지어 평가의 결과를 거부 하거나 집단행동을 하기도 한다. 그러므로 퍼실리테이터는 평가에 관한 명확하고 공유된 원칙과 기준을 가지고 참여자들이 합리적인 해법을 찾아가도록 도와야 한다. 다시 말하면 퍼실리테이터는 공정하고 객관적인 평가가 이뤄질 수 있도록 평가의 과정과 절차를 포함한 평가의 프레임을 설계하는 데 있어 고민을 해야 한다.

합리적인 평가 방법과 그 적용

평가를 한다는 것은 이미 평가를 위한 방법과 원칙 등 그 기준이 설정되어 있음을 의미한다. 그것이 공식적인 절차이든 아니면 비공식적인 절차이든 관계가 없다. 평가의 적합성과 합리성 문제는 전체적인 결과에 많은 영향을 미치게 되므로 중요하게 다루어야 함은 두 말할 필요가 없다. 그렇다면 당초의 목적에 적합한 의사결정을 제대로 하기 위한 평가방법과 기준을 어떻게 설정해야 하는가? 또한, 평가 결과에 대해 구성원들로부터 합리성을 확보하려면 어떻게 해야 하는가?

① 평가 방법의 종류와 특징

평가의 전반에 대한 합리성의 확보는 훌륭한 결과물을 도출하는 데 있어 중요한 사항으로 이는 이미 앞에서 강조한 바와 같다. 평가 방법은 그 대상의 성격에 따라 복잡성의 정도가 달라질 수 있다. 여기에서는 주로 퍼실리테이션 수행에 있어 필요한 평가의 기준과 원칙 그리고 평가 관련 활용 기법과 도구 등에 대해 논의한다. 평가는 크게 정량적인 방법과 정성적인 방법으로 나눌 수 있다. 정량적인 방법은 대부분 구체적인 수치로 평가하며 객관성이 높은 것이 특징이다. 예를 들면 금액이나 점수, 비율 등을 기준으로 상대적이거나 절대적으로 평가하는 방식이며 그 방법도 비교적 단순하다. 그러나 경제성(투입 대비 효과 금액), 회수 기간, 내부 수익률(IRR, Internal Rate of Return), 순현재가치(NPV, Net Present Value) 등 보다 복잡한 방법들도 있다. 그에 비해 정성적인 평가 방법은 평가자의 주관성이 높은 것이 특징이라 할 수 있다. 예를 들면, 실행 가능성, 효과성, 중요도, 시급성, 차별성, 상품성, 인지도, 선호도 등 다양한 기준들에 대해 그 수준을 평가하는 방법이다. 어떤 방법이든 상하한선이나 기준 대비 높고 낮음을 평가하는 것이 일반적이다. 따라서 퍼실리테이터는 평가기준을 선정할 경우 사용 전에 각각의 기준에 대한 특징을 살펴볼 필요가 있다. 다만 중요한 것은 목적에 적합한 기준을 어떻게 잘 찾는가가 핵심이 된다. 따라서 퍼실리테이터는 참여자들로 하여금 평가 기준에 대한 정확한 이해를 도울 수 있도록 상세한 안내를 하고 상호 높은 공감대가 형성되도록 할 필요가 있다.

② 평가 기준의 설정과 적용

일반적으로 정량적 평가가 가능한 경우에는 어렵지 않게 평가를 진행할 수 있다. 그러나 정성 평가는 정량 평가에 비해 어렵고 상대적으로 시간이 많이 소요되므로 퍼실리테이터는 이 부분에 많은 신경을 써야 한다. 그 형태에 있어서도 단순 평가, 복합 평가, 매트릭스형의 평가 등 다양한 평가방법의 설계가 가능하다. 따라서 우선적으로 퍼실리테이터는 평가대상에 대해 참여자들이 어떤 기준으로 평가할 것인지에 대해 가능하면 스스로 결정하도록 충분한 지원을 해야 한다. 참여자들이 결정하기 어려운 경우에는 대안을 제시하고 공감대 형성을 통한 합의가 이뤄질 수 있도록 기회를 마련해야 한다. 합리적인 평가기준의 적용은 다수의 아이디어나 혹은 실행방안 간의 미묘하고도 다양한 의견 차이를 분리해 내는 데 도움을 준다. 또한, 전체 의견을 골고루 반영한 상태에서 최선의 대안을 도출하는 데 꼭 필요한 요소이기도 하다.

그렇다면 다음으로 평가 기준을 몇 개로 하는 것이 좋은가에 대해 알아보자. 이에 대한 표준화된 정답은 없다. 이는 모든 과제들에 대한 평가의 목적과 성격이 같을 수 없기 때문이기도 하다. 평가기준의 수는 평가에 대한 비용과 관련성이 있다. 평가 기준이 많으면 평가의 정확성을 높일 수는 있지만, 비용과 노력이 많이 투입되는 단점이 있고 평가 기준이 적으면 정확성은 다소 낮더라도 비용과 노력이라는 면에서 장점이 있다. 따라서 평가에 따른 정확도가 더욱 요구되고 리스크를 줄여야 하는 경우일수록 평가 기준의 개수가 많아지는 것이 보통이다. 일반적인 경우 주로 평가 기준을 2개 정도 사용하지만 다소 복잡한 경우에는 평가 기준을 4~5개 정도 사용하기도 한다. 다음은 적용해야 할 평가 기준의 수에 따른 평가 방법의 차이를 알아본다.

③ 평가 기준에 따른 평가 방법

우선, 평가기준이 1개일 경우에 대해 설명한다. 일상생활에서 가장 흔하게 사용되는 것으로 예를 들면 점심식사를 하러 가면서 오늘 무엇을 먹을까? 라고 물어보는 경우가 이에 해당된다. 이때의 답을 고르는 평가의 기준은 대체적으로 "선호도" 하나가 된다. 대체적으로 어떤 상황에서든 특이한 기준 제시가 없는 경우에 해당되는 것이라 할 수 있다.

다음은 평가 기준이 2개일 경우이다. 이 경우에는 주로 2*2 매트릭스를 활용한다. 위의 예를 준용한다면 선호도 외에 가격(비용)을 추가 기준으로 제시하는 경우이다. 이 경우 각 기준의 수준을 높고 낮음이라는 두 가지로 분류할 경우를 가정한다. 그 결과 4개의 셀이 만들어지며 그 경우 선호도가 높고 가격이 상대적으로 저렴한 대안이 1순위가 될 것이며 선호도가 낮고 가격이 높은 대안이 4순위가 될 것이다. 2개의 기준을 적용할 경우 각 기준의 수준을 몇 개로 분류하는가에 따라 여러 가지 유형이 나타날 수 있다. 예를 들어 각 기준을 3개 분류로 할 경우 3*3 매트릭스 셀은 9개가 만들어진다.

끝으로 3개 이상의 평가 기준을 활용할 경우에는 의사결정 그리드(Decision Grid)라고 하는 방법을 사용한다. 앞의 예를 기준으로 보면 선호도와 가격 외에 접근성이나 쾌적성 등의 기준이 추가되는 경우이다. 이 경우에는 각 평가 기준별 가중치를 균형적으로 부여하기도 하고 평가 기준 간에 중요도의 차이가 있다면 차등적 가중치를 적용할 수도 있다. 평가기준이 많아지고 거기에 가중치가 부여되면 평가하는 데 따른 비용과 노력이 상대적으로 많이 투입된다.

3. 평가 단계에서 필요한 기법과 도구

평가 단계에서는 해결하고자 하는 목적에 따라 다양한 평가기법과 도구를 활용할 수 있다. 다만, 적합한 기법과 도구들을 사용해야 하기 때문에 퍼실리테이터는 기법 간의 특징을 잘 파악하고 있어야 함은 두말할 필요가 없다. 참여자들 역시 평가 기준과 방법을 제대로 이해하고 공유한 상태에서 기법이 적용되어야 기대하는 효과를 얻을 수 있다. 평가에서 흔히 활용하는 도구들로는 단순 투표, 다중 투표(Multi-Voting), 성과노력 매트릭스(Payoff effort Matrix), 의사결정 그리드(Decision Grid), 포지셔닝 맵(Positioning Map), 피스트 투 파이브(Fist-to-Five), 비용효과(Cost Effect)분석, 쌍대 비교(Paired Comparison)법 등이 있다.

다중 투표(Multi-Voting)

다중 투표란 평가해야 할 다수의 아이디어나 해결 방안들에 대해 가중치를 적용하여 중복 투표로 평가하는 방식을 말한다. 다시 말하면 참여자는 일정한 수의 투표권을 행사하되 선택하고자 하는 아이디어나 해결 방안에 대해 가중치를 감안한 복수의 투표를 행하는 방식이다. 보통은 1개의 아이디어나 해결방안에 대해 제한된 일정 개수 이하의 투표를 하도록 한다. 이는 투표자의 입장에서 볼 때 아이디어나 해결 방안에 대해 개인별 중요도나 선호도가 다름을 확대하여 인정하는 방식이라 할 수 있다. 다중 투표는 평가기준을 하나로 하여 신속하게 의사결정을 할 때 유용하게 활용할 수 있는 장점을 가지고 있다. 반면 평가 기준이 적합하지 못할 경우 평가의 오류를 범할 우려가 있는 것이 단점이다. 다음은 다중 투표를 사용하는 방법에 대해 설명한다.

① 투표의 목적과 평가 기준에 대해 정확하게 알리고 이를 상호 공유한다.

② 투표의 대상과 투표 방법에 대해 인지하도록 한다.

③ 개인 당 부여되는 투표권 수는 투표 대상 아이디어나 해결 방안의

개수와 참여자의 수에 따라 달리 결정한다. 일반적으로 '(투표 대상 개수 x 2~3개)/참여자 수'로 계산한 스티커를 참여자에게 똑같이 지급한다(너무 투표권 수가 적으면 변별력이 없어짐을 주의)

④ 투표 시에 고려해야 할 평가 기준이 무엇인지 상기시킨다.

⑤ 대상 아이디어나 해결 방안을 미리 이해한 상태에서 투표하도록 안내한다.

⑥ 투표(투표 대상에 스티커를 붙임)를 실시한다.

⑦ 뒤의 투표자들이 먼저 투표한 사람의 선택을 따라가는 경향이 있으므로 이를 충분히 고려하도록 주의를 준다(보안이 중요할 경우 별도의 용지에 아이디어나 해결 방안을 적고 숫자를 기입하여 제출토록 한다).

⑧ 투표수를 집계하고 전체 참여자에게 공표한다.

퍼실리테이터는 다중 투표의 결과를 어떻게 활용할지 미리 알려주는 것이 중요하며 결과에 대한 동의를 확보하는 것도 필요하다.

성과 실행 가능성 페이오프 매트릭스 (Performance/Feasibility Payoff Matrix)

성과·실행 가능성 매트릭스는 2개의 복수 기준에 의한 평가를 통해 최적의 대안들을 도출하거나 우선순위를 정할 목적으로 활용하는 기법이다. 이 매트릭스는 역점을 두어 다루어야 할 문제들의 우선순위를 평가하거나 여러 대안들 중 최상의 것을 선택하는 데 유용하게 사용된다. 우선 두 개의 기준에 의해 분류된 4개의 영역별 대안들을 비교적 빠르게 선택할 수 있으며 최소의 노력으로 최대의 성과를 만들 수 있는 영역을 쉽게 분리해 낼 수 있다. 2개의 평가 기준은 반드시 성과와 실행 가능성 이라는 잣대만으로 하는 것은 아니다. 중요도나 시급성, 매력도 등 평가의 목적에 따라 다양한 기준 선택이 가능하다. 기준의 선택은 추구하는 목적이나 방향에 따라 다르게 설정할 수 있으므로 일률적으로 말할 수는 없다. 아래 〈표 4-11〉은 성과와 실행 가능성 이라는 기준을 적용한 예라 볼 수 있다.

〈표 4-11〉 성과 실행 가능성 대비도 : Payoff Matrix 예시

성과·실행 가능성 매트릭스 기법의 사용 방법은 다음과 같다.

① 평가 대상이 되는 도출된 아이디어나 해결 대안 들을 체계적으로 정리한다.

② 평가의 기준을 2개 선정하고 X축과 Y축에 해당하는 가로 세로에 평가 기준을 기입한다(예, 성과 및 실행가능성 기준).

③ 평가 대상이 되는 각각의 아이디어나 대안들을 하나의 선택된 기준

에 의해(예, 성과) 상대적인 점수를 부여한다.

④ 평가 대상이 되는 각각의 아이디어나 대안들을 또 다른 나머지 기준(예, 실행가능성)으로 상대적인 점수를 부여한다.

⑤ 아이디어나 대안들에 점수를 부여하는 방법은 다양하게 할 수 있으나 참여자들의 수준에 적합한 것을 활용한다(예, 도트 활용 혹은 Fist To Five 등).

⑥ 참여자들의 동의하에 점수가 부여된 아이디어나 대안들을 사분면 내에 배치한다(하나의 기준씩 차례로 배치).

⑦ 제시된 아이디어나 대안들의 배치가 끝나면, 평가 기준에 따라 가장 유리한 것을 중심으로 우선순위를 평가한다(예, 가장 실행가능성이 높고 성과가 큰 순위 : GS영역).

⑧ 아이디어나 대안 중 우선적으로 선정된 것들에 대해 추가적인 기준을 적용하고자 한 경우에는 참여자들의 동의하에 실시할 수도 있다.

디시즌 그리드(Decision Grid : 의사결정표)

의사결정을 할 때 적용하는 평가 기준의 수는 평가결과의 정확도와 비례한다고 볼 수 있다. 평가 기준이 하나일 때 보다는 두개, 두개일 때 보다는 세 개의 경우가 더 복잡하기는 하지만 더 높은 정확도를 확보할 수 있다. 디시즌 그리드 방식은 평가 기준이 세 개 이상일 경우에 유용하게 사용할 수 있는 기법이다. 다양한 평가 기준 즉, 성과도(효과성), 실행 가능성, 중요도, 시급성, 차별성, 매력성, 공감도 등 복합적인 기준들을 다각적으로 검토할 수 있다. 따라서 퍼실리테이터는 주제의 성격, 참여자들의 수준 등 여러 상황을 종합적으로 분석하여 어떤 기법을 적용하는 것이 최선인지에 대해 사전 검토를 해야 한다. 왜냐하면, 평가기준이 많아질수록 평가에 따른 리스크를 감소시킬 수는 있으나 그만큼 비용과 노력이 더 요구되기 때문이다. 그리고 특정기법을 선정하여 사용할 경우에는 참여자들에게 왜 이 기법을 사용하는 가에 대한 설명을 통해 공감대를 형성시킬 필요가 있다. 디시즌 그리드 방식을 사용하는 방법은 다음과 같다.

① 평가 대상이 되는 아이디어나 해결 대안 혹은 의사결정 사항을 일목요연하게 정리한다.
② 합리적인 평가 기준을 다각적으로 검토한 후 3개 이상을 설정한다. 이때 평가 기준은 평가의 목적을 구현하는데 가장 적합도가 높은 순이어야 한다.
③ 평가 기준을 가로줄에 배치하고 평가 대상이 되는 아이디어나 해결 방안은 세로줄에 기록한다.(위치는 변경 가능)
④ 필요한 경우 각 평가 기준 별로 가중치를 설정한다.
⑤ 각 평가 기준별로 평가점수의 등간 혹은 범위(예 : 상-중-하, 1~10)를 정한다.
⑥ 아이디어나 해결 방안에 대해 평가 기준을 적용하여 평가 점수를 산출한다.
⑦ 각 아이디어나 해결 방안에 따라 부여된 평가 점수를 합산한다.
⑧ 평가 결과를 비교하고 우선순위를 정한다.

〈표 4-12〉 디시즌 그리드의 예시

NO	사업명	평기기준 취약성 개선 정도 (10점)	평기기준 수혜자 범위 정도 (10점)	평기기준 공동체 기여도 (10점)	합계 (30점)	순위
1	생태 힐링관광 네트워크 구축	10	10	7	27	1
2	첨단 분야 신사업 추진	4	7	4	15	8
3	응급의료체계 구축	7	10	7	24	3
4	첨단기술연구소 공동유치	10	7	7	24	4
5	잉여물 자원화 사업	7	7	10	24	2
6	신 시장 개척 프로젝트	7	7	7	21	5
7	종합 쇼핑몰 유치	4	7	4	13	10
8	교육 특구 기반 마련	7	4	4	15	9
9	먹거리 타운 조성	4	7	10	21	6
10	평생교육센터 활성화	4	7	7	18	7

피스트 투 파이브(Fist to Five : 주먹에서 보까지)

이 기법 역시 여러 대안 중 우선순위를 평가 할 때 혹은 하나를 선정할 때 가끔 활용하는 방법이다. 특히, Fist to Five는 투표용 스티커가 없거나 보다 활동적으로 흥미를 유발하면서 평가할 수 있는 방법으로 손가락을 이용하여 0점에서 6점까지 점수를 부여할 수 있다. 구체적인 방법은 가위·바위·보와 비슷한데 평가하고자 하는 대안을 놓고 "주먹에서 보까지"를 자유롭게 표현하고 펴진 손가락 숫자를 합하여 평가 점수에 반영하는 형태이다. 참여자들의 손가락을 편 수 만큼 평가대상에 대한 찬성 의사가 강하다는 것을 의미한다. Fist to Five 방식을 사용하는 방법은 다음과 같다.

① 플립차트에 아이디어나 해결대안 등 평가 대상 목록을 기록한다.

② 주먹에서 보까지 직접 보여주면서 숫자의 의미를 설명한다. 한 번에 하나의 대안에 대하여 평가한다. 이때도 마찬가지로 평가 기준을 정확하게 인지시키는 것이 중요하다.

③ 다음의 점수 부여 방식에 따라 아이디어나 대안별로 평가한다.

④ 구성원이 제시한 숫자를 합산하여 아이디어나 대안 옆에 기록한다.

⑤ 합산한 숫자를 근거로 우선순위를 정한다.

손가락 5개 = 매우 높음
손가락 4개 = 높은 편임
손가락 3개 = 보통
손가락 2개 = 낮음
손가락 1개 = 조금 낮음
손가락 0개 = 매우 낮음

이 기법은 멀티보팅 방식보다 개인들의 의견이 공개되는 위험성이 있으므로 민감한 사항들에 대해서는 사용에 신중을 기할 필요가 있다. 다만 순차적으로 평가를 하는 것이 아니라 동시에 평가하게 되므로 상호비교가 가능하며 활동적이고 흥미로운 점이 있어 참여자에게 활력을 넣을 수 있는 평가방법이다.

❙ 쌍대 비교 분석(Paired Comparison Analysis)

쌍대 비교는 비교하고자 하는 여러 가지 대상을 각각 1 : 1로 대비시켜 가면서 상호 비중이나 중요도를 점수화하는 방법이다. 즉, 특정 대상 1개가 다른 여러 대상들과 비교해서 어느 정도인지 계량화시키는 방법을 말한다. 쌍대 비교의 경우 계량화는 장점으로 꼽히나 평가 대상에 대해 참여자들의 이해도가 떨어지는 경우에는 사용에 한계가 있으며 평가 대상의 수가 너무 많을 경우 집중력이 저하되는 단점이 있다. 쌍대 비교법을 적용하는 방법과 절차는 다음과 같다.

① 비교하고자 하는 대상들을 선정한다.
② 비교 대상을 평가하기 위한 판단 기준을 설정하고 공유한다(예, 선호도).
③ 가로, 세로에 대상들을 배치하여 대비표를 만든다.
④ 참여자에게 대각선 좌우측의 두 쌍 중 한쪽의 대상에 평가하도록 한다.
⑤ 각 대상별로 비교되는 점수를 기입한다.
⑥ 각 대상 별로 득점수를 합산하여 비교한다.
⑦ 가장 많이 득점한 대상을 우선 안으로 고려한다.

〈표 4-13〉 직장인의 주요 관심사

1. 평가 대상

① 재테크
② 여가활동
③ 건강
④ 유아교육
⑤ 인간관계

2. 평가 기준

가. 현실성
나. 당위성

비 교 (예, 현실성 기준)

	재테크	여가활동	건강	유아교육	인간관계
재테크					
여가활동	① 4 ② 1				
건강	① 3 ③ 2	② 3 ③ 2			
유아교육	① 2 ④ 3	② 1 ④ 4	③ 2 ④ 3		
인간관계	① 4 ⑤ 1	② 2 ⑤ 3	③ 3 ⑤ 2	④ 4 ⑤ 1	
	①✔13	②7	③9	④✔14	⑤7

위의 표를 기준으로 보면 평가 대상 중 직장인의 주요 관심사 순위는 현실성을 기준으로 할 때 ④유아 교육, ①재테크 순이 된다.

❙ 비용 효과 분석(Cost Effectiveness Analysis)

비용 효과 분석은 다수의 평가 대상 가운데 비용을 적게 사용하고 높은 효과를 창출 하는 대안을 찾기 위해 사용된다. 즉, 평가 대상을 해결하는데 수반되는 비용과 그 결과로 나타나는 산출 효과를 비교·분석하여 최적의 안을 찾는 기법이다. 비용 효과 분석을 적용하기 위한 방법과 절차는 다음과 같다.

① 비교하고자 하는 평가대상을 선정한다.
② 대상을 실행하는데 투입되는 비용을 계산한다.
③ 평가대상이 성공적으로 추진되어 발생할 수 있는 예상효과를 금액으로 환산한다.

④ 예상 효과 금액은 환산 가능한 연도의 금액을 산출하여 합산한다. 일반적으로 3년 정도 예상되는 효과를 산출한다.

⑤ 현실 상황에서 실제로 정확한 효과를 산출해내기 어려운 점을 충분히 고려한다(필요한 경우 합리적인 전제 조건을 활용한다).

〈표 4-14〉 신규 설비 구입에 대한 비용/효과 분석

(단위 : 만원)

1년차 비용		1년차 효과		2년차 효과 (1년차와 동일)		3년차 효과 (1년차와 동일)	
항목	비용	항목	비용	항목	비용	항목	비용
기계	1,000	불량률 10% 감소	750	불량률 10% 감소	750	불량률 10% 감소	750
설치	500	작업시간 감소	500	작업시간 감소	500	작업시간 감소	500
교육	250	생산량5%증가	250	생산량5%증가	250	생산량5%증가	250
생산손실	500						
합계	2,250	합계	1,500	합계	1,500	합계	1,500

〈표 4-15〉 비용과 효과의 비교

(단위 : 만원)

년수	비용	효과	이익
1년차	2,250	1,500	-750
2년차		1,500	1,500
3년차		1,500	1,500
합계	2,250	4,500	2,250

위의 표를 기준으로 보면 투자된 비용은 3년차에 전부 회수됨을 알 수 있다. 이와 같은 방법으로 몇 가지 대안을 평가하고 이 중에서 가장 유리한 안을 선정한다.

4. 다양한 기법과 도구 사용 시 주의할 점

유사한 과제 해결이라 하더라도 그 목적에 따라 평가의 기준은 달라질 수 있다. 그렇기 때문에 평가자는 어떤 기준을 사용할 것인가에 대해 정확하게 알고 있어야 한다. 이 역시 과제해결을 순조롭게 하기 위한 것이기 때문이다. 또한, 평가의 과정에서 도출된 소수의 의견 중 다시 검토할 부분은 없는지 참여자들과 함께 최종적으로 살펴보는 것도 필요하다. 이는 참여자들이 평가방법에 대한 이해가 부족하거나 혹은 집단 사고(Group Thinking)의 결과로 발생할 수 있는 리스크를 최소화하기 위함이다. 다시 말하면 집단 활동의 특성상 의도된 어떤 분위기로 인해 소수의 의미 있는 의견들이 간과된 나머지 이들이 최종 합의를 도출하는 데 장애가 되는 것을 사전에 예방하기 위한 것이다. 특히, 현장에서 평가결과가 도출된 이후에 앞에서 진행된 평가 기준이나 방법에 대해 이의를 제기하거나 문제를 삼는 경우가 종종 있으므로 이 부분을 명확하게 하고 동의를 확보하는 것은 매우 중요하다. 평가 기법과 도구가 다양한 만큼 당연히 이들을 사용하는데 있어서도 사용상의 주의가 요구된다. 어떤 사항들을 유의해야 하는지 알아보자.

- 평가를 위한 기준 등 사전 준비 사항들은 완벽한가?
- 평가 기법과 도구 및 그 특성들에 대해 잘 알고 있는가?
- 기법과 도구들의 장·단점을 확실하게 파악하고 있는가?
- 합리적 평가를 위한 평가 기준의 개수는 적절한가?
- 평가 기준에 대한 정의와 범위는 명확하게 되어 있는가?
- 평가 기준과 내용에 대해 참여자들이 충분하게 공유하고 있는가?
- 평가 기준 적용 시 참여자들에게 반복하여 이를 강조하고 있는가?
- 평가 결과에 대한 참여자들의 동의가 잘 이뤄지고 있는가?

제6절 의사결정단계(Decision Process) : 통합화

지금까지 도입과 확산을 출발점으로 하여 분류·분석 단계를 거쳐 평가 단계까지 왔다. 대부분은 평가 단계를 거치게 되면 토의나 워크숍이 완결된 것이라고 생각할 수 있지만, 반드시 그렇게 되는 것만은 아니다. 앞에서 진행한 많은 단계들은 결국 참여자들을 통한 최종의 의사결정과 합의라는 과정이 추가되었을 때 비로소 당초의 목적을 달성하게 된다. 이는 평가가 완료되었다 하더라도 그 자체가 곧 의사결정이라고 단언할 수 없는 경우가 존재하기 때문이다. 그렇다고 평가 결과의 가치가 평가절하 되거나 의미가 없다는 뜻은 절대 아니며 그렇게 되어서도 안 된다. 평가 결과를 존중하되 그것을 바탕으로 더 나은 아이디어나 보완해야 할 사항을 만장일치로 추가함으로써 참여자들의 합의를 더 확고하게 할 수 있다면 더 좋은 결과가 도출되기 때문이다. 따라서 이 과정에서는 지금까지의 시야보다 폭넓고 거시적이며 전략적 차원에서 핵심 사항들을 검토할 필요가 있다.

1. 의사결정에 대한 컨셉의 재정립

▎우리에게 너무 익숙해진 다수결?

많은 사람들이 어려서부터 다수결이라는 원칙에 너무 잘 길들여진 것 같다. 언제부터인가 결정을 할 때 손을 들어 숫자를 헤아리고 한 사람이라도 많으면 그쪽 방향으로 선택하는 습관적 행동이 그것이다. 그 결과로 인해 만들어진 다수결 문화는 너무나 당연하고 매우 민주적인 것으로 여겨지기까지 했다. 또한, 그와 같은 과정을 거쳐 결정이 되면 우리는 묵시적으로 그것을 따라야 한다는 강박관념 속에서 살아온 것도 사실이다.

그런데 그 원칙을 고수한 채 많은 시간을 지내왔지만, 여전히 갈등은 존재하고 있고 그 갈등이 사회 발전에 비례하여 증폭되고 있는 원인은 무엇일까? 여기에는 여러 가지 원인이 있겠지만 가장 큰 원인 중 하나는 소수자에 대한 배려나 이를 고려한 동의나 합의 과정이 빠져있다는 점이다. 한 표가 더 많은 쪽을 선택하는 것이 합리적일 수는 있지만, 그것이 항상 옳은 것은 아니며 오히려 소수의 의견이 맞는 경우도 비일비재함을 우리는 잘 알고 있다. 그런데도 우리는 다수가 원한다는 그 사실에 매몰되어 반대편을 무시하고 거들떠보지도 않은 습관이 몸에 배었는지도 모른다.

그렇다면 이를 보다 발전적으로 개선하는 방법은 무엇인가? 다수가 동의한다는 양적 개념보다는 좀 더 시간이 걸리고 절차가 길어지더라도 동의와 합의로 만들어지는 질적인 프로세스가 요구되는 시점이 아닌가 생각한다. 계속적으로 반복되는 갈등의 고리를 끊고 사후에 문제 발생의 가능성을 사전에 예방하기 위해서는 전체가 합의를 통해 이루어내는 의사결정 방식이 더 의미와 가치가 있다고 보기 때문이다.

단계별 동의는 훌륭한 결과를 이끌어 낸다.

퍼실리테이션의 핵심적인 가치는 무엇인가? 다른 중요한 것이 얘기될 수 있겠지만, 무엇보다도 합의에 의한 결과 도출을 최고의 가치로 삼는 데 많은 사람들은 이의가 없을 것이다. 해결해야 할 과제에 대한 의사결정이 항상 만장일치로 통과된다면 더 이상 말할 나위가 없겠지만, 현실은 그렇지 못하다. 그렇다면 차선책으로 추구해야 할 대안은 무엇일까?

여기에서 합의적 수준이라는 개념을 적용한다. 물론 이것도 쉽지는 않다. 합의적 수준의 이해를 돕기 위해 의사결정을 위한 특정한 상황을 가정해보자. 겉으로는 100% 찬성인 것처럼 보이지만 실제로는 찬성을 하지 않은 일부가 존재하고 있을 때 질적인 면에서 완전한 만장일치나 합의라고 보기에는 한계가 있다. 대부분의 사람들이 마음속으로 찬성을 하는데 반해 일부가 그 결정에 반대할 때 우리는 그들을 무시하고 다음 단계를 수행하곤 했다. 이를 합의적 수준이라고 하면 곤란하다. 합의적 수준은 그 단계보다는 더 높은 단계를 일컫는다. 일단 소수 인원이라 하더라도 반대가 있어서는 안 된다. 찬성은 아니더라도 반대가 없는 수준을 더욱 중요시하는 차원에서 합의적 수준이라는 말을 사용한다.

그렇다면 합의적 수준을 쉽게 이끌어 내는 최적의 방법은 무엇일까? 이를 위해서는 다양한 요소들이 필요하다. 프로세스 관점에서 보면 퍼실리테이션의 각 단계별로 취해야 할 활동들이 있다. 그것이 다름 아닌 단계별 동의를 구하는 일이다. 단계별 동의가 확실하게 이뤄지면 최종적인 결과물에 대한 합의적 수준의 결정은 의외로 쉬워질 수 있기 때문이다. 물론 단계별 동의를 잘 만들어 내기 위해서는 각각의 토의 과정과 활동 내용도 충실해야 하고 그 결과로 도출되는 산출물의 품질도 수준 이상이 되어야 함은 당연하다. 따라서 퍼실리테이터는 단계별 동의가 잘 이뤄지는지 모니터링을 게을리 해서는 안 된다. 전체적인 합의는 각 단계별 동의를 기반으로 숙성되어가기 때문이다.

의사결정에도 품질이 있다

① 빨리 빨리, 대충 문화가 가져온 후유증

그동안 우리가 그토록 오랫동안 사용해왔던 다양한 의사결정들이 합리적이고 최선의 방법들이었다면 지금처럼 많은 갈등의 회오리를 피해 갔을 수도 있었을 것이다. 그러나 그렇지 못한 현실은 어떻게 보면 우리의 의사결정 방식들이 많은 결함을 내포하고 있음을 입증하는 것이라 볼 수 있다. 그것이 토의 방식의 문제이든 토의 과정상의 문제이든 관계없이 말이다. 소수를 배려하지 못한 다수결에 의한 결정이 빠르고 민주적이라는 장점을 내세워 이면에 감춰진 다른 의견들을 너무 소홀히 해온 것 아닌가 하는 생각이 드는 것도 사실이다.

그에 더하여 우리에게 강점으로 알려진 빨리빨리 문화가 다수결 풍토를 더욱 가속화시켰는지도 모른다. 뭔가 신속한 끝맺음을 하기 위한 의사결정이 오히려 갈등의 새로운 불씨를 만들어내고 급기야는 토론 이전만도 못한 결과를 초래한 사례들을 너무 많이 볼 수 있기 때문이기도 하다. 좋은 뜻으로 시작했던 조그만 사업들이 평온한 공동체들을 분열과 갈등으로 쪼개지게 하고 장기적인 전략 아래 유치했던 국책사업들이 오히려 집단의 이기주의를 가져와 상호 불신을 키워 온 것도 사실이다.

보다 먼 미래의 장밋빛을 보기보다는 당장의 이해관계에 눈이 어두워 사업 전체가 문제가 있는 것인 양 대화를 뒤로하고 물리력을 행사하는 집단이기주의, 쟁점에 대한 끝장 토론보다는 좋은 게 좋다는 식으로 적당하게 어물쩍 넘어가는 대충주의로 인해 만들어진 크고 작은 갈등사례를 주변에서 찾는 것은 그렇게 어렵지 않다. 그렇다면 과연 합리적인 최적의 의사결정은 불가능한 것인가? 선진국들도 그러한가? 그것이 아니라면 우리들의 의사결정 방식의 어디에 문제가 있는가? 문제가 있다면 이를 왜 고치려고 노력하지 않는가? 이제라도 이 문제에 대해 심각하게 고민하고 반성하면서 머리를 맞대고 해결책을 모색해야 할 시점인 것은 확실하다.

② 합의 과정은 퍼실리테이션의 꽃

퍼실리테이션이란 특정 목적을 가진 과제의 해결을 위해 중립적 위치에서 토론을 기획하고 실행을 총괄하는 활동으로 설명했다. 그렇다면 성공적 퍼실리테이션은 어떤 모습일까? 충분한 토론을 거쳐 원활한 소통이 이뤄진 상태에서의 합의적 결론이 도출된 것을 의미한다. 어떻게 보면 많은 시간과 노력을 들여 소통하고 토론하는 것이 결국 합의적 의사결정을 하기 위한 것이기 때문이다. 그렇다면 이를 위해 퍼실리테이터는 무엇을 어떻게 하는 것이 올바른가? 합의적 의사결정을 위해 단계별 논의 과정에서 진행된 프로세스 및 활동별 산출물들에 대한 동의를 구하고 이를 기반으로 합의가 이뤄지도록 해야 한다. 동의는 여러 가지 방법으로 확보할 수 있다. 우선 질문을 통해서 혹은 몸짓과 동작을 통해서도 할 수 있으며 체크리스트나 기타 도구를 활용하기도 한다. 이와 같은 절차를 거쳐 단계별로 획득한 완전한 수준의 동의 확보는 결국 최종 결론에 대한 합의를 이끌어 내는 핵심 성공요소가 된다.

2. 합리적 의사결정의 중요성

퍼실리테이션에서는 참여자들의 다양한 의견들을 담아내고 이를 통해 시너지를 창출하기 위해 합리적 의사결정이 필요하다. 특히, 의사결정 단계는 평가 결과에 대해 최종의 판단을 위한 집단적이면서도 전략적인 과정으로 보아야 한다. 따라서 앞에서 설명한 평가 기준과 평가 방법을 포함한 전체적인 프로세스의 적합성뿐만 아니라 집단이 추구하는 장·단기적인 목적이나 목표도 동시에 고려되어야 한다.

대부분 선행된 평가결과가 합리적일 경우 의사결정 단계는 생각보다 까다롭지 않을 수도 있다. 그러나 평가의 결과가 곧바로 의사결정으로 이어진다는 보장은 없다. 이는 평가 기준 설정의 한계성과 현실적 참여의 제약 때문인 경우가 많다. 즉, 평가 기준이 평가하고자 하는 모든 요소들을 완벽하게 포괄할 수 없다는 데 그 원인이 있다. 또한, 현실적으로 이해관계자 모두가 워크숍이나 토론에 참여할 수 없어 참여자들 외에 다른 구성원들의 동의를 구하는 것이 필요할 경우도 있기 때문이다. 그와 같은 관점에서 보면 도출된 대안들에 대해 별도의 의사결정 과정이 필요하다고 할 수도 있다.

의사결정은 당연히 실행을 전제로 하기 때문에 신중을 기해야 하고 합리적인 절차와 내용으로 구성되어야 한다. 이는 합리적인 의사결정만이 전체 구성원들의 수용성을 높이면서 수준 높은 합의적 완결을 이끌어 낼 수 있기 때문이다. 합리적인 의사결정 형태는 주제나 집단의 여건에 따라 다르게 전개될 수도 있기 때문에 퍼실리테이터는 토론 참여 그룹의 전체적인 분위기나 문화를 잘 파악하는 것도 중요하다.

3. 의사결정의 방법과 유형

의사결정에는 단독 결정, 여론 조사나 투표에 의한 결정, 토론에 의한 단독 혹은 다수결 결정, 합의적 결정, 만장일치에 의한 결정 등 여러 유형이 있다. 그러나 크게 보면 단독 결정, 다수결 결정 그리고 만장일치의 3가지를 기본으로 하여 응용한 형태라 볼 수 있다. 단독 결정은 리더가 참여자들로부터 확고한 신뢰와 리더십을 확보하고 있을 때 유효하며 그렇지 못한 대부분의 경우에서는 어느 정도 토의 과정을 거치고 나서 다수결 의사결정을 하는 것이 보통이다. 만장일치는 합의의 고도화된 수준을 말하지만, 다수결에 의한 의사결정과는 많은 차이가 있다. 합의적 수준은 참여자 대부분이 찬성을 하고 나머지 일부는 반대를 하지 않은 수준이라고 정의할 수 있다. 그렇다면 다수결 원칙과 무엇이 다른가? 다수결 원칙은 반대가 있든 없든 대부분 수적인 우세를 기준으로 의사결정을 한다. 따라서 반대자가 없는 합의 수준과 다수결은 외관상 비슷해 보일 수도 있지만, 질적인 내용을 기준으로 보면 전혀 성격이 다르다.

실제 현실 상황에서는 다수결이 합의에 의한 의사결정보다 진척속도가 빠른 것처럼 보인다. 그렇지만 실행 과정에서 반대자들의 설득과 조정문제로 결과적으로는 업무가 더디게 추진되는 경우도 많다. 따라서 퍼실리테이터는 이와 같은 사항을 염두에 두고 단계별 동의를 기반으로 합의에 의한 의사결정을 내릴 수 있도록 최대한 지원을 아끼지 말아야 한다. 그럼 이제 자주 사용되는 다양한 의사결정 방법과 유형에 대해 보다 상세하게 알아보자.

단독에 의한 의사결정

단독 결정은 리더에게 대부분의 권한이 집중되어 있는 경우에 행해지는 형태이다. 신속하고 일사분란하게 움직이는 집단에서 간혹 사용되기는 하지만 리더가 절대 권한을 가지고 있거나 구성원들의 충성심이 높은 수준이 아니라면 실행이 쉽지 않은 형태라고 할 수 있다. 일방적인 리더의 단독 결정에 대한 위험을 다소라도 줄이기 위해 토의 후에 단독 결정을 하기도 한다. 빠른 결정을 쉽게 할 수 있는 장점은 있으나 잘못된 결정을 할 때 이를 견제하거나 막을 수 있는 방법이 없다는 것이 결점이다.

다수결에 의한 의사결정

다수결 결정에는 여러 가지 형태가 존재한다. 단순 다수결, 토의 후 다수결, 여론조사를 통한 다수결 등으로 분류 할 수 있다. 다수결 제도는 민주주의의 대표적인 의사결정 제도로 많은 장점을 가지고 있다. 대의에 따라 결정을 하는 것으로 신속성과 나름대로의 합리성을 기반으로 하고 있으나 참여자의 수준과 분위기에 따라 잘못된 결정을 하는 우를 범하는 경우도 많다. 특히, 쟁점이 있음에도 불구하고 충분한 토론을 하지 않은 상태에서 다수결을 채택할 경우 결정 사항들이 제대로 추진되지 못하고 반대에 부딪혀 갈팡질팡하는 현상들이 많이 발생하고 있다. 이는 단순 다수결의 한계를 잘 보여주고 있는 것이라 할 수 있다. 투표 결과 득표에 차이가 별로 없는 다수결의 결과는 나중에 생각보다 심각한 문제를 야기시키는 경우가 많다. 승자 쪽은 패자 쪽을 포용할 의사가 전혀 없고 패자 쪽은 승자 쪽을 도와 줄 생각 자체를 하지 않는다. 패자 쪽의 경우 매우 근소한 차이의 패배를 이유로 결정 사항의 추진에 대해 시비를 일삼게 됨으로써 일의 진척이 어렵거나 심지어는 다툼으로 연결되어 갈등의 골이 깊어지는 경우도 비일비재하다. 따라서 다수결 원칙을 채택해야 할 필요성이 있는 경우일수록 충분한 토론 단계가 반드시 전제되어야 한다.

합의와 만장일치에 의한 의사결정

합의에 의한 의사결정은 다양한 의사결정 방식 중 하이라이트에 해당된다. 그러나 어떤 경우이든 이해관계가 많은 과제일수록 합의를 이끌어 내기까지 그에 비례하여 많은 노력과 인내가 필요하다. 합의가 되었다는 것은 결정 사항에 대해 더 이상의 충돌이나 이견이 도출되지 않은 상태를 말한다. 그러나 여기에서는 이를 보다 엄격하게 구분하여 만장일치와 합의적 수준을 분리하여 개념을 정의하고자 한다. 만장일치는 참여자 모두가 완벽하게 찬성하는 수준으로 가장 이상적인 형태라 할 수 있다. 하지만 현실 상황에서는 그와 같은 경우가 많지 않기 때문에 참여자 대다수가 동의하는 합의적 수준을 제시하고 이를 만장일치와 구별하여 사용하는 것이 좋다고 본다. 따라서 합의적 수준의 결정은 참여자들 중 적어도 80%이상이 찬성을 하고 나머지는 이의를 제기하지 않은 수준을 말한다. 즉 이 정도의 레벨에서 의사결정이 이뤄지는 경우를 의미한다. 그렇다면 그룹 활동의 의사결정 단계에서 퍼실리테이터는 어떤 점들을 고려해야 하는가?

- 의사결정 할 것이 무엇인지 분명히 하고 있는가?
- 어떤 의사결정 방법이 가장 유효적절한지 검토하고 있는가?
- 합의적 의사결정에 대한 필요성을 강조하고 있는가?
- 합의를 필요로 하는 그룹의 니즈가 존재하는가?
- 이해관계자들이 의사결정에 실제로 동의하고 있는가?
- 참여자들이 집단의 대표성을 확보하고 있는가?
- 의사결정에 반대하는 자가 있을 때 대응 방법은 있는가?

4. 의사결정 단계에서 필요한 역량

단계별 동의와 합의의 도출

의사결정 단계는 당초 목적한 바의 최종 결과물을 만들어 내는 과정으로 참여자들로 하여금 결과에 대한 주인의식을 갖도록 하고 향후 집단 활동의 추진동력을 확보하기 위한 목적이 크다. 따라서 단순한 대안을 만들어 내는 것이 아니라 사안에 따라 완전한 합의에 이르게 하는 통합 스킬이 요구된다. 이는 합의가 없는 결정은 실행 과정에서 많은 리스크를 내포하고 있기 때문에 진정한 합의라고 볼 수 없다는 의미와도 맥을 같이 한다. 그렇다면 통합적 차원의 최종 결과물에 대한 합의를 위해 중간에서 필요한 단계별 동의는 어떻게 구하는가? 일반적으로 가장 많이 사용하는 형태가 구두로 질문을 하여 동의를 구하는 방법이다 "이번 도출 안에 대해 모두 찬성 하나요?"의 형태라 할 수 있다. 그런데 여건에 따라서는 질문으로 하기에 거북해하거나 개인들의 의중을 탐색해야 하는 경우 제스처 등 다른 방법(예, Fist To Five)을 활용하기도 하고, 체크리스트 같은 도구를 사용하기도 한다. 또한, 특별히 보안이 요구되는 사안에 대해서는 비밀 투표를 할 수 있는 판도라 상자를 활용하는 것도 하나의 방법이 될 수 있다. 어떤 방법을 사용하든 진정한 의사결정에는 완전한 합의가 수반되어야 의사결정의 가치가 극대화된다고 볼 수 있다. 토의결과 합의가 이뤄지지 않는다는 것은 참여자 입장에서 보면 그 내용이나 과정에서 부족함이 있음을 뜻하는 것이다. 따라서 합의에 대한 분석의 관점은 언제나 참여자 측면을 고려한다.

퍼실리테이션의 각 단계가 그렇듯이 의사결정 단계도 마찬가지로 관련된 기법과 도구들을 활용한다. 그러나 어디까지나 기법과 도구는 합의 기반의 의사결정이 어느 정도 이루어졌는가를 체크하고 확인하는 데 필요한 수단이다. 기법이나 도구 그 자체가 합의를 만들어 낼 수는 없기 때문이다. 퍼실리테이터는 적절한 기법과 도구를 활용하여 합의 수준에 대한 관찰을 통해 이슈들을 확인하면서 기대한 목적에 이르도록 지원하는 것이 중요하다.

합의 과정에서 장애의 원인 분석과 해결

① 통합적 합의 역량 매트릭스 분석표(ICCAM) 활용

통합화 과정에서는 우선 합의를 만들어 가는 과정이 가장 중요하다. 그렇기 때문에 어떻게 하면 많은 이해관계자들의 공감을 확보하는 의사결정을 할 수 있는가가 핵심이라 할 수 있다. 합의적 의사결정에는 두 가지가 필요하다. 하나는 의사결정을 이끌어 가는 프로세스에 대한 합의이며 다른 하나는 콘텐츠 즉, 의사결정 내용에 관한 합의라 할 수 있다. 두 가지에 대한 개방적인 합의수준이 높을수록 통합 역량이 크다고 할 수 있다. 따라서 퍼실리테이터는 합의에 의한 의사결정이 어려운 경우라면 두 가지 요소에 대한 검토를 입체적으로 분석할 필요가 있다. 다음은 두 가지 요소에 기반한 통합적 합의 역량 매트릭스 분석표(ICCAM, Intergrated Consensus Competency Analysis Matrix)로 이를 활용하면 보다 쉽게 합의의 장애 요인들을 발견할 수 있다.

〈표 4-16〉 **통합적 합의 역량 매트릭스 분석표, ICCAM**

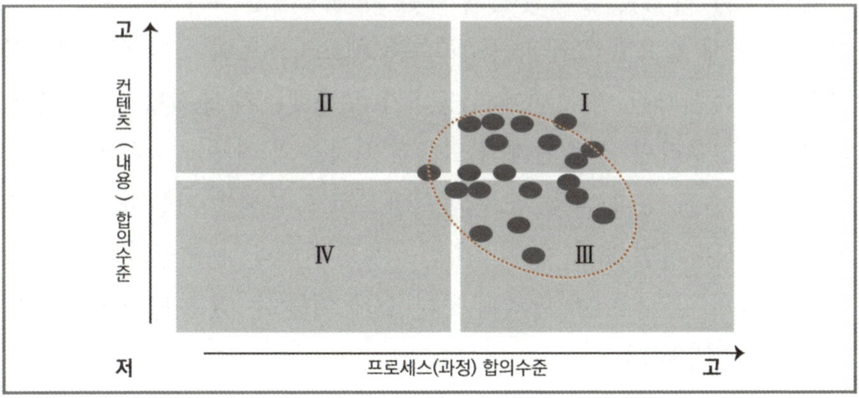

합의에 대한 의사결정의 어려움을 분석한 결과 〈표 4-17〉 Ⅱ의 영역은 진행 과정에 대한 그룹의 동의 정도가 부족했음을 나타내는 것이며, Ⅲ의 영역의 경우는 아이디어 내용의 세련화 등 질적인 충분성이 확보되지 못했음을 반영한 것으로 판단할 수 있다. Ⅳ의 영역은 내용과 과정 모두 부족하므로 합의에 결함이 많음을 보여준다.

퍼실리테이터는 표에서처럼 참여자들의 전체적인 합의 수준의 형태와 양상을 살펴보고 쟁점을 찾아 선제적으로 대처하는 것도 중요하다. 특정 그룹 참여자들에게 합의역량을 조사한 결과 〈표 4-17〉의 분포를 얻었다면 전체적으로 아직 높은 수준에 합의는 확보되지 못한 것으로 판단할 수 있다. 특히, 프로세스에 대한 것보다는 콘텐츠 즉 내용에 대한 합의 수준이 낮음을 알 수 있다.

② 단계별 동의 수준 체크리스트 활용

통합적 합의 역량 수준의 분석만으로 나타난 문제를 해결하기 어려운 경우에는 보다 미시적인 접근을 할 필요가 있다. 예를 들어, 분석 결과 전체적으로 합의 수준이 낮거나 부족함이 발견되었다면 그 문제점이나 원인이 구체적으로 어디에서 발생되었는지를 탐색할 필요가 있다. 이를 위해서는 각 단계별 동의 수준에 대한 체계적인 분석이 수반되어야 할 것이다. 이때 필요한 도구가 동의 수준 체크리스트이다. 퍼실리테이션 과정상의 문제라면 어느 단계의 동의가 부족했는지 분석할 수도 있고, 콘텐츠의 경우라면 특정 단계의 도출된 산출물의 내용과 수준의 적절성을 분석할 수도 있다. 다른 도구의 사용으로도 분석이 가능하지만 체크리스트를 사용하면 보다 체계적인 접근이 용이하다. 문제점과 그 수준들이 정확하게 파악되어야 합의에 보다 쉽게 이를 수 있는 방안들을 찾을 수 있음은 당연하다.

〈표 4-17〉 동의 수준 체크리스트

구분	확산	분류	분석	평가	결정
논의과정	매우우수 우수 보통 미흡 매우미흡	매우우수 우수 보통 미흡 매우미흡	매우우수 우수 보통 미흡 매우미흡	매우우수 우수 보통 미흡 매우미흡	매우우수 우수 보통 미흡 매우미흡
도출결과	매우우수 우수 보통 미흡 매우미흡	매우우수 우수 보통 미흡 매우미흡	매우우수 우수 보통 미흡 매우미흡	매우우수 우수 보통 미흡 매우미흡	매우우수 우수 보통 미흡 매우미흡
이슈 및 동의사항					

5. 의사결정 단계에서 활용 기법과 도구

의사결정 단계는 대부분 워크숍의 최종 결과물을 만들어내는 과정이다. 평가 단계에서 적합한 평가 방법을 사용하였다 하더라도 최종 선택과 결정에는 이견이 존재할 수 있다. 그렇다고 이를 부정적으로만 생각할 필요는 없다. 이유야 어떻든 토론에 있어 참여자의 충분한 의견 반영은 아무리 강조해도 지나치지 않기 때문이다. 바로 전 단계까지 전개해왔던 퍼실리테이션 프로세스가 아무리 훌륭했다 하더라도 최종 결과물에 대한 합의가 부족하다면 어떻게 될까? 참여자들의 주인 의식은 사라질 것이며 그 결정은 추진력이나 실행력을 확보하기 어렵게 될 것이 뻔하다. 결론적으로 의사결정 단계에서 가장 중요한 것은 그 결정에 대하여 권위가 부여되고 결정한 것에 대한 실행력을 갖게 하는 것이며 이를 위해서 합의가 반드시 수반되어야 한다. 앞에서 기술한 퍼실리테이션 방법과 프로세스 그리고 활용 가능한 기법들 모두는 최종의 합의를 만들어내기 위해 존재 한다고 해도 과언이 아니다. 그렇다면 그렇게 중요한 합의를 도출하는데 필요한 기법들은 어떤 것들이 있는지 알아보자.

❙ 언어적 질문 및 상징물의 활용

일반적으로 퍼실리테이터가 가장 많이 사용하는 방법으로 활동의 마무리 마다 참여자들을 향해 질문을 던지는 형태가 된다. "더 이상의 아이디어나 의견들은 없습니까?" "혹시 다른 의견이 있으신가요?" "여기 나온 의견이나 대안들에 대해 모두 찬성하십니까?" 등의 질문을 통해 동의를 확인하거나 점검하는 경우이다. 또한, 참여자들에게 리액션 등의 동작을 통해 동의를 이끌어 내는 방법도 있다. 예를 들면 "지금까지 도출된 의견에 동의하시면 박수를 세 번 쳐주세요"로 라든가 규칙이 정해진 카드 색깔(예, 초록 : 찬성, 노랑 : 중간, 빨강 : 반대)을 사용하여 이를 표시하도록 하는 방법도 있다. 그러나 이 방법들은 개방된 공간에서 드러내놓고 진행을 하기 때문에 구성원 개인들의 속마음을 완벽하게 알아보는데는 한계가 있다.

❙ Fist to Five(주먹에서 보까지)

프로세스 진행 단계별 추진 결과에 대한 동의 확보는 곧 최종 결과물에 대한 합의를 이끌어 내는데 가장 좋은 방법이다. 앞의 언어적 질문이나 카드 등 도구를 활용하는데 한계가 있는 경우 보다 적극적인 참여 방법으로 피스 투 파이브(Fist to Five)를 사용할 수 있다. 피스 투 파이브(Fist to Five)는 가위바위보처럼 손가락을 활용하여 점수를 부여하는 방법으로 결과물의 동의를 확보하기 위해 주로 활용된다. 물론 합의 과정에서도 얼마든지 사용 가능하다. 다음은 피스 투 파이브(Fist to Five)의 사용 기법에 대해 알아본다.

① 피스 투 파이브(Fist to Five) 기법과 평가 기준에 대해 설명 한다.
② 손가락이 펼쳐진 수를 기준으로 동의 수준에 대한 점수를 부여한다.
③ 평가 기준에 따라 산출물이나 대안 각각을 개별적으로 평가한다.
④ 참여자들이 제시한 숫자를 합계하여 산출물이나 대안별로 점수화하여 기록 한다.
⑤ 2점 이하의 점수를 낸 참여자에게 걱정되거나 우려되는 점 혹은 부족한 점이 무엇인지 물어본다.
⑥ 제시된 의견들에 대해 토의를 실시하고 이들을 반영하여 다시 피스 투 파이브(Fist to Five)를 실시한 후 합의에 도달했는지 검토한다.
⑦ 합의가 이뤄지지 않으면 전 단계를 반복한다.

〈표 4-18〉 동의 수준별 점수표

점수	동의의 수준
손가락 펼침 5	완전 동의
손가락 펼침 4	동의
손가락 펼침 3	보통
손가락 펼침 2	부정적
손가락 펼침 1	조건부 반대
손가락 펼침 0	절대 반대

[그림 4-10] Fist to Five 예시

▌동의 척도자(Gradient Scale of Agreement)

동의 척도자는 참여자들이 결정된 사항에 대해 어느 정도 마음속으로 공감하거나 찬성하고 있는가를 측정하는 방식이다. 의사결정 투표에서 참여자들이 표면적으로 동의는 했지만, 마음속으로는 동의하지 않을 수도 있고, 분위기 때문에 마지못해 동의할 수도 있다. 이는 참여자들로 하여금 결정 사항을 실행할 때 자발성을 약화시키거나, 일의 추진 동력을 떨어뜨리는 역할을 한다. 따라서 전원의 합의 정도를 측정하기 위해 동의 단계를 세분화하여 참여자들의 실제 속마음을 점검해보고 적절한 조치를 취하는 것이 필요하다. 다음은 동의 척도자를 사용하는 방법에 대해 설명한다.

〈표 4-19〉 동의 척도 기준표

①	②	③	④	⑤	⑥	⑦
완전한 지지	완전하지는 않지만 좋음	지지하는 편	기권 (그저 그러함)	다소 반대 (좀 더 토론필요)	상당한 반대 (많은 토론필요)	심한 거부 (지지 불가)
•••	•••	•				

① 동의 척도표를 그린다. 보통 좌에서 우측으로 찬성에서부터 거부에 이르기까지 7단계를 구분하여 적는다.
② 동의 척도표에 대한 설명을 하고 투표 방법을 알려준다.
③ 참여자들은 의사결정 사항에 대해 본인이 느끼고 있는 수준에 해당하는 번호를 포스트잇에 기입하거나 직접 스티커로 붙이도록 한다(가능하면 해당 번호를 각자 포스트잇에 쓰게 하고 이를 취합하여 퍼실리테이터가 해당 번호에 스티커를 붙임)
④ 모두 투표가 완료되면 스티커가 붙은 동의 척도표를 잘 볼 수 있도록 한다.
⑤ 스티커가 붙은 현황을 분석하고 합의 여부에 대해 평가한다.
⑥ 모든 스티커가 3점 이내에 위치해 있으면 일단 참여자들이 합의한 수준으로 볼 수 있다. 4점을 포함하여 그 이상의 숫자에 스티커가 붙어 있으면 일단 전체적으로 합의 수준에는 미치지 못한 것으로 간주한다.
⑦ 전체가 합의하는 수준에 도달하지 못했으므로 결정사항에 동의를 못한 이유를 참여자들에게 들어본다. 당사자의 이유를 들은 다음 그 부분에 대한 추가적인 토의를 진행한다.
⑧ 추가적인 토의가 완료되면 당사자에게 동의 수준의 변경 의사를 물어본다.
⑨ 전체 참여자의 동의 척도자 평가 점수가 모두 3점 이내로 위치되었을 때 합의가 이루어졌음을 공지하고 토의를 완료 한다.

이와 같은 프로세스를 충실하게 거치는 경우 효과는 대부분 기대 이상이다. 그 이유는 형식적인 동의가 아닌 실질적인 동의를 확보하면서 합의에 이르도록 했기 때문이다. 다시 말하면 참여자들로 하여금 합의를 어렵게 하는 요인들을 제거하는 데 도움을 주기 위해 추가 의견을 듣고 더 많은 논의를 할 수 있는 것이 장점이다. 다시 논의를 추가한 경우에는 그 결과에 대해 다시 투표를 실시하여 합의 여부를 체크해 보아야 한다.

6. 다양한 기법과 도구 사용 시 주의할 점

기법이나 도구는 주어진 과제를 보다 효과적이고 효율적으로 수행하기 위해 활용된다. 그럼에도 불구하고 의사결정 단계에서의 기법의 사용은 보다 신중을 기해야 한다. 이는 대부분의 참여자들이 결정 단계를 전체 중 가장 중요한 부분으로 인식하고 있기 때문이다. 더군다나 이해관계가 많은 사안의 결정일수록 더 큰 관심을 갖는 것은 당연하며 결국 앞에서 진행되었던 많은 프로세스와 절차들의 최종 결과물이란 점에서도 그렇다. 결정해야 할 대상과제에 따라 사용하는 기법은 다양할 수 있지만 어떤 기법을 사용할 것인가에 대해서는 사전적 동의가 필요하다. 반드시 복잡한 기법과 절차를 따라야 훌륭한 합의가 도출되는 것은 아니며 더군다나 단순한 기법을 사용한다고 해서 합의가 어려운 것은 더욱 아니기 때문이다. 의사결정 기법의 사용은 과제의 성격과 이해관계자의 다양성 그리고 참여자들의 수준 등 몇 가지 관련 사항들을 고려해야 한다.

제7절

사후관리와 마무리 단계 : 끝맺음

사후관리 단계는 보는 사람에 따라 그 범위나 영역이 다를 수 있다. 단순하게 퍼실리테이션의 진행 과정을 성찰하는 방식으로 마무리하는 경우도 있고 다소 과제가 복잡하여 실행 계획을 포함한 피드백까지를 마무리라고 보는 사람도 있기 때문이다. 대부분의 회의나 워크숍에서 도출된 개선안이나 의사결정사항에 대해 실행 계획까지를 작성하는 것은 쉽지 않다. 이는 토론의 참여자와 그들에 의해 결정된 사항의 실행자가 얼마나 일치하는가와 관련이 많기 때문이다. 참여자들이 결정하고 그들이 실행의 주체인 경우는 실행 계획을 수립하는 것이 의미가 있으나 주체가 서로 다른 경우는 문제가 훨씬 복잡해질 수 있다. 여기에서는 참여자에 의해 결정된 사항이 곧 실행계획으로 연계가 가능한 경우를 가정하여 기술한다.

1. 실행을 위한 합의 사항의 점검

가끔은 토론의 결과로 도출된 결정 사항이 마무리 단계에서 흐지부지 되거나 완벽하게 실행 계획으로 연결되지 못하고 우왕좌왕 하는 경우를 볼 수 있다. 이는 대체로 최종 결정 단계에서 이해관계자 그룹의 강한 저항에 부딪히거나 앞에서 진행된 토의사항에 대한 이의 제기로 과제가 완벽하게 해결되지 못한 경우에 주로 나타난다. 그것에 대한 주요 원인은 퍼실리테이션 과정과 토의된 내용에 있다고 보는 것이 옳다. 달리 말하면 중간 과정에서 동의 단계가 확실하지 않았거나 동의를 했더라도 피상적인 절차를 거쳤을 가능성이 높다. 절차만을 따르는 형식적인 동의나 합의는 오히려 이후에 더 큰 문제를 만드는 리스크를 안고 가는 경우가 많기 때문이다. 이는 이해관계가 큰 과제일수록 그와 같은 현상이 심하게 나타날 수 있으므로 합의에 대해서는 퍼실리테이터가 특히 관심과 주의를 기울여야 할 부분이다.

2. 체계적인 실행 계획의 작성

퍼실리테이션에 의한 체계적인 단계와 절차를 거쳐 합의를 통해 최종의 결과물을 만들어 냈다면 소통 측면에서는 그 자체로도 충분한 가치가 있다. 그러나 그것이 실천과 행동으로 옮겨졌을 때 더 큰 가치를 창출하게 됨은 말할 필요가 없다. 특정 결정 사항이 실행 계획의 작성을 통해 행동으로 옮겨지기 위해서는 실행 계획의 완벽성이 중요한 전제가 된다. 그 계획을 활동 단위로 분류하여 적임자에게 역할분담을 하고 적절한 기간 단위로 세분화하여 모니터링을 철저하게 하는 것은 과제의 추진과 실행에 있어 핵심적인 관리요소라 할 수 있다. 많은 조직에서 수차례의 워크숍을 했음에도 불구하고 효과 측면에서 아무런 변화나 개선 사항이 없다고 푸념하는 경우가 많다. 그 대부분은 세부 실행계획이 없거나 계획이 있더라도 모니터링이 미흡하여 행동이 수반되지 않은 데 그 원인이 있다. 실행 계획을 잘 작성하기 위해 주의할 점은 무엇일까? 실제 상황과 현실을 고려한 내부의 자원 배분과 이를 가시적인 성과로 변화시킬 수 있는 요소들을 체계적으로 도출하여, 이를 구성원들에게 각자가 해야 할 역할로 전환하고 인식시키는 일이다. 이와 같이 계획과 실행 간의 가교 역할을 수행하는 성공 요소로서 철저한 모니터링과 피드백이 필요하며 이와 같은 시스템이 제대로 작동될 때 비로소 실행을 통한 성과물을 기대할 수 있다.

3. 성과지표 설계

우리가 집단이나 조직에서 업무를 하는 목적은 무엇인가? 각자 바라는 기대와 성과를 만들어 내기 위한 것임은 부인할 수 없는 사실이다. 그렇다면 성과를 어떻게 하면 잘 만들어 낼 수 있을까? 목표를 달성하기 위한 구체적인 계획을 세우고 이를 체계적으로 잘 실행해 나아가는 일이 우선이다. 특히, 실행 과정상에서 발생하는 문제점들을 빈틈없이 파악하고 이를 철저하게 해결하는 과정을 거치면서 말이다. 그 과정에서 창출된 결과물은 당연히 피드백을 통해 설정된 목표가 효과적이고도 효율적으로 달성될 수 있도록 연계되어야 한다. 이때 중요한 것은 그 전체 과정을 체계적으로 관리할 수 있는 성과지표와 그에 따른 목표 수준을 설정하는 일이다. 성과지표는 참여자들이 각자가 맡은 역할과 행동을 통해 구현해야 할 목표를 구체화하기 위해 반드시 필요하다. 퍼실리테이터 역시 이 부분을 소홀히 해서는 곤란하다. 이는 실행 계획을 잘 작성하도록 지원하는 것도 중요하지만 그에 못지않게 작성된 계획들이 제대로 추진되어 성과를 낼 수 있도록 기반을 탄탄하게 만드는 것도 중요하기 때문이다. 성과지표에는 두 가지 유형이 있다. 과제의 과정을 관리하는 산출형 지표와 과제의 성과를 관리하는 결과형 지표가 그것이다.

〈표 4-20〉 **과제별 성과지표 및 목표 설정 예시**

추진과제	세부내용	담당자	성과지표	목표	추진기간				산출물
					1/4	2/4	3/4	4/4	
제안관리 프로세스 개선	제안접수에서 결과통부 기간 단축	김철수	기간 단축율	50%		■	■	■	제안개선 보고서
고부가 기업 유치 활성화	제조업 매출규모 10억 이상 기업 유치(서비스는 5억 이상)	이영희	유치개수	5개	■	■	■	■	단지 내 이전 등록 완료 기업
고객만족 수준 향상	고객의 만족 극대화를 통한 성과제고	김순신	고객만족도 점수	95점		■	■	■	고객 만족 향상 운영 프로그램
신제품 개발시스템 재 정립	개발된 신제품의 시장진입 정도	이삼오	3년내 개발제품의 시장 점유율	10%			■	■	신제품 매출액 및 마켓 세어
신 인사제도 성공적 도입	신 인사제도의 직원 수용력 강화	홍일점	제도 수용도	75%	■	■	■	■	신 인사제도 설계서
안전 문화 인식도 제고	안전 인식에 대한 수준 제고	감사희	안전의식 점수	75점		■	■	■	안전문화조사 보고서

위 예시의 과제별 성과지표는 대부분의 과제가 완료되고 어느 정도 시간이 경과되었을 때 사용할 수 있는 경우가 대부분이다. 왜냐하면, 결과형 성과지표이기 때문이다. 만약 결과형 지표의 활용이 어려울 경우에는

결과를 추구하는 과정에서 발생하는 산출형 지표를 사용할 수 있다. 예를 들면, 인사 제도 수용도 지표를 사용하기 곤란한 경우에는 인사 제도 관련된 교육 이수율 혹은 교육 횟수 등을 산출지표로 활용할 수도 있다.

4. 성찰과 피드백(Feedback)

성찰은 진행해 온 퍼실리테이션 전체 과정을 참여자들과 함께 뒤돌아보면서 잘한 점과 보완해야 할 점들을 찾아보고 이를 통해 서로 보다 나은 모습으로 발전하기 위한 학습의 한 과정이라고 할 수 있다. 성찰의 과정에서 체계적인 피드백은 역시 빼놓을 수 없는 중요한 부분이다. 피드백이란 전달된 메시지나 정보에 대한 수용자의 반응을 전달하는 행위라 할 수 있는데, 수용자가 전달자에게 그것을 얼마나 효과적으로 피드백을 할 수 있는가에 따라 커뮤니케이션의 효과가 달라지기도 한다. 또한, 참여자 입장에서도 자신들이 볼 수 없는 영역에 대한 객관적인 정보가 제공될 때 피드백을 통한 학습의 효과가 극대화 되고 참여자들의 열린 사고와 동기부여에도 많은 변화가 일어날 수 있다.

그렇다면 무엇을 어떻게 피드백 하는 것이 좋을까?

피드백의 대상과 방법은 사안의 중요성과 당시의 상황 그리고 내용에 따라 다를 수밖에 없으므로 이 문제는 전적으로 퍼실리테이터의 역량에 달려있다. 피드백의 형식을 참여자 상호간에 하도록 할 것인지 퍼실리테이터가 직접 할 것인지, 그리고 방법에 있어서도 사안별로 할 것인지 종합적으로 할 것인지 결정해야 한다. 특히, 피드백 대상을 그룹으로 할 것인지 아니면 개인을 대상으로 할 것인지에 따라 방법과 내용이 다를 수 있음에 주의해야 한다. 퍼실리테이터가 직접 개개인을 상대로 피드백할 경우에는 그들의 인격이나 성품보다는 활동에 초점을 맞춰야 한다. 참여자들의 자존심을 훼손하거나 비난성에 가까운 형태의 피드백은 신중을 기해야 할 부분이다. 다음은 피드백 할 때 지켜야 할 10가지 핵심 사항으로 참고가 될 만하다.

〈표 4-21〉 **피드백 10계명**

1. 계획을 짜라
   피드백을 주기 전에 생각을 정리하고 이를 확실하게 하여 체계적으로 전달해야 한다.

2. 명확하게 하라
   실제로 무슨 일이 발생했는지 파악하고, 상대방이 당신의 의도를 추측할 필요가 없게 명확하고 구체적으로 이해할 수 있도록 해야 한다.

3. 행동에 집중하라
   효과적인 피드백을 하려면 상대방의 성격이나 태도, 직책 등을 왈가왈부해서는 안된다. 눈에 보이거나 평가될 수 있는 특정 행동에 초점을 맞추어야 한다.

4. 시간과 공간을 배려하라
   피드백이 언제, 얼마나 신속히, 그리고 어떤 장소에서 전달되느냐에 대한 것이다. 상대방이 스트레스를 덜 받을 만한 상황에서 전달해야 하며 절대 다른 사람들 앞에서 교정적 피드백을 주어서는 안 된다.

5. 균형을 유지하라
   균형 유지에는 다양한 의미가 내포될 수 있다. 지지적 피드백과 교정적 피드백 사이의 균형을 잘 맞추는 것도 중요하다.

6. 침착하게 하라
   피드백을 줄 때 감정적이 되거나 과잉 반응을 해서는 안 된다. 피드백을 객관적으로 침착하게 하는 것은 결코 쉽지 않다. 그래서 더 중요하다. 이 때 지금 이곳에서 생긴 일에 대해서만 피드백하고 과거 일까지 언급하고 따지고 파고들면 곤란하다.

7. 효과적인 기술을 사용하라
   이런 기술들에는 요점 말하기, 눈 마주치기, 중요한 한 가지 문제에만 집중하기 등이 있으므로 이를 적절하게 사용해야 한다.

8. 효과적인 스타일을 사용하라
   피드백을 전달할 때 자신에게 맞는 방식으로 접근하는 것을 말한다. 여기에는 상대방이 요청하지 않으면 먼저 충고하지 않는 것도 포함된다.
9. 느낌을 표현하라
   자신의 느낌을 표현하는 것이 익숙하지 않은 사람들에게는 이 항목이 다소 어렵다. 느낌은 피드백 메시지와 같이 전달될 때 더욱 강력해지고 영향력도 커진다.

10. 경청하라
    이것은 상대방으로 하여금 자신의 의견을 표현하게 하고, 그 사람의 의견을 잘 듣는 것을 말한다. 경청을 잘 하는 사람은 상대방이 중요한 의견을 말할 수 있도록 열린 질문을 던지는 데도 뛰어나다.

출처 : 피드백 이야기(Teel me how I'm doing)의 일부 수정-리처드 윌리암스 저

제 5 장
퍼실리테이션 기획과 적용

제1절

고객 파악과 분석 방법

모든 일은 고객을 접촉하는 것으로부터 시작된다. 퍼실리테이션 역시 고객으로부터 요청을 받는 순간부터 고객과의 관계 형성은 이미 시작되고 있는 것이나 다를 바가 없다. 그렇다면 여기에서 중요한 것은 무엇일까? 고객의 진정한 니즈를 정확하게 파악하는 일이 된다. 그렇다면 어떻게 고객의 니즈를 정확하게 알아낼 수 있을까? 특히, 고객이 많을 때는 어떤 방법이 가장 효과적인지 고민이 필요하다. 우선 최종 의사결정의 주체로서의 핵심고객이 누구인지를 파악하는 일이 먼저다. 그 핵심 고객의 니즈에 따라 앞으로 진행될 토의나 워크숍의 설계는 다양한 형태로 나타날 수 있기 때문이다.

1. 고객 접점 대응

고객과의 만남에 있어 첫인상은 매우 중요하다. 고객과의 접점 관리에 있어 처음 15초라는 시간적 의미를 매우 강조하는 이유도 여기에 있다. 고객 관리에서 이 부분을 MOT(Moment of Truth)라고도 하는데 이는 고객만족(Customer Satisfaction)에 있어 초기의 주요 관리 포인트가 된다는 뜻이기도 하다. 퍼실리테이션을 위한 고객 관리의 첫 번째는 상대방으로 하여금 퍼실리테이터에 대한 확실한 믿음을 갖도록 하는 것이다. 그것은 고객이 워크숍을 통해 얻고자 하는 사항들을 퍼실리테이터가 얼마나 빠르게 이해하고 정확하게 파악하는가와 관련이 있다. 두 번째는 고객으로 하여금 퍼실리테이션에 대한 이해를 충분히 시키는 일이다. 고객의 경우, 퍼실리테이션에 대한 지식이 없거나 부분적으로 오해를 하고 있는 경우도 있다. 특히, 교육이나 코칭 그리고 컨설팅과 명확하게 구분을 못하는 사례가 많으므로 다른 활동들과 차이점과 특징 그리고 결과물 등에 대해서도 자세하게 설명해 줄 필요가 있다. 이 과정에서 주의할 점은 상호 불명확하거나 애매모호한 것을 재정립하고 공유하는 것도 잊지 말아야 한다.

2. 고객 분석의 방법

고객 분석은 그 대상에 따라 여러 가지 방법으로 수행할 수 있다. 기존의 관련 자료가 있으면 고객 분석은 생각보다 수월할 수도 있다. 그렇지 않으면 설문 분석을 하거나 그룹토의 혹은 인터뷰를 시도하는 것이 필요하다. 그러나 각각의 방식은 나름대로 장단점을 가지고 있으므로 서로 보완적으로 활용하는 것이 좋다. 일반적인 현황이나 객관적인 사항들에 대한 분석은 기존 자료 분석으로도 가능하지만, 겉으로 보이지 않은 정성적인 내용들에 대해서는 설문이나 인터뷰 방식이 효과적일 것이다. 특히, 분석 대상이 되는 집단의 지식, 경험, 전문성, 태도와 같은 역량 수준이나 관습, 문화적 특성처럼 겉으로 잘 드러나지 않은 요소들에 대해서는 심층 인터뷰가 중요하다. 따라서 퍼실리테이션에서는 가능한 한 1 : 1 혹은 소수 핵심 멤버를 대상으로 한 인터뷰를 통해 고객을 분석하는 방법이 많이 활용된다.

고객에 따라서는 퍼실리테이션에 필요한 가능한 한 많은 정보를 제공하는 곳도 있지만 그렇지 않은 고객들도 있다. 무조건 알아서 잘 해달라는 고객도 있기 때문이다. 어떤 경우라 하더라도 체계적인 상담이나 인터뷰가 필요하며 이를 위해서는 사전에 해당 집단에 대한 정보를 어느 정도 확보해야 한다. 이렇게 확보된 정보나 지식을 바탕으로 체계적인 인터뷰를 위한 질문 항목을 설계해야 하기 때문이다.

질문 항목의 포인트는 워크숍을 성공적으로 진행하기 위한 세부 사항들을 얼마나 잘 파악할 수 있도록 정교하게 만드는가에 있다. 이때 인터뷰 대상자를 누구로 할 것이며 어느 정도 규모로 할 것인가를 결정하는 것도 고려해야 한다. 특히, 조직의 책임자와 실무 담당자가 워크숍의 결과물이나 기대치를 서로 다르게 상정하고 있는 경우라면 이를 조정할 수 있는 의사결정권자의 인터뷰를 요청해야 한다. 이는 의사결정을 해야 하는 책임자와 실무자 간의 기대 수준이 서로 다를 경우 활동 이후에 나타날 수 있는 많은 문제 발생을 예방하기 위한 것이다.

또한, 다른 한편으로는 목적을 명확하게 공유하고 방향을 정확하게 설정하는 것이 전체적인 과정에서 혼란을 감소시키는 핵심이 되기 때문이기도 하다. 여기에서는 퍼실리테이터가 워크숍을 체계적으로 설계하기 위해 신경을 가장 많이 써야 하는 인터뷰에 관한 사항만을 기술한다.

3. 고객 파악을 위한 인터뷰

인터뷰의 중요성과 그 방법

동일 집단에 속한 구성원 자격으로 퍼실리테이터 역할을 수행하는 경우라면 스스로 조직의 여건이나 전체적인 상황 등 분위기를 비교적 쉽게 파악할 수 있을 것이다. 그럼에도 불구하고 퍼실리테이션의 배경을 정확하게 인식하는 것은 토의의 설계 및 진행에 있어 매우 중요하다. 따라서 퍼실리테이터는 반드시 책임자의 정확한 의중을 파악해 목적과 목표를 명확히 할 필요가 있다. 그러나 외부 전문가의 자격으로 퍼실리테이터의 역할을 의뢰받는 경우라면 반드시 고객과 사전 미팅을 하거나 인터뷰를 실시하는 것이 좋다. 의뢰인이 요구하는 워크숍의 목적과 목표가 무엇인지를 우선 파악하고 원하는 결과물의 형태(Output Image)나 수준을 구체적으로 확인해야 하기 때문이다. 또한, 토의의 주제, 참여 대상자, 장소를 포함하여 퍼실리테이션 과정에서 발생할 수 있는 다양한 돌발 상황에 대비하기 위한 사전정보를 획득하는 것도 놓쳐서는 안 될 중요한 사항이다.

고객과의 협의를 통해 워크숍과 관련된 제반 사항이 파악되면 퍼실리테이터는 그 목적에 부합하는 결과를 도출하기 위해 적절한 도구와 기법을 찾고 토의 프로세스를 디자인한다. 퍼실리테이터는 참여자들이 어떠한 방식과 순서로 무엇을 논의하고 어떤 결과를 도출해야 할지 주요 사항들을 파악한 후, 이를 세분화하면서 시계열 중심으로 계획을 수립해야 한다. 결국 이와 같은 내용들을 체계적으로 수행하기 위해서는 인터뷰를 통해 필요한 정보를 충분하게 확보하는 일이 무엇보다 중요하다. 인터뷰 대상자가 누구인가에 따라 적용하는 스킬과 방법은 상당히 다를 수 있다. 여기에서는 인터뷰에 있어 일반적으로 많이 사용하는 체크리스트나 질문서의 예시를 소개한다.

〈표 5-1〉 **인터뷰 질문을 위한 체크리스트 예시**

구분	항 목	시사점
일반 사항	조직이나 집단의 역사 및 연혁은 얼마나 되는가?	
	그들이 가지고 있는 조직 구조와 특성은 어떠한가?	
	조직을 둘러싼 환경 및 이슈는 무엇인가?	
	조직 및 집단의 주요 의사결정자는 누구인가?	
	조직의 의사결정 방식 등 운영 방식은 어떠한가?	
	조직이 가지고 있는 강약점은 무엇인가?	
고유 사항	토의의 배경과 목적은 무엇인가?	
	다루고 싶은 주제와 테마는 무엇인가?	
	주제와 관련된 조직의 이슈는 무엇인가?	
	주제의 최종 Output 이미지는 어떤 모습인가?	
	주제 해결을 위한 가용 자원(시간, 인원, 예산등)은 어느 정도인가?	
	참여자들의 규모와 수준은 어느 정도인가?	
	참여자들의 특성은 무엇인가?	
	회의 및 토론의 경험 수준은 어떠한가?	
	그동안의 주요성과는 무엇인가?	
	구성원들의 조직, 집단에 대한 관심도는 어떠한가?	
	예상되는 돌발 상황은 어떤 것들이 있는가?	
기타 사항	참고할 만한 어떤 내부 자료들이 있는가?	
	워크숍 시 고려해야 할 사항들은 무엇인가?	

▌인터뷰의 구체적인 스킬

① 자신의 겸손한 소개로부터 시작한다.

고객으로부터 받는 첫인상은 이후에 연결되는 일의 매끄러움과 효과에도 많은 영향을 미친다. 부드럽고 자연스러운 인터뷰를 위해 우선 상대방에 대한 정보를 어느 정도 확보하는 지혜를 발휘하는 것도 중요하다. 그렇게 함으로써 퍼실리테이터는 고객에게 어떤 방법으로 접근할 것인가에 대해 준비를 할 수 있다. 상대방과 첫 대면 시에는 먼저 겸손한 자세로 자신을 간단하게 소개하는 것이 예의다. 왜냐하면, 그것이 다소 서먹서먹한 분위기를 전환시키기도 하지만 탐색의 분위기를 단시간 내에 해소시키는 데도 도움이 되기 때문이다. 상호 소개가 이뤄진 후에는 인터뷰에 응해준 데 대한 감사의 표시를 전한다.

② 인터뷰 목적을 분명하게 한다.

모든 일은 목적과 그것을 해결하기 위한 수단으로 이루어진다. 그러므로 목적이 분명할수록 이후에 전개되는 과정이 효과적이다. 인터뷰 역시 그 목적이 명확해야 적합한 인터뷰 항목을 설계할 수 있음은 지극히 당연한 것이라 하겠다. 또한, 인터뷰에 응하는 상대도 그 목적에 공감이 되었을 때 보다 집중도가 높아지고 더 많은 관심을 보일 수 있다. 목적이 명확하지 못하면 해결을 위한 수단 역시 적합성을 담보하기 어렵다는 것은 어디에서나 통하는 진리인 셈이다.

③ 구체적으로 질문하되 가능하면 스토리 형태로 전개한다.

인터뷰 질문이 너무 딱딱하거나 이론적인 경우 원하는 결과물을 얻기 어렵다. 더군다나 질문이 부정확하고 구체성이 떨어지거나 그 내용이 혼란스러우면 목적에 부합되지 못한 인터뷰가 될 수 있다. 애매모호하고 추상적인 질문에는 그 수준에 걸맞은 답이 나올 수밖에 없기 때문이다. 또한, 인터뷰를 위한 적절한 분위기의 조성은 인터뷰 내용과 결과물의 질적 수준에 지대한 영향을 미치게 된다. 인터뷰에 응하는 자로 하여금 자유스럽고 부드러운 분위기 속에서 구체적인 스토리를 이어가도록 하는 것이 중요하다. 그렇게 함으로써 상대방으로부터 겉으로 드러나지 않던 다양한 내면의 생각을 이끌어 낼 수 있고 사고방식까지를 이해할 수 있게 된다. 보다 많은 정보를 정확하게 수집하는 것이 우선되어야 하기 때문이다.

④ 상대의 수준에 맞게 용어를 사용하고 간단하게 질문한다.

인터뷰의 핵심은 상대방의 의견이나 생각들을 가장 효율적으로 잘 이끌어 내는 데 있다. 이를 위해서는 상대방이 질문의 요지를 잘 알 수 있도록 그 수준에 맞게 용어를 선택하고 사용하는 것이 필수적이다. 인터뷰하는 자가 복잡하게 질문을 하거나 장황하게 말하면 듣는 사람이 핵심을 파악하기 어려워질 뿐만 아니라 그 대답도 초점이 없어지게 된다. 따라서 한 번에 하나의 핵심적인 사항을 상대방의 수준에 맞게 단답형으로 질문하는 것이 더 효과적일 수 있다.

이는 비단 말이나 용어에 한정되는 것만은 아니다. 어떤 상황에서도 상대방으로 하여금 위화감을 갖게 하거나 어색한 분위기를 느끼게 할 필요가 없다. 상대방의 수준에 맞게 상황에 맞춰 대응을 하는 것이 곧 상대방을 배려하는 마음의 시작이다.

⑤ 입체적인 사고를 유도하고 이를 시각화하도록 한다.

인터뷰에 응하는 상대방이 스스로 파악하고 있는 내용을 말로 표현하도록 하는 것도 중요하지만, 상대방으로 하여금 보다 많은 생각을 하도록 만드는 것이 더 중요할 수도 있다. 필요하다면 말을 하는 도중에 그림이나 스케치를 해가면서 폭넓은 아이디어를 공유하거나 애매모호한 것을 명확하게 하는 것도 좋은 방법이다. 어느 경우이든 자신의 생각을 시각화하는 과정에서 더 많은 입체적인 사고를 하기 때문이다. 또한, 유사한 사례나 예시를 제시하여 상대방의 생각을 확장시켜주는 것도 하나의 방법이 될 수 있다.

⑥ 상황에 맞게 자연스럽고 유연하게 대응한다.

간혹 상대방을 취조하거나 감사하는 식으로 인터뷰하는 경우를 목격할 수 있다. 너무 딱딱하고 부자연스러운 분위기는 상대방으로 하여금 긴장을 유발하여 좋은 인터뷰가 이뤄지기 어렵게 만든다. 특히, 갑과 을의 관계 등 서로 대등하지 않은 관계에서의 인터뷰는 이런 부분에 더욱 신경을 써야 한다. 인터뷰 과정에서 상대방의 행동이나 표정 등 다양한 신호에 민감해야 할 때도 있다. 질문이 너무 크고 어렵다고 느끼는 경우라면 좀 더 자세하게 풀어서 물어보는 것이 좋다. 또한, 대화 도중에 추임새를 넣거나 적절한 리액션을 추가해 주는 것도 효과적이다. "아! 그렇군요.", "정말 잘 됐네요.", "어떻게 그 상황에서 그런 생각을 할 수 있어요?"하는 식의 표현을 통해 상대방으로 하여금 사고가 확장되고 잠재의식까지 되살아나게 할 수 있다면 더할 나위 없이 훌륭한 인터뷰가 될 수 있기 때문이다. 맞춤형 인터뷰를 하기 위해서는 상대방을 세심하게 관찰하면서 상호 공감의 수준을 높여가는 것이 무엇보다 중요하다 하겠다.

⑦ 시간을 준수하고 인터뷰 내용을 체계적으로 정리한다.

짧은 시간에 많은 정보를 확보하기 위해서는 핵심 위주로 질문해야 하고 이를 위해서는 인터뷰 전에 정제된 질문 리스트가 필요하다. 이와 같은 준비 과정을 소홀히 하면 얻고자 하는 정보를 제대로 얻지 못하는 상황이 발생하기도 하고 주어진 시간 내에 인터뷰를 마칠 수 없어 당황스럽게 되기도 한다. 본래의 목적에서 벗어난 특정의 관심 있는 사항에 대한 대화로 많은 시간들을 사용할 가능성이 커지기 때문이다. 인터뷰에서는 약속된 시간 내에 인터뷰를 끝내는 것은 기본이다. 시간을 초과할 경우에는 상대방의 허락이 필요하다. 시간이 허락된다면 궁금한 사항을 추가로 질문하고 말미에 감사의 뜻을 전한다. 인터뷰를 마무리하고 난 이후의 내용 정리도 과정 못지않게 중요하다. 내용의 정리는 가능하면 기억이 생생할 때 정리하는 것이 원칙이다. 인터뷰의 목적이나 목표에 적합하도록 체계적인 정리를 하되 주요 시사점들을 잘 기록해야 함을 잊어서는 안 된다.

제2절
상황 분석 및 진단

1. 상황 분석을 통한 진단

간단한 주제의 워크숍일 경우에는 앞서 언급한 인터뷰 결과물만으로도 어느 정도 퍼실리테이션 설계를 할 수 있다. 그러나 보다 난이도가 높거나 까다로운 주제라면 인터뷰에 의존한 정보만으로는 퍼실리테이션을 기획하는 데 한계가 있을 수 있다. 그만큼 기획적인 요소가 많다는 의미가 된다. 성공적인 퍼실리테이션을 진행하기 위해서는 기획 부분에 해당하는 워크숍의 설계가 잘 되어야 한다. 이는 훌륭한 건축물을 짓기 위해 그 기초가 되는 도면을 잘 설계해야 하는 것과 마찬가지 이치이다. 그렇다면 퍼실리테이션 토의나 워크숍을 어떻게 잘 설계하고 기획할 수 있을까? "잘 설계되고 기획된 것"이란 어떤 것일까? 주관적 정의이기는 하지만 "주어진 여건 하에서 구성원들의 활발한 참여를 통해 매끄러운 진행이 전제가 되고, 그 결과로 발생한 산출물의 품질 수준이 만족스러울 정도로 창출될 수 있는 프로세스 즉, 구성 요소와 과정이 결합된 프로그램"으로 정의할 수 있을 것이다. 이를 위해서는 고객을 체계적으로 분석하고 진단해야 한다. 다시 말하면 고객이 추구하는 기대, 그들이 처한 전반적인 상황이나 여건, 그리고 구성원들의 역량에 대해 객관적이고 세심한 파악이 선행되어야 한다. 그럼에도 불구하고 초보자일수록 진단 과정을 소홀히 다루는 경향이 많다. 더군다나 분석과 진단을 했음에도 중요한 시사점들을 파악해내지 못하거나 발굴한 이슈들조차도 워크숍 프로세스에 제대로 반영하지 못하여 설계의 허점을 노출한 경우도 많다.

퍼실리테이터가 이와 같은 제반 활동들을 무리 없이 소화하기 위해서는 어떤 역량들이 필요할까? 토의나 워크숍 설계를 하기 위한 특정 집단에 대한 체계적이고 종합적인 분석, 평가 그리고 이를 통합화하는 스킬이 요구된다. 그러나 이와 같은 통합 스킬은 단시간 내에 이루어질 수 없다. 자신의 부단한 노력을 통한 경험적인 양이 일정 수준 이상 필요시 되는 것은 말할 필요도 없다.

2. 진단과 결과의 활용

퍼실리테이션을 진행하기 위해 진단은 해야만 하는가? 필수적으로 이 단계를 거쳐야 하는가? 반드시 그럴 필요는 없다. 상황에 대해 진단을 하지 않더라도 퍼실리테이션의 설계를 하는 데 지장이 없다면 일부러 이 단계를 거칠 필요는 없다. 진단을 하는 궁극적인 목적은 특정그룹이나 집단의 정확한 수준과 상황파악을 통해 최상의 결과물을 창출하기 위해서이기 때문이다.

〈표 5-2〉 상황 파악 및 진단을 위한 체크리스트 예시

구분	진단 항목	진단 내용	상태 및 수준					시사점
			매우 양호	양호	보통	미흡	매우 미흡	
추진 목적 관련 사항	• 목적 및 배경 • 추진 목표 및 기대 사항 • 토의 주제 • 스폰서의 의지와 의중 • 예상 산출물 등							
가용 자원 관련 사항	• 재정 및 예산 • 일정 및 시간 • 장소 및 사용 공간 • 지원인력 • 사용비품 및 도구 등							
참여자들 관련 사항	• 참여자 집단 규모 • 참여자들의 역량과 경험 • 토의에 대한 숙련도 • 도구와 기법의 이해 수준 • 구성원들의 의지와 열정 • 집단내·외의 역학 관계 • 리더그룹의 성향 • 기존 의사결정 수준 등							
진행 관련 사항	• 프로세스 반영 요구 사항 • 발생가능 리스크 요소 • 사전 학습의 필요성 • 특강 강사 필요 유무 • 예외 적용 사항							
산출물 및 사후 관리 관련 사항	• 산출물 종류와 수준 • 보고서 제출 방식 • 마무리 및 성찰 방법 • 사후관리 방안 • 기타 필요 사항 등							

우수한 기획서를 만들기 위해서는 분석과 진단을 통해 도출된 시사점들을 어떻게 프로그램에 잘 반영할 것인가가 중요한 포인트가 된다. 주요 시사점들을 설계와 기획으로 반영하는 수준은 전적으로 퍼실리테이터의 역량문제이며 그의 몫이라 할 수 있다. 예를 들면, 회의 경험이 많은 기업 대상의 워크숍 설계와 상대적으로 경험도 없고 환경이 열악한 지역의 주민들을 대상으로 한 워크숍 설계는 여러 가지 면에서 달라져야 한다. 다음은 고객의 상황에 대한 진단결과를 워크숍 설계에 반영하기 위한 시사점 도출의 예시이다.

〈표 5-3〉 진단 결과의 워크숍 설계 반영을 위한 시사점 도출

진단항목	고객의 인터뷰 내용	상태및수준					시사점
		매우 양호	양호	보통	미흡	매우 미흡	
목적 및 배경	목적과 배경을 익히 잘 알고 있음		■				–
추진목표 및 기대사항	그룹의 추진 목표는 상대적으로 분명함		■				–
토의 주제	토의하고자 하는 주제가 너무 넓음				■		워크숍 주제에 대한 범위 조정 필요
……	……						……
재정 및 예산	재정상의 가용할만한 여유가 없음			■			예산변동과 관련된 다양한 요소 및 조건들의 파악 필요
일정 및 시간	주제에 비해 시간이 너무 짧음					■	최소 1일(8시간) 정도 소요되나 4시간 이내로 요청
……	……						……

위와 같은 사항들을 워크숍 기획에 어떻게 반영할까?

예에서 보듯이 고객이 요구하는 주제를 해결하는데 주어진 시간이 예상 외로 짧을 경우 퍼실리테이터는 다수의 대안을 생각해야 한다. 주제를 보다 세분화하여 회차를 늘리거나 혹은 워크숍 프로세스와 절차를 간소화하여 주요 사항만을 다룰 수도 있다. 그것도 어려우면 전체 중 앞 단계를 고객 측에서 해결하도록 하고 실제 퍼실리테이션 단계에서는 본론만을 다루는 경우를 생각해볼 수 있다. 이렇듯 퍼실리테이터는 진단 결과의 시사점들을 워크숍의 실제 상황 속으로 전환하기 위한 기획 차원의 설계를 고민해야 하는데 이와 같은 일련의 활동들을 통칭하여 워크숍 디자인 방법론이라고 말할 수 있다.

제3절
퍼실리테이션 워크숍 디자인

1. 퍼실리테이션 워크숍 디자인의 필요성

퍼실리테이션에 의한 회의나 워크숍은 특정한 목적을 달성하기 위해 구성원들이 주도적으로 참여하고 그룹 내의 상호작용을 통해 창조성을 발휘하기 위한 집단 토의 방법이다. 이는 일정한 절차와 프로세스를 기반으로 참여자들이 대등한 입장에서 자유롭게 의견을 제시하며, 상호 정보가 공유된 상태에서 의사결정을 하고 구성원들의 합의를 이끌어 낸다는 점에서 그 특징을 찾을 수 있다. 구성원들의 서로 다른 지식과 경험 수준 그리고 그들의 요구 사항의 편차가 존재하는 상황에서 하나의 합의점을 만들어 내거나 문제를 해결하기란 쉽지 않다.

이해관계가 다양한 사람들이 서로의 역량을 합쳐 일치된 결론을 이끌어 낼 수만 있다면 이는 기대 이상의 시너지가 발휘될 것이다. 이와 같은 시너지를 도출해 내기 위한 최적의 방법으로 퍼실리테이션이 자주 거론되곤 한다. 아마도 그 효과가 입증되었기 때문이라 생각한다. 그렇다고 해서 퍼실리테이션 그 자체가 반드시 좋은 결과를 만들어 낸다는 법은 없다. 진행과 운영의 문제는 또 다른 영역이기 때문이다.

그렇다면 과연 퍼실리테이션에서 원하는 바람직한 결과물을 도출하기 위해서는 어떻게 해야 하는가? 그 첫 번째 조건으로 완벽한 설계와 세부적인 디자인이 요구된다.

2. 퍼실리테이션 워크숍 디자인의 컨셉

이 단계에서는 지금까지 수집된 여러 가지 정보와 고려 사항들을 기초로 실제 현장에서 전개할 상세한 프로세스를 설계하게 된다. 이를 체계적으로 수행하기 위해 어떤 방법과 관련 스킬이 필요할까? 워크숍의 설계 내용과 방법은 주제나 참여자 규모 그리고 그들의 수준 및 여건에 따라 달라짐은 두말 할 필요가 없다. 대부분의 경우 정상적인 상황과 프로세스를 상정하여 워크숍을 설계하지만 만약의 경우에 나타날 수 있는 돌발 상황을 염두에 두고 시나리오를 작성하는 것도 필요하다. 특히 실행을 앞두고 설계하는 것인 만큼 각 단계별 추진내용을 중심으로 교안을 작성하고 참여 대상자들의 수준에 걸맞은 기법과 도구 그리고 양식을 기획해야 한다. 이때 사용양식은 개략적인 워크숍 산출물의 이미지를 구상하면서 디자인하는 것도 하나의 방법이다. 여기에서는 [그림5-1]에 제시된 개념을 기준으로, 크게 워크숍 준비영역과 워크숍 실행 영역으로 나누어 디자인하는 방법을 설명한다.

[그림 5-1] 퍼실리테이션 워크숍 디자인의 단계와 개념

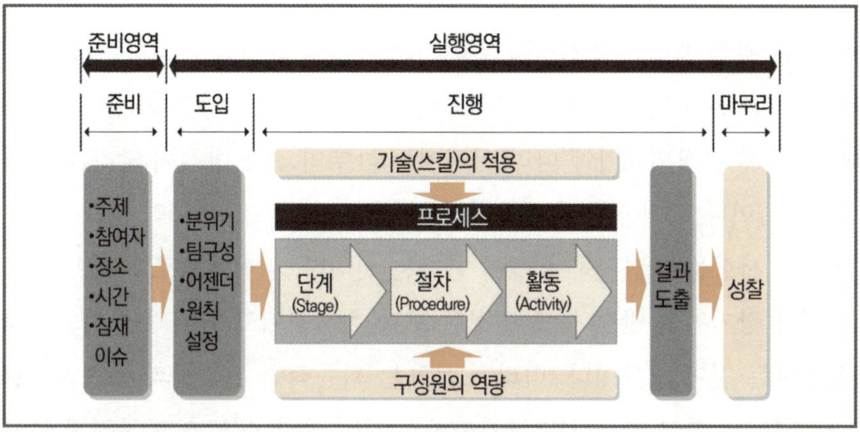

3. 퍼실리테이션 워크숍 준비 영역 디자인

이는 본격적인 팀 활동을 위한 준비 단계라고 보면 된다. 퍼실리테이션의 필요성 유무를 파악하는 것에서부터 주제를 무엇으로 하며 참여자 범위를 어디까지로 할 것인지 의사결정을 해야 한다. 그리고 장소, 일정 및 시간, 추진방법, 사용 기법과 도구, 자리 배치 등 전반적인 사항들을 어떻게 해야 하는지에 대해서도 결정이 필요하다. 특히, 예상되는 돌발 상황과 이슈들이 있다면 이를 어떤 형태로든 워크숍 설계에 반영해야 한다. 이처럼 이 단계는 다양한 준비 사항들을 체계적으로 검토하고 결정해야 하므로 퍼실리테이터는 이 과정에서 완벽한 준비가 이뤄질 수 있도록 구체적인 사항들을 점검하고 필요하다면 고객을 코칭해야 한다.

배경과 목적, 목표의 설정

어떤 일을 제대로 추진하기 위해서는 배경과 목적을 파악하는 것이 항상 우선되듯이 워크숍 설계에서도 마찬가지라 할 수 있다. 이는 큰 방향이 어떻게 설정되는가에 따라 이어지는 하부의 전개 방식이 달라지기 때문이다. 이때 주의해야 할 점은 형식적인 것보다는 가능하면 실제적으로 필요한 사항들을 명확하게 해야 한다는 것이다. 일반적으로 목적은 거시적이고 장기적인 반면 목표 설정은 보다 미시적이고 단기적인 차원에서 설정하는 것이 보통이다. 따라서 목표는 최종적인 결과물과 유기적으로 관련되도록 하고 가능하면 구체화하는 것이 좋다. 워크숍의 목적과 목표를 잘 설정하기 위해서 다음의 질문들이 참고가 될 것이다.

- 왜 퍼실리테이션 워크숍을 해야만 하는가?
- 퍼실리테이션 워크숍 이외의 다른 방법은 없는가?
- 퍼실리테이션 워크숍이 어떤 측면에서 효과적인가?
- 워크숍의 목적과 목표는 얼마나 구체적이고 명확한가?
- 목표에 적합한 산출물을 예측할 수 있는가?
- 목적과 목표를 참여자들에게 어떻게 공유시킬 것인가?

❙ 주제의 설정 및 공유

토의 주제를 선정한다는 것은 참여자가 토의하고 의사결정을 해야 할 내용과 범위를 정하는 것과 관련이 있다. 주제를 잘 선정해야 하는 이유는 분명하다. 주제와 관련된 이해관계자를 정의하는 것에서부터 토의의 내용과 절차, 사용해야 할 기법과 도구 그리고 시간 계획에 이르기까지 많은 부분에 영향을 미치기 때문이다. 주제가 구체화 될수록 적합한 참여자들을 구성할 수 있고 그들 각자가 가지고 있는 다른 생각이나 관점을 상호 소통과 조정을 통해 시너지를 만들어낼 수 있다. 참여자들이 주제를 공유하지 않은 상태에서 토의를 진행할 경우, 처음부터 방향이 어긋나거나 진행과정에서 생각지도 못한 돌발 상황이 발생할 가능성이 높아진다. 이는 주제가 잘 선정되고 공유된 경우라 하더라도 진행과정에서 토의의 주제와 그룹 활동의 목적을 적절하게 상기시켜 주지 않으면 언제라도 논의가 원하지 않은 방향으로 흐르는 속성을 갖고 있기 때문이다. 따라서 퍼실리테이터는 사전에 주제를 명확히 하고 토의 목적을 분명하게 하여 참여자들 상호간에 발생할 수 있는 불필요한 오해나 의미 없는 토의를 피할 수 있도록 하는 것이 좋다. 주제를 잘 선정하기 위해서 다음의 질문들이 참고가 될 것이다.

- 토의 주제의 목적과 범위는 명확한가?
- 이해관계자들이 모여서 논의할 만한 가치가 있는가?
- 참여자들이 주제관련 사항들을 충분히 이해하고 있는가?
- 참여자가 주어진 여건에서 충분히 다룰 수 있는 주제인가?
- 주제의 핵심 쟁점과 이슈들을 잘 파악하고 있는가?
- 주제에 대한 토의의 기대 사항들이 명확한가?
- 참여자들이 주제를 통해 무엇을 해야 하는지 알 수 있는가?

참여자 검토 및 선정

토의에 있어서 참여자 선정은 주제 못지않게 중요하게 검토해야 할 요소 중 하나이다. 이는 동일한 주제라 하더라도 참석자들의 특성과 그들의 수준에 따라 산출물이 달라질 수밖에 없고 의사결정의 방향도 상당한 영향을 받기 때문이다. 그렇다면 어느 정도의 규모로 어떻게 참석자를 구성해야 하는가? 과연 어느 대상까지를 적정한 참석자의 범위로 해야 하는가? 이에 대해서도 충분한 검토와 신중한 결정이 필요하다. 워크숍의 참석자 규모는 상황에 따라 달라질 수는 있으나 일반적으로 20명~30명 이내가 적정하다. 한 팀은 6~8명 정도가 적당하며 팀의 멤버들은 주제의 성격과 유형에 따라 다르게 구성할 수 있다. 중요한 것은 과제와 직·간접적으로 영향을 받는 사람들이 구성원으로 참석해야 한다는 점이다. 여기에서 참석자의 적정성 수준은 적어도 주제와 관련된 이해관계자의 대표성을 확보할 수 있는 정도를 말한다. 의미 있는 산출물을 도출하기 위해서는 그 구성원들의 다양한 생각과 의견들을 하나의 통일된 방향으로 모아야 하기 때문이기도 하다. 참석자들을 잘 선정하기 위해서 다음의 질문들은 참고가 될 것이다.

- 참석자 선정 기준은 합리적으로 설정되어 있는가?
- 참석자의 범위와 규모가 적정하게 정해져 있는가?
- 참석자가 다양한 이해관계자의 대표성을 확보되어 있는가?
- 참석자의 특성과 성향을 대체적으로 파악하고 있는가?
- 주제를 해결하는데 참석자들의 수준은 적합한가?

워크숍 시간의 설정

워크숍의 소요 시간 설정은 고객으로부터 절대적으로 주어진 경우와 퍼실리테이터의 제안을 통해 시간적 유연성을 가질 수 있는 두 가지 경우로 나눠볼 수 있다. 대부분 전자의 경우 고객이 요구하는 결과물을 도출하는데 상당한 시간적 제약을 받기 쉬우므로 그만큼 퍼실리테이터의 융통성이 적을 수밖에 없다. 따라서 다루어야 할 주제와 참여자 수준, 예상되는 결과물들을 입체적으로 고려하여 전체 추진 단계별 시간 계획을 구상해야 한다. 또한, 단계별 시간 계획은 절차와 사용 기법 및 도구의 사용 등과도 연계되므로 가능하면 현장의 실제 상황을 가정한 시뮬레이션을 통해 현장과의 괴리를 줄이는 데 힘을 쏟아야 한다. 워크숍 시간은 다루는 주제의 크기와 해결의 난이도 수준에 따라 적게는 몇 시간에서부터 많게는 며칠을 소요한 경우도 있다. 대개 짧은 경우 4시간 정도에서 보통 1박 2일 일정을 계획하는 형태가 일반적이라 할 수 있다. 시간 계획을 잘 하기 위해 다음의 질문들은 참고가 될 것이다.

- 주제 해결에 필요한 절대적인 시간이 확보되고 있는가?
- 프로세스 단계와 연계하여 시간 계획을 수립하고 있는가?
- 사용할 기법과 도구를 고려하여 시간을 산정하고 있는가?
- 실제 논의 상황을 가정하여 시간계획을 예측하고 있는가?
- 참석자들의 수준과 집단의 여건을 고려하여 시간을 계획하고 있는가?

장소와 자리 배치 검토

미팅의 장소와 자리 배치는 참석자들을 토의에 집중시키고 원활한 진행을 위하여 고려되는 요소 중 하나이다. 대부분 일반적인 회의 시에 장소나 자리 배치는 의전상의 문제를 제외하고는 크게 신경 쓰지 않는 경우가 많다. 그러나 이는 잘못된 기존의 회의 문화에 기인한다고 보아야 한다. 퍼실리테이션을 기초로 한 토의나 워크숍은 최종의 목적이 합의에 의한 결론 도출이고 그 과정은 원활한 소통을 전제로 한다. 특히 주제가 지향하는 무엇인가를 결정하고 결론을 얻어야 하는 경우라면 그 목적에 맞는 여건을 구비하고 지원해 주는 환경의 조성도 무시해서는 안 된다.

예를 들면, 법적인 판단을 요하는 법정이나 조용한 사색을 주로 하는 명상실의 경우를 상정해보자. 그와 같은 장소들의 경우 참석자들에게 주는 느낌과 분위기가 자유로운 의견 개진과는 거리가 있으므로 퍼실리테이션을 하기에 적합한 장소라고 할 수는 없다. 따라서 퍼실리테이션은 주로 격식과 형식을 갖추는 일반적인 회의와는 다른 여러 가지 요소들이 고려되어야 하며 그 중 장소나 자리 배치도 예외가 아니라는 점이다. 예를 들면 기록을 많이 하거나 산출물을 붙여놓은 상태에서 토의를 많이 진행하므로 벽이 없는 장소보다는 벽면을 갖추고 있는 공간이 훨씬 좋다고 할 수 있다. 만약 기록물을 붙일 공간이 없는 경우에는 최대한 그와 같은 조건의 공간을 의도적으로 확보하거나 파티션과 같은 대체물들을 준비해야 한다. 활발한 토의를 위해서는 진행 과정을 촉진하는 많은 요소들이 상호 긍정적인 에너지를 어떻게 발산하도록 할 것인가가 중요하기 때문이다. 장소와 자리 배치의 검토를 위해 다음의 질문들이 참고가 될 수 있다.

[그림 5-2] **다양한 자리 배치 형태**

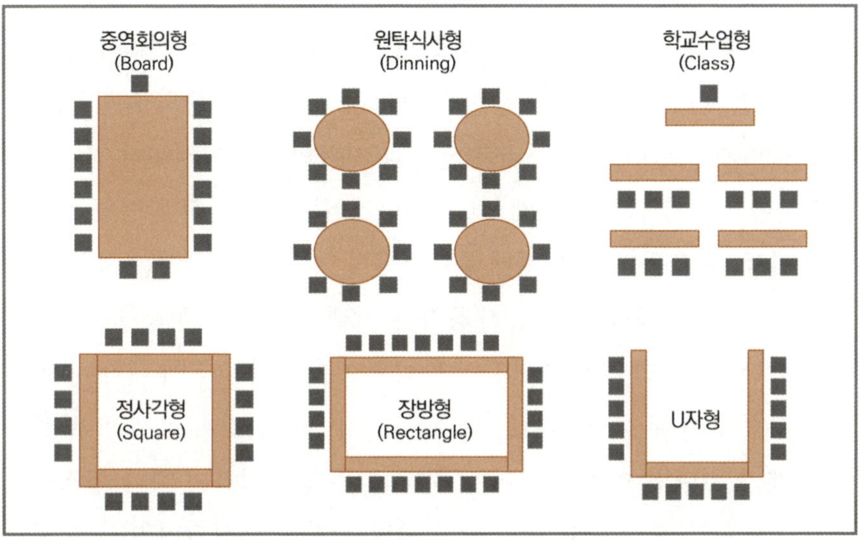

- 참석자들이 자유로운 논의와 소통을 할 수 있는 분위기 연출이 가능한 장소인가?
- 토의된 내용들을 붙일 수 있는 공간 혹은 구조물 설치가 가능한가?
- 참석자들이 활발한 토의를 하는데 지장이 없는 자리배치인가?

발생 가능한 돌발 상황 예측과 대처 방안

아무리 훌륭한 퍼실리테이터라 하더라도 토론의 진행 과정에서 돌발 상황이 발생하면 당혹스럽기는 마찬가지이다. 돌발 상황의 유형은 한마디로 말하기 어렵다. 갑작스러운 일정과 시간의 변경에서부터 참여자의 불완전한 구성과 불참의 문제, 그리고 심지어는 의사결정 방법의 차이로 인한 갈등 문제 등 다양한 형태로 나타난다. 따라서 진행자는 항상 돌발 상황을 예측하고 체계적으로 대응하는 지혜를 몸에 익히는 것이 좋다. 돌발 상황을 최소화하는 일반적인 방법으로는 참여 그룹에 대한 사전 진단과 분석을 통해 돌발 상황을 예측하고 예방하는 것이 우선이다. 과거의 전례가 있다면 이를 참고하는 것도 좋은 방법이기는 하나 환경이나 여건의 변화를 참작해야 한다. 만약 돌발 상황이 예상되면 이를 어떻게 효율적으로 극복할 것인지 대책이 필요하다. 이는 논의를 주관하는 측과 퍼실리테이터에게 주어지는 공동의 과제가 된다. 또한, 사전 진단과 분석을 했다 하더라도 돌발 상황은 예측 가능한 사항과 그렇지 못한 사항 그리고 통제 가능 사항과 통제 불가능 사항이 항상 공존한다. 따라서 돌발 상황의 예측 정도와 통제 가능성을 기준으로 시나리오별 상호 역할 분담을 통해 상황에 따른 대처 방법을 검토하는 것도 좋은 방법 중 하나가 된다. 다음의 평가 매트릭스를 통해 상황별 대처 방법을 고려해보자.

퍼실리테이터는 적어도 Ⅰ사분면에 위치한 돌발 상황에 대해서는 사전에 확실한 대응하는 방법을 마련해야 한다. 돌발 상황이 예측가능하며 어렵지 않게 통제할 수 있기 때문이다. Ⅳ사분면의 돌발 상황은 평소의 경험과 지혜를 발휘하여 극복해야한다. 이 영역은 예측이 어려워 준비가 충분하지 못할 개연성이 높은데 비해 상대적으로 퍼실리테이터의 통제

가능성이 크기 때문에 진행자의 역량발휘가 필수적일 수밖에 없다. II 사분면의 상황에 대해서는 과거의 전례 등을 통해 몇 가지 시나리오를 설계하고 그에 맞는 조치를 단계적으로 적용하는 것이 효과적일 것이다.

[그림 5-3] 돌발 상황 평가 매트릭스

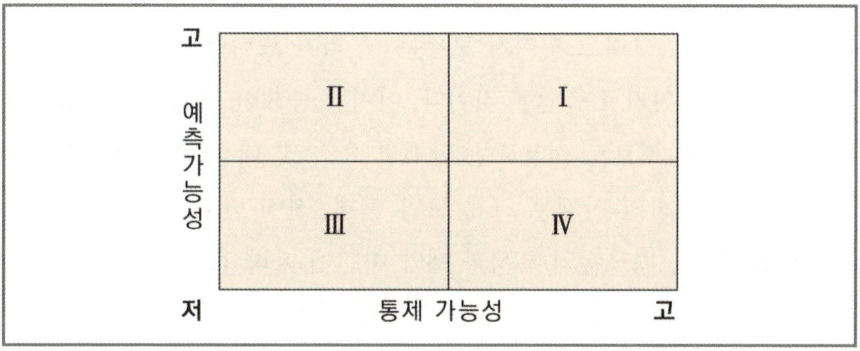

4. 퍼실리테이션 워크숍 실행 영역 디자인

퍼실리테이션 프로세스는 토의의 목적과 주제의 특성 그리고 참여자들의 수준 등 주어진 여건에 따라 다르게 설계할 수 있다. 과거에 특정한 토의나 워크숍에서 훌륭한 성과를 도출한 프로세스라고 해도 논의하는 주제나 참여자 등 상황이 달라지면 동일한 성과를 보장할 수 없다. 계획 단계에서 워크숍의 설계가 잘못되면 퍼실리테이터가 진행 과정에서 상당한 변화와 수정을 가하지 않는 한 기대한 산출물이 도출될 가능성은 매우 낮다. 설계된 프로세스는 한마디로 퍼실리테이션을 단계적으로 안내하는 길이다. 참여자들로 하여금 제한된 환경 하에서 주어진 길을 따라가도록 하기 위한 루트와 같다. 퍼실리테이션 프로세스는 눈에 보이지는 않으나 참여자들을 관리하고 그들이 성과물을 향해 적극적으로 앞을 향해 나아갈 수 있도록 유도하는 역할을 한다.

최적으로 프로세스가 설계되었다면 구성원들은 어떤 모습으로 과정에 참여할까? 아마도 시간 가는 줄 모르고 몰입하다 보니 얼떨떨한 사이에 눈앞에 어느덧 성과물들이 만들어져 펼쳐지는 드라마틱한 경험을 할 수 있을 것이다. 그리고 참여자 모두는 "우리가 드디어 해냈어!"라는 자신감 넘치는 분위기로 충만될 것이다. 이처럼 중요한 프로세스를 설계하는 데 있어 공통적으로 적용되는 단계별 요소 및 내용들에 대해 알아보자. 퍼실리테이션의 단계는 크게 도입 단계, 진행 단계, 마무리 단계로 구성된다. 물론, 워크숍의 특성과 제약 여건에 따라 각 단계별로 진행하는 절차나 순서는 얼마든지 다양하게 설계될 수 있다.

도입 단계

준비단계가 완벽하게 마무리되면 본격적인 실행을 위한 도입 단계로 진입하게 된다. 물론 준비 단계는 도입 단계와 직접 연결되기 때문에 병행적으로 추진되는 경우도 있다. 도입 단계는 팀 활동을 위한 시작 단계를 말하는 것으로 본격적인 토의를 위한 입문 과정으로 볼 수 있다. 워크숍의 목적과 배경, 어젠다, 세부 진행 스케줄 안내는 물론 인사말까지도 여기에 포함하여 진행하는 것이 일반적이다. 특히, 주제와 토의해야 할 목표를 공유하고 참여자들의 상호 소개와 구성원들 간에 활동 원칙을 정하는 것, 역할을 배분하는 것 등 활발한 논의를 위한 정지 작업을 순서에 맞게 진행한다. 팀 활동의 분위기 조성을 위해 팀명을 정하거나 슬로건을 만들기도 하며 회의 원칙(Ground Rule)을 정하는 등 일련의 다양한 활동들을 통해 팀워크를 확보하는 단계라 할 수 있다. 워크숍 초반에는 구성원들이 회의에 대한 흥미를 가지도록 유도하는 것과 이들의 참여 의욕을 이끌어내는 것이 중요하기 때문이다. 퍼실리테이터는 진행과정 전반에 걸쳐 어떤 수단과 방법으로 구성원들로 하여금 참여를 이끌어 낼 것인가를 고민해야 한다. 초반에 팀을 토론 분위기로 이끌어 가기 위해 취하는 사전 활동 예를 들면, 퀴즈나 게임, 노래 그리고 체조나 스트레칭 등을 총칭하여 아이스브레이킹(Ice Breaking)이라고 부른다. 아이스브레이킹(Ice Breaking)은 원래 딱딱한 얼음을 깬다는 의미에서 알 수 있듯이 팀의 경직된 상태를 원활한 대화와 토의 분위기로 전환시키는 일련의 활동을 말한다. 따라서 이는 어떤 원칙이 있기보다는 토의의 성격이나 구성원들의 수준에 따라 유연하게 활용하는 것이 보통이다. 다음 질문은 도입 단계를 설계하는데 참고가 될 것이다.

- 도입 단계에서 필요한 것들을 확인하고 이들을 준비하는데 수반되는 시간을 고객과 충분히 합의하였는가?
- 워크숍의 도입을 위한 준비 요소들에 대해 체크리스트를 작성하고 이들을 빠짐없이 확보하고 있는가?
- 준비된 아이스브레이킹이 기대 사항을 충족시킬 수 있는지 검토하였는가?
- 사용할 아이스브레이킹들은 참여자들의 수준과 진행 시간을 잘 고려하고 있는가?

▎진행 단계

여기에서는 워크숍의 목표 달성을 위해 그룹이 본격적인 활동에 착수한다. 참여자들이 자유롭게 아이디어를 개진하며 다루어야 할 주제에 대해 세부적인 절차와 활동을 통해 구체적인 산출물을 만들어 낸다. 각각의 절차마다 요구되는 산출물의 종류와 수준이 달라지고, 그에 따라 토론 내용이 바뀌기도 하며 아이디어 세련화를 위한 진행의 속도와 강도가 더해지기도 한다. 이때 퍼실리테이터는 구성원들이 자유롭게 아이디어를 제시할 수 있도록 안전한 발언 환경을 조성해주는 일에 집중해야 한다. 또한, 활발한 소통과 의견 개진이 이뤄질 수 있도록 팀을 활성화시키는 것이 무엇보다 중요하다. 세분화된 단계별로 만들어진 산출물들의 품질이 유지될 수 있도록 소통의 밀도와 아이디어의 수준들에 대해서도 지속적인 관찰과 모니터링이 필요하다. 진행 단계의 세부 프로세스는 일반적으로 아이디어의 확산과 분류, 분석 그리고 평가와 의사결정의 순서로 이루어진다. 실제 현장에서는 정해진 각 단계별 항목을 기초로 진행 프로세스의 활동을 확대하거나 축소하면서 유연성을 발휘하도록 한다. 다음은 워크숍의 추진 단계 및 절차와 관련 활동의 설계에 대해 설명하고자 한다.

① 워크숍 추진 단계의 설계

워크숍은 주어진 여건과 대상에 따라 다양한 방법과 형태로 진행할 수 있다. 그러므로 퍼실리테이터는 주어진 환경에 최적화된 퍼실리테이션 방법이 어떤 것인가에 대해 고민해야 한다. 특히, 퍼실리테이터는 본격적인 퍼실리테이션의 각 진행단계를 어떻게 끌고 나아갈 것인지 전략적인 판단 하에 어젠다를 설계하고 프로그램을 짜야 한다. 이는 각 단계가 매끄럽게 진행되면서도 과업이 요구하는 산출물들이 잘 도출될 수 있도록 리드하는 것이 핵심이기 때문이다. 따라서 워크숍은 목적, 대상, 규모, 산출물의 종류에 따라 단계별 설계의 유연성을 가질 수밖에 없다. 그렇다면 훌륭한 워크숍을 수행하기 위한 프로세스 설계는 어떻게 하는가? 체계적으로 워크숍을 설계하기 위해서는 우선 큰 프레임에 해당하는 단계를 순차적으로 설계하고 필요시에 이를 세분화하는 방법을 활용하는 것이 좋다. 일반적으로는 준비 단계, 진행 단계, 마무리의 3단계로 구도를 디자인하지만, 필요시에는 하나 혹은 두 개의 단계를 추가하기도 한다. 추진단계 설계를 위해 다음의 질문들이 참고가 될 것이다.

- 최종 결과물 도출에 필요한 단계를 빠짐없이 계획하고 있는가?
- 종합적인 상황을 고려하여 입체적으로 프로세스 단계를 설정하고 있는가?
- 주제, 참여자 수준, 시간 등 다양한 요소들을 고려하여 단계를 설정하고 있는가?
- 개별 단계를 구성하는 세부적인 절차나 활동과의 연계성을 확보하고 있는가?

② 워크숍 절차, 활동 및 기법의 설계

워크숍 프로세스는 위에서 언급한 대로 일반적으로 3단계 정도로 이루어지지만, 단계별 절차와 활동은 다양하게 설계될 수 있다. 특히, 단계별로 전개되는 절차와 활동을 설계함에 있어 시간이 충분한 경우에는 이 두 가지를 분리하여 설계하기도 하지만 그렇지 않은 경우에는 이를 동시에 진행하기도 한다. 절차와 활동의 세분화 정도는 진행상의 유연성과 관련성이 깊다. 단계별 활동을 작은 단위로 세분화하면 리스크는 적지만 상황의 변화에 대처하기가 쉽지 않고, 활동 단위를 크게 하면 변화하는 환경에 쉽게 적응할 수 있으나 안정감이 감소될 수 있다. 따라서 단계와 절차 그리고 활동을 어느 정도로 분화하고 통합 할 것인가는 퍼실리테이터가 주어진 상황을 종합적으로 판단하여 설계할 수밖에 없다. 세분화된 각각의 활동은 그에 맞는 기법과 도구의 선택과 연계되므로 역시 소홀히 해서는 안 되는 부분이다. 일반적으로는 앞에서 언급한 추진 단계(Stage), 절차(Procedure)와 활동(Activity)을 포괄하여 워크숍 프로세스라고 하며 첫 글자를 따서 SPA라고 부르기도 한다. 여기에서는 펜타곤 모형에서 제시된 프로세스를 기반으로 진행 단계를 구분하고 세부적인 절차와 활동은 확산, 분류 및 분석, 평가, 의사결정 과정으로 나누어 설계에 필요한 내용들을 기술한다. 퍼실리테이션 단계별 절차 및 활동의 설계를 위해 다음의 질문들이 참고가 될 수 있다.

- 퍼실리테이션의 단계에서 요구하는 산출물에 필요한 충분한 절차와 활동을 예측하고 있는가?
- 종합적이고 입체적인 단계별 상황을 고려하여 절차와 활동을 설정하고 있는가?
- 단계별 세부적인 절차나 활동은 추진 단계가 추구하는 목표와 잘 연계되는가?
- 절차와 활동에 필요한 기법이나 양식들을 동시에 그리고 적절하게 고려하고 있는가?

첫째, 확산 과정의 설계

이 과정에서는 일반적으로 주제와 관련하여 아이디어를 도출하는데 일차적으로 에너지를 집중하게 된다. 따라서 퍼실리테이터는 주제와 관련된 아이디어 확산을 위해 무엇을 어떤 방법으로 촉진해야 하는가에 관심을 쏟아야 한다. 여기에서 퍼실리테이터는 참여자들의 수준이나 특성을 잘 파악하는 것이 중요하다. 왜냐하면, 그들에게 적합한 방법들을 선택해야 하기 때문이다. 그렇다면 확산 과정에서 사용해야 할 기본적인 스킬(Skill)과 기법들은 어떤 것들이 있는가? 기본스킬로는 질문(Questioning) 스킬, 경청(Listening) 스킬, 에너지를 향상시키는 활력(Energizing) 스킬, 기록(Recording) 스킬 그리고 모니터링(Monitoring) 스킬 등이 있다. 또한, 확산 과정에서 주로 활용하는 기법들로는 브레인스토밍(Brain Storming), 브레인라이팅(Brain Writing), 명목집단법(Norminal Group Technique), 연상법, 마인드맵(Mind Map), 만다라트(Mandalart) 등의 다양한 툴이 존재한다. 따라서 퍼실리테이터는 구성원들로 하여금 이들을 보다 쉽게 활용할 수 있게 하는 방안이 무엇인가를 고민하면서 설계를 해야 한다. 이를 위해서는 각각의 기법이 가지고 있는 가치와 전제조건 그리고 특징과 장단점을 확실하게 숙지하고 있어야 함은 당연하다 하겠다. 퍼실리테이터가 확산과정의 설계를 잘 하기 위해 다음과 같은 질문이 참고가 될 것이다.

- 확산을 위한 전체적인 시간 계획은 충분한가?
- 확산 과정에서 활용할 기술과 기법, 도구와 양식들에 대해 확정하였는가?
- 적용해야 할 기술과 기법들에 대한 검토 및 선정 근거는 있는가?

- 확산 과정에서 도출되는 아이디어의 양과 질적 수준향상을 위해 충분히 고민하였는가?
- 확산 과정의 산출물이 예상외로 지지부진하다면 다른 대응책은 가지고 있는가?

둘째, 분류 및 분석 과정의 설계

여기에서는 이미 도출된 아이디어들을 일정한 원칙에 의해 구조화하고 아이디어의 내용들을 정리하면서 보완하는 작업이 수반된다. 여기에서도 기본 스킬은 그대로 활용되지만 활용하는 기법의 적용이 달라진다. 퍼실리테이터는 분류 및 분석단계에서 필요한 기법인 스토리보딩(Story Boarding), 티 차트(T-Chart), 미시원칙(MECE : Mutually Exclusive Collectively Exhaustive), 피라미드(Pyramid), 사분면(Quardrants), 로직트리(Logic Tree), 프로세스 맵핑(Process Mapping), 피쉬본(Fish Bone), 5'Why 등을 사용하여 아이디어를 체계적으로 분류하고 정리할 수 있도록 지원해야 한다. 이 과정에서 분류와 분석은 순차적인 접근이 필요하다. 1차적으로 분류를 정확하게 추진한 후에 2차적으로 분석을 시도하는 것이 좋다. 왜냐하면, 확산 부분에서 도출된 많은 아이디어들은 상호 중복과 크기, 표현 등에 있어 정제되어있지 못하기 때문이다. 따라서 분류 후에는 반드시 아이디어를 심도 있게 분석하는 과정이 필요하다. 이 단계의 구체적인 모습은 아이디어가 영역별 혹은 범주별로 체계적으로 구분되고 아이디어의 내용과 수준들이 어느 정도 정리된 상태를 말한다. 퍼실리테이터는 앞의 단계에서 도출 가능한 예상 결과물을 참고하여 다음 단계를 원활하게 진행하기 위해 어떤 기법들을 활용하는 것이 좋은지 세심한 검토가 필요하다. 퍼실리테이터가 분류 및 분석 과정을 설계하는데 있어 다음과 같은 질문이 참고가 될 것이다.

- 분류·분석을 위한 전체적인 시간 계획은 충분한가?
- 분류와 분석의 절차를 구분하여 계획하고 있는가?
- 분류를 어느 정도 혹은 몇 단계까지 전개할지 검토하였는가?
- 분류·분석 과정에서 활용할 기법과 도구, 양식들에 대해 검토, 확정하였는가?
- 분류·분석 과정에서 도출된 산출물의 수준을 높이기 위한 방법을 검토하였는가?
- 분류·분석 과정의 산출물이 예상 외로 지지부진하다면 다른 대안을 가지고 있는가?

셋째, 평가 과정의 설계

이 과정에서는 이미 분류된 아이디어들에 대해 영역별로 우선순위를 설정하기 위해 일정한 평가 기준을 가지고 점수화를 시도하게 된다. 물론, 앞 단계에서 이루어진 아이디어에 대한 분류와 분석이 상당 부분 완성되어 있음을 전제로 한다. 먼저, 평가에서는 어떤 기준에 의해 평가를 할 것인가에 초점이 주어진다. 평가 기준은 결과물을 도출할 때 선택에 지대한 영향을 미치기 때문이다. 예를 들면 아이디어의 중요성을 평가할 것인지, 참신성 혹은 실행 가능성을 평가할 것인지에 따라 채택된 아이디어가 달라지고 최종 결과물이 달라진다. 다음으로 몇 개의 기준으로 평가할 것인지를 결정해야 한다. 예를 들면 하나(예, 선호도)로 할 것인지 아니면 두 개(예, 효과성과 실행 가능성)로 할 것인지 혹은 세 개 이상의 복수(예, 중요도, 매력도, 차별성)로 할 것인지에 대해 고민해야 한다. 일반적으로 평가 기준을 많이 사용하면 평가의 잘못에 대한 리스크를 줄

일 수 있는 반면 상대적으로 많은 비용과 시간이 투입되는 단점이 있다. 여기에서 사용되는 기법으로는 도트 투표(Dot Voting), 점수부여(Scoring), 서열화, 페이오프 매트릭스(Pay Off Matrix), 의사결정 표(Decision Grid) 등이 있다. 어떤 기법을 활용하든 각각은 장단점을 가지고 있으므로 퍼실리테이터는 이를 사전에 검토하고 공유할 필요가 있다. 정해진 평가 기준을 정확하게 적용하고 방법과 절차를 충실히 이행했다면 이제 어느 정도 산출물이 가시화될 수 있다. 이는 해결 사항에 대해 우선순위화 혹은 평가 점수 등이 도출되는 단계이기 때문이다. 다시 말하면 최종의 결과물을 도출하기 위한 정비가 완료된 상태라 할 수 있다. 퍼실리테이터가 평가 과정을 잘 설계하는데 있어 다음과 같은 질문이 참고가 될 것이다.

- 평가를 위한 전체적인 시간 계획은 충분한가?
- 평가 단계에서 활용할 기법과 도구, 양식들에 대해 확정하였는가?
- 평가 단계 이전의 산출물에 대한 참여자들의 합의 정도를 점검하기 위한 방법을 고려하였는가?
- 평가 기준에 대한 이해 및 공감대 형성 방안을 고려하고 있는가?

넷째, 의사결정 과정의 설계

이 단계는 앞에서 평가된 결과물을 기초로 최종 선택 즉, 의사결정을 하는 과정이다. 중요한 것은 평가 기준에 기초하여 도출된 결과들에 대해 어떤 방법으로 결정을 해야 하는가 하는 점이다. 앞의 단계와 절차에서 충분한 토의가 이루어졌다면 결정단계가 그렇게 어렵지 않지만 그렇지 않은 경우라면 의사결정이 생각보다 복잡하게 전개될 수도 있다.

여기에서 핵심은 참여자들의 다양한 의견들이 결집된 합의에 의한 의사결정을 해야 한다는 것이다. 단순 다수결에 의한 의사결정은 많은 경우에 있어 사후에 갈등발생의 가능성을 내포하고 있기 때문이다. 의사결정의 종류에는 단독 결정 방식, 다수결 방식, 합의 방식, 만장일치 방식 등이 있다. 어떤 방식의 종류를 택하던 퍼실리테이터는 가능하면 만장일치 혹은 합의적 수준의 의사결정이 이루어지도록 지원해야 한다. 이것이 퍼실리테이션의 미션이자 일반 회의나 워크숍에서는 볼 수 없는 강점이기 때문이기도 하다. 여기에서 퍼실리테이터는 컨센서스(Consensus), 주먹에서 보까지(Fist to Five), 동의 척도자(Gradient Scale of Agreement) 같은 기법을 사용할 수도 있다. 그 어떤 형태가 되든 결정한 사항들을 구성원 전체가 공유하고 참여자들이 합의하에 실천을 위한 기반을 구축하는 것이 중요하다. 퍼실리테이터가 의사결정 과정을 설계하는 데 있어 다음과 같은 질문이 참고가 될 것이다.

- 의사결정을 위한 전체적인 시간 계획은 충분한가?
- 의사결정 단계에서 필요한 기법과 도구, 양식들에 대해 확정하였는가?
- 의사결정 단계 이전의 평가 결과들에 대해 참여자들의 합의 방법을 고려하였는가?
- 의사결정을 위한 기준, 종류, 방법, 절차에 대해 참여자들의 공감을 획득하기 위한 방안을 검토하였는가?

③ 활용기법 검토 및 선정 시 주의사항

활용 기법의 선정은 퍼실리테이션을 어떻게 어느 정도의 수준으로 전개하느냐에 따라 달라질 수 있다. 특히, 기법의 사용은 과제의 특성, 참여자들의 수준, 산출물의 종류 그리고 퍼실리테이터의 성향에 따라 많이 달라질 수 있음에 유의할 필요가 있다. 또한, 같은 기법을 사용하더라도 퍼실리테이터와 참여자의 상호작용 정도와 여건에 따라 결과물의 질적 수준에 큰 차이가 발생하기도 한다. 이는 같은 연장이라 하더라도 사용하는 사람들의 역량과 기술에 따라 제품의 품질에 많은 차이를 만드는 것과 같은 이치라 하겠다. 따라서 퍼실리테이터는 단계별로 요구되는 최적의 산출물을 명확하게 인지한 상태에서 주어진 상황과 구성원들의 수준 등 다양한 측면들을 고려하여 기법을 검토하는 것이 필요하다. 기법은 어디까지나 각 단계별로 요구하는 산출물을 도출하는데 효율성을 높이기 위해 사용한다. 따라서 단계별로 반드시 특정 기법을 적용해야 한다는 원칙은 의미가 없다. 퍼실리테이터 자신의 기법 활용 능력 그리고 참여자들의 수준이나 진행하는 방법에 따라 그 응용도 얼마든지 가능하기 때문이다. 다만, 퍼실리테이션의 경험이 많지 않고 다양한 기법에 대한 장·단점을 완전하게 이해하지 못한 상태에서 기법들을 무리하게 활용하는 것은 리스크가 따르므로 주의를 요한다.

또한, 앞서 말한 것처럼 활용 기법은 어디까지나 과제를 해결하는데 있어 보완적으로 활용하는 것이므로 기법에만 의존하여 과제를 해결하려는 자세는 경계해야 한다. 다음은 추진 단계별로 필요한 기법의 선정에 있어 활용할 수 있는 기법들을 제시한다.

[그림 5-4] 기법의 선정 모형

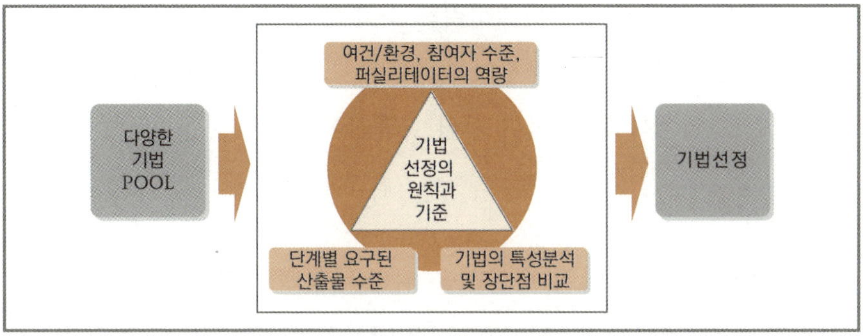

〈표 5-4〉 진행 프로세스별 퍼실리테이션 기법 POOL

<table>
<tr><th colspan="2">도입(Introduction)</th></tr>
<tr><td colspan="2">• 목적 공유
• 아이스브레이킹(Ice Breaking)
• 역할(Role) 정하기
• 팀빌딩(Team Building)
• 토론 규칙(Ground Rule) 설정</td></tr>
<tr><th>확산(Divergence)</th><th>분류·분석(Analysis)</th></tr>
<tr><td>• 브레인스토밍
• 브레인라이팅
• 명목집단법(NGT)
• 마인드맵(Mind Map)
• 강제 연상법
• Rich Picture
• SCAMPER
• Six Thinking Hat
• 만다라트(Mandalart)
• ERRC(Eliminate, Raise, Reduce, Create)</td><td>• MECE 원칙
(Mutually Exclusive Collectively Exhaustive)
• 스토리보딩(Storyboarding)
• T Chart
• Logic Tree(논리구조)
• Process Map
• 5 Why(인과관계 분석)
• Fishbone(피쉬본)
• 연관도
• 피라미드</td></tr>
<tr><th>평가(Assessment)</th><th>결정(Decision)</th></tr>
<tr><td>• Multi-Voting
• Pay-off Matrix
• Decision Grid
• Fist-to-Five
• 비용효과분석
• Paired Comparison</td><td>• 단독 결정
-일방적/토의 후 단독 결정
• 다수결 결정
-절대(단순)다수결
-가중(일정기준이상) 다수결
• 합의
• 만장일치</td></tr>
</table>

워크숍의 단계별로 세분화된 절차, 활동 그리고 기법은 바늘과 실의 관계와 같다. 따라서 퍼실리테이터는 단계에 수반되는 절차와 활동, 기법을 별개로 보기 보다는 퍼실리테이션 프로세스 전체를 통합적 시각에서 생각하고 설계를 하는 편이 훨씬 효과적이다.

④ 도구의 검토

퍼실리테이션에서는 목적 달성을 위해 비교적 다양한 도구들이 사용된다. 가장 흔하게 볼 수 있는 포스트잇에서부터 그룹회의나 워크숍에서 자주 접할 수 있는 플립차트와 이젤에 이르기까지 많은 도구들이 개발되어 활용되고 있다. 퍼실리테이션 기법이 빠른 속도로 확산됨에 따라 그 운영 방법과 특성에 맞게 별도의 도구를 제작하여 사용하는 경우도 점차 증가하고 있는 추세다. 그러나 그 도구들 역시 어디까지나 퍼실리테이션을 통해 추구하는 목적 달성을 위해 보조적으로 사용되는 수단들이므로 토의나 워크숍의 성격 그리고 참여자들의 특성에 맞게 준비되어야 한다. 특히, 준비해야 할 도구들의 종류가 많을 경우에는 표준화된 체크리스트를 사전에 작성하여 하나씩 점검하는 습관이 필요하다. 도구의 검토를 위해 다음의 질문들이 참고가 될 수 있다.

- 특정 도구를 사용하는 목적은 무엇인가?
- 도구별 장단점에 대해 잘 숙지하고 있는가?
- 사용할 도구가 참석자들의 수준에 적합한가?
- 사용 도구로 인하여 다른 활동에 영향은 없는가?
- 퍼실리테이터가 도구의 활용법에 대해 잘 알고 있는가?

⑤ 사용 양식 검토 및 확정

워크숍 프로세스와 관련된 절차 및 활동이 어느 정도 정리되면 진행 과정에서 필요한 사용 양식을 검토해야 한다. 그 범위는 과정 중에 도출될 다양한 산출물을 포함하여 최종 보고서 관련 양식까지를 포함한다. 여기에서 양식의 설계는 단순한 하드웨어적인 서식만을 의미하는 것이 아니라 기술해야 할 내용으로서의 소프트웨어적인 요소까지를 의미한다. 이는 주제 해결과 연계하여 필요한 형태와 방식으로 양식을 설계하되, 기록해야 할 항목과 내용도 동일한 차원에서 검토해야 한다는 뜻이다. 이는 양식에 기입해야 할 항목의 수에 따라 논의해야 할 사항이 비례하며 토의의 시간과도 관계가 있음을 감안해야 하기 때문이다. 실제 상황에서는 간혹 설계된 양식의 상당 부분을 활용하지 못한 경우도 발생하지만, 그 반대로 설계된 양식이 현장에 적합하지 못하여 활용성이 떨어진 경우도 있다. 이와 같은 비효율을 제거하기 위해서는 초안으로 설계된 양식을 사용하여 실제 상황을 시뮬레이션해보는 것도 좋은 방법이다. 따라서 논의가 효율적이고 효과적으로 진행되기 위해서는 다양한 측면을 고려한 상태에서 양식도 설계되어야 함은 너무나 당연한 것이라 할 수 있다. 사용 양식의 설계를 위해 다음의 질문들이 참고가 될 수 있다.

- 논의 단계 및 절차, 내용 등 관련 요소를 종합적으로 고려하여 양식을 설계하고 있는가?
- 각 단계 및 절차에서 사용할 양식의 범위를 설정하고 있는가?
- 사용할 양식의 활용성과 효용성을 잘 고려하고 있는가?
- 절차에 맞춰 사용할 양식 간의 흐름과 내용적 연계성은 확보되고 있는가?
- 사용할 양식들에 시간적 요소들을 고려하고 있는가?

마무리 단계

이 단계는 퍼실리테이션의 정리 단계라고 볼 수 있다. 정리 단계는 두 가지의 유형이 존재한다. 각 단계별로 이어지는 다음 활동을 진행하기 위해 취해지는 단계별 정리가 있고, 워크숍 전체의 마무리를 위해 취해지는 마무리 정리가 있다. 전자의 경우에는 도출된 산출물의 품질 유지나 개선을 위해 이루어지는 부분적인 정리에 해당한다. 이때는 다양하게 도출된 산출물들에 대해 전체가 공유하면서 부족한 부분을 보완하기도 하고 더 좋은 의견 개진에 의해 다음 활동을 준비하기도 한다. 특히, 이 과정에서는 다양하게 발생하는 참여자들 간의 갈등을 조정하고, 극복하는 것은 물론 산출물의 동의를 구하는 문제까지를 포함한다. 후자의 마무리는 지금까지 체계적인 단계와 절차에 의해 만들어진 의사결정을 포함한 전체 과정을 마감하게 된다. 따라서 그동안의 활동 전반에 대해 각자가 느낀 점 혹은 개선점들을 자유롭게 얘기하면서 반성과 성찰로 이어지는 것이 일반적이다.

성찰에서는 참여자들이 다시 한 번 전체 과정에서 느꼈던 다양한 느낌들을 자유롭게 얘기하면서 자신감을 한층 더 고취시키고 퍼실리테이션의 가치를 공유하는 기회를 맛보게 하는 것이 중요하다.

5. 워크숍 계획서 작성

지금까지 고객의 접점에서부터 다각적으로 조사하고 분석을 했다면 워크숍 설계에 필요한 많은 정보와 내용들이 있을 것이다. 그 자료들을 활용하여 토의나 워크숍의 첫 준비단계인 워크숍 안을 잘 설계해야 한다. 일반적으로 간단하게 요약된 설계안을 작성하고 그 내용들에 대해 고객과 합의가 되면 다음 단계로 본격적인 세부 활동의 설계에 착수한다. 워크숍 계획에 대한 설계는 6하 원칙에 따라 관련된 활동들을 간단 명료하게 정리하는 것이 좋다.

고객에 따라서는 합의된 내용들을 바탕으로 전개될 세부내용에 대한 제안서를 요구하는 경우도 있다. 이때는 프로세스 단계별 활동과 소요시간, 추진방법, 산출물, 퍼실리테이터 등 관련 사항들을 상세하게 작성해야 한다.

〈표 5-5〉 워크숍 계획(안) 요약서 예시

<table>
<tr><td>명칭</td><td>성과관리 퍼실리테이터 스킬 업 향상 워크숍</td><td colspan="2">주제 : 지표개발 및 고도화</td></tr>
<tr><td>일시</td><td>20**.3.24(오후1시~오후6시까지 5시간/회차)</td><td colspan="2">회자 : 2회차</td></tr>
<tr><td>장소</td><td>위치 : 연수원</td><td colspan="2">좌석배치 : 5개 라운드테이블</td></tr>
<tr><td>참여자</td><td>스폰서(결정권자) : 지원본부장
(특강강사 : 최일류 박사)</td><td>팀장(리더 : 홍길동 외 4명
팀원 : 30명</td><td>분임편성 : 5개조
라운드행 배치</td></tr>
</table>

<table>
<tr><td>배경및 목적</td><td colspan="4">• 성과관리 퍼실리테이터가 단순히 이론과 스킬UP 만으로는 현업을 지도하고 문제를 해결하기 어려운 부분에 대한 한계성과 애로사항을 호소
• 성과관리의 현실적 상황에서 직면하고 있는 공통적인 문제점을 발굴하고 이를 해결하기 위한 방안을 모색하고자 함</td></tr>
<tr><td>결과물</td><td colspan="2">• 성과관리 코칭 및 평가시 문제점도출 및 해결방안 수립
• 해결방안에 따른 구체적인 실행방안 설계</td><td colspan="2">중간산출물 : 부서별 지표설계 및 정의서</td></tr>
<tr><td rowspan="8">주요진행 프로세스 및 시간계획 (활용기법 및 도구)</td><td>항목</td><td>시간</td><td>활용 기법</td><td>비고</td></tr>
<tr><td>• 성과관리 PT. 시뮬레이션 실습</td><td>(5.0hr)</td><td>• 강의와 실습</td><td rowspan="7">퍼실리테이터 2명 정도</td></tr>
<tr><td>• 타사 사례 공유, 문제점 도출</td><td>(1.0hr)</td><td>• 브레인스토밍
• Rich Picture</td></tr>
<tr><td>• 문제점에 대한 분류/원인분석</td><td>(1.5hr)</td><td>• 스토리보딩
• 피쉬본</td></tr>
<tr><td>• 핵심원인 발굴</td><td>(0.5hr)</td><td>• 연관도</td></tr>
<tr><td>• 원인해결방안설계</td><td>(1.0hr)</td><td>• 브레인스토밍/
• 브레인라이팅</td></tr>
<tr><td>• 퍼실리테이션 스킬 매칭방안</td><td>95(1.0hr)</td><td>• 기본스킬 실습</td></tr>
<tr><td>• 공유와 실천방안 모색 (질의응답포함)</td><td></td><td>• 벤치마킹</td></tr>
<tr><td>준비물</td><td colspan="4">•참여자 : 평소 실시한 코칭 및 워크숍을 진행하기 어려웠던 이유들에 대한 정리
•퍼실리테이터 : 이젤, 이젤패드, 마커펜, 포스트 잇, 12색 색연필, A4용지 1권 (상세내역 별도 통보)</td></tr>
<tr><td>잠재 리스크</td><td colspan="4">•전체적인 운영시간이 부족한 관계로 구체적인 실행방안까지 도출 할 수 있을지 염려됨</td></tr>
</table>

6. 워크숍 진행 계획 : 어젠다 작성

워크숍의 세부 진행 계획서는 목적 달성을 위해 주어진 시간 내에 추진해야 할 항목과 그 항목별 내용, 시간 등 필요한 사항들을 알기 쉽게 기술한 계획표이다. 현장에서는 간단하게 주요 추진 내용과 시간 계획만을 기록하여 공지하기도 한다. 퍼실리테이터는 참석자들에게 진행 계획 전체를 설명하고 활동 시간 동안 이를 잘 보이는 곳에 붙여 두고 참여자들 스스로 시간 관리를 할 수 있도록 하는 것도 좋은 방법이다. 참여자들은 계획서를 참고로 어떤 구체적인 활동들이 어떻게 이루어지는가를 파악하기도 하고 본인이 하고 싶은 바를 나름대로 정리하기도 한다. 퍼실리테이터는 중간 중간에 계획서를 중심으로 지금 어느 단계를 진행하고 있는가에 대해 참여자들과 공유함으로써 참여 증진은 물론 결과물에 대한 기대를 갖게 할 수 있다.

〈표 5-6〉 워크숍 진행 계획서 예시

<table>
<tr><th colspan="2">단계</th><th>항목</th><th>시간</th><th>진행</th></tr>
<tr><td rowspan="5">준비
및
도입</td><td>준비</td><td>도착 및 등록</td><td>13 : 40~14 : 00</td><td rowspan="3">사무국</td></tr>
<tr><td rowspan="4">도입하기</td><td>환영하기 및 소개</td><td>13 : 40~14 : 20</td></tr>
<tr><td>워크숍목표 및 계획 설명</td><td>14 : 20~14 : 30</td></tr>
<tr><td>Ice Breaking 및 룰정하기</td><td>14 : 20~14 : 50</td><td rowspan="6">퍼실리테이터 :
홍길동</td></tr>
<tr><td>휴식</td><td>14 : 50~15 : 00</td></tr>
<tr><td rowspan="2">확산</td><td rowspan="2">문제점 도출</td><td>비전 및 목표 공유하기</td><td>15 : 00~15 : 10</td></tr>
<tr><td>조직의 강·약점 알아보기</td><td>15 : 10~15 : 30</td></tr>
<tr><td rowspan="3">분류</td><td rowspan="3">이슈 유형화</td><td>강·약점 유형화</td><td>15 : 10~16 : 00</td></tr>
<tr><td>공통의 이슈 확인하기</td><td>15 : 10~16 : 20</td></tr>
<tr><td>휴식</td><td>16 : 20~16 : 30</td><td rowspan="11">퍼실리테이터 :
이순신</td></tr>
<tr><td rowspan="5">결정</td><td rowspan="3">해결안도출</td><td>핵심이슈 설정하기</td><td>16 : 30~16 : 50</td></tr>
<tr><td>해결방안 찾기</td><td>16 : 50~17 : 00</td></tr>
<tr><td>휴식</td><td>17 : 00~17 : 10</td></tr>
<tr><td rowspan="2">순위정하기</td><td>실행방안 평가하기</td><td>17 : 10~17 : 30</td></tr>
<tr><td>우선순위 정하기</td><td>17 : 30~17 : 50</td></tr>
<tr><td rowspan="5">사후
관리</td><td rowspan="3">실행화</td><td>실행팀편성</td><td>17 : 50~18 : 00</td></tr>
<tr><td>실행계획 만들기</td><td>18 : 00~18 : 20</td></tr>
<tr><td>휴식</td><td>18 : 20~18 : 30</td></tr>
<tr><td rowspan="2">마무리</td><td>발표하기</td><td>18 : 30~18 : 50</td></tr>
<tr><td>성찰과 소감 나누기</td><td>18 : 50~19 : 00</td></tr>
</table>

7. 놓치기 쉬운 워크숍 설계의 오류

세상에 공짜는 없는 법이다. 퍼실리테이션 워크숍 설계 역시 마찬가지로 보다 훌륭한 결과를 만들기 위해서는 그에 비례한 노력이 요구된다. 기획하는 설계 부분이 완벽해야 다음에 이어지는 활동이 매끄럽고 효과적임은 두말할 필요가 없다. 워크숍 설계에 있어 퍼실리테이터들이 지나치기 쉬운 몇 가지 오류에 대해 설명하고자 한다.

의뢰자의 말만 듣고 워크숍을 설계한 경우

퍼실리테이션 워크숍이 필요한 상황에서 고객의 의뢰는 매우 다양한 형태로 이루어진다. 의뢰자 측의 여러 가지 제약 조건이 존재함에도 불구하고 가능하지 않은 결과물을 요구한 경우도 있고, 간혹 의뢰자가 자신은 잘 모르니 전문가가 무조건 잘 알아서 해달라고 부탁한 경우도 있다. 이와 같은 경우 자신을 너무 과신하여 고객의 요구를 무조건 허락하거나 의뢰자 측의 니즈를 쉽게 판단한 나머지 설계를 소홀히 해서는 안된다. 그렇게 한 결과 낭패를 보는 경우가 종종 발생하기 때문이다. 또한, 의뢰 측 인터뷰 대상자와 실제 책임자의 생각이 달라 나중에 문제가 발생하기도 한다. 퍼실리테이터는 이와 같은 상황을 간파하여 실제 책임자의 의도가 반영된 워크숍 설계인지를 재확인할 필요가 있다. 이는 불충분하고 정확하지 못한 정보 때문에 잘못된 워크숍 설계를 하고 그 결과 바람직스럽지 않은 결과가 도출되는 것을 방지하기 위한 것이다.

참여자들에 대한 분석이 미흡한 상태로 설계한 경우

이는 퍼실리테이터가 참여자들의 역량을 제대로 분석하지 않거나 특성을 잘 파악하지 못한 상태에서 워크숍을 설계하여 문제가 되는 경우라 할 수 있다. 그와 같은 상황에서 퍼실리테이션을 진행할 경우 대체적으로 예측하지 못한 돌발 상황이 발생하는 경우가 많다. 이는 어떤 측면에서는 퍼실리테이터가 자신의 불찰로 스스로 그와 같은 상황을 만들어 가는 형국이라 볼 수도 있다. 특히, 참여자들의 워크숍에 대한 경험을 지나치게 과대 혹은 과소평가하여 적합하지 못한 설계를 하고 그 결과 스마트하지 못한 결과를 만들어 내는 경우가 그와 유사한 사례라 할 수 있다. 이는 퍼실리테이터가 집단에 대한 분석이 없이 자신의 역량이나 경험 혹은 기법만으로 워크숍을 충분히 소화할 수 있을 것이라고 믿는 어리석음에서부터 발생하는 결과이다.

기법에 대한 검토가 부족한 상태로 설계한 경우

퍼실리테이션에서 자주 볼 수 있는 설계의 오류 중 하나는 기법에 관한 것으로 설계자가 개별 기법에 대한 장단점이나 특성 파악을 소홀하게 하는 경우이다. 동일한 기법이라 하더라도 상황에 따라 기법을 활용하는 방법과 적용수준에 차이가 발생하기 마련이다. 또한, 이 문제는 참여자들의 수준과도 밀접한 관련성이 있다. 선택한 기법에 대한 참여자 수준과의 적합성에 대한 시뮬레이션의 부족이 그 원인이 될 수 있다. 나름대로 고심해서 설계한 프로그램이 현장에서 여러 가지 이유로 불가피하게 적용하기 어려운 경우도 발생한다. 예를 들면, 각 활동 단계별로 설계된 도구와 기법이 어렵거나 참여자들의 이해부족 등으로 실전에서 제대로 활용되지 못할 수도 있다. 이와 같은 상황이 예견되거나 발생하면 퍼실리테이터는 가능한 한 중립성을 훼손하지 않은 범위 내에서 예시가 되는 샘플을 제시하거나 다른 대체기법의 설명을 통해 상황을 극복해야 한다. 이런 과정이 적절하지 못하면 퍼실리테이터에 대한 참여자의 신뢰가 저하될 수 있기 때문이다.

계획했던 것보다 터무니없이 시간이 부족한 경우

퍼실리테이터에게 또 하나 어려운 과제가 시간을 계획하고 지키는 일이다. 이는 시간 계획을 잘했다 하더라도 실제 진행 상황에서 오차가 크게 발생하면 계획의 신빙성이 떨어지기 때문이다. 물론 시간 계획의 준수 정도는 참여자들의 수준과 주제의 특성, 진행방법 등 다양한 변수에 따라 매우 유동적이고 변화의 영향을 많이 받는다. 특히, 익숙하지 않은 분야를 퍼실리테이션에서 다루거나 검증되지 않은 프로그램을 적용하는 경우 시간 계획을 잘 설계하기 위해서는 설계된 프로그램을 사전 시뮬레이션 해보는 일이다. 이를 통해 시간 소요에 대한 문제를 어느 정도 예측하고 해결할 수 있으며 진행 과정에서 나타날 수 있는 문제점이나 애로를 사전에 파악할 수 있기 때문이다.

[그림 5-5] 워크숍 단계 및 기법 적용 이미지 예시

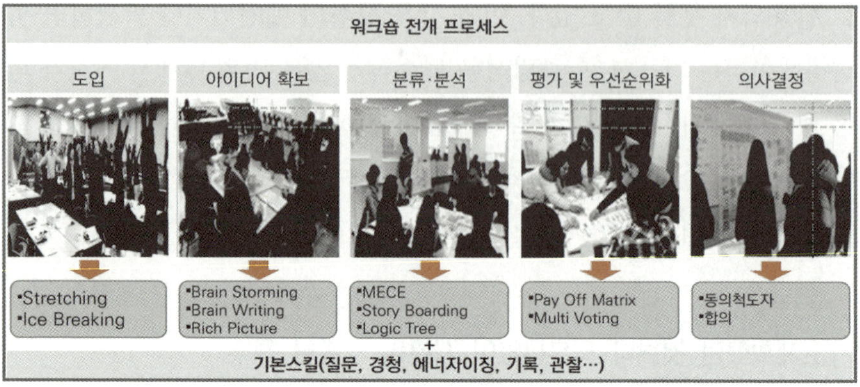

퍼실리테이션에서는 원활한 진행 못지않게 설계단계가 중요함을 다시 한 번 강조하고자 한다. 그러나 중요한 점은 철저한 설계와 준비 그리고 완벽한 진행이 되더라도 반드시 퍼실리테이션이 성공한다는 보장은 없다는 사실이다. 이는 퍼실리테이션이 만병통치약이 아니라 모든 구성원들의 참여를 기반으로 보다 효율적인 소통을 통해 목적을 달성해 가는 과정에서 촉진적 역할을 안내하는 하나의 효과적인 방법이기 때문이다.

퍼실리테이션 개론
Facilitation A to Z

초　　판 2017년 2월 28일
개정판1쇄 2019년 1월 10일

지 은 이 오우식
발 행 인 이재영
발 행 처 도서출판 조명문화사
04775
서울시 성동구 뚝섬로4길(성수1가1동) 2층
전화 02-498-3017
팩스 02-498-3018
등록번호 제2-846호(1989.7.13)

인 쇄 처 형우디앤피　02-2263-3887

ISBN 978-89-7257-497-2
정가 15,000원